Eva Barlösius

Die Macht der Repräsentation

Eva Barlösius

Die Macht der Repräsentation

Common Sense über soziale Ungleichheiten

VS VERLAG FÜR SOZIALWISSENSCHAFTEN

Bibliografische Information Der Deutschen Bibliothek
Die Deutsche Bibliothek verzeichnet diese Publikation in der Deutschen Nationalbibliografie; detaillierte bibliografische Daten sind im Internet über <http://dnb.ddb.de> abrufbar.

1. Auflage September 2005

Lektorat: Frank Engelhardt

Der VS Verlag für Sozialwissenschaften ist ein Unternehmen von Springer Science+Business Media.
www.vs-verlag.de

Umschlaggestaltung: KünkelLopka Medienentwicklung, Heidelberg
Druck und buchbinderische Verarbeitung: MercedesDruck, Berlin
Gedruckt auf säurefreiem und chlorfrei gebleichtem Papier
Printed in Germany

ISBN 3-531-14640-8

Inhaltsverzeichnis

Abbildungsverzeichnis

Vorwort

Das vorliegende Buch steht in engem Zusammenhang zu meinem vor einem Jahr im gleichen Verlag erschienenen Buch „Kämpfe um soziale Ungleichheit. Machttheoretische Perspektiven" (Barlösius 2004). Dort habe ich mich vor allem mit offenen theoretischen Fragen befasst, die der Analyse von sozialen Ungleichheiten zugrunde liegen. Diese lassen sich zu zwei grundsätzlichen Problemstellungen zusammenfassen:

(1) Wie entsteht die Abgestimmtheit zwischen den objektiven Gegebenheiten, welche die soziale Lage bestimmen, und den subjektiven Verhaltens- und Handlungsweisen, die beispielsweise als milieu- oder schichttypisch angesehen werden?
(2) Welchen sozialen Regeln folgen die Repräsentationen sozialer Ungleichheit? Handelt es sich um „bloße Widerspiegelungen" der Ungleichheitsverhältnisse, um „diskursive Konstruktionen", oder folgen sie eigenen sozialen Regeln?

Theoretisch abstrakt formuliert, bezeichnet die erste Problemstellung das Verhältnis von Struktur und Handeln und die zweite die Wechselbeziehung zwischen sozialer Wirklichkeit und ihrer Repräsentation. In dem oben genannten Buch lag der Schwerpunkt auf dem ersten Fragenkomplex.

Hier wird nun die zweite Problemstellung – die Repräsentation sozialer Ungleichheit – behandelt. Obwohl die Ungleichheitssoziologie zu den wichtigsten Produzenten von Darstellungen sozialer Ungleichheit gehört und hauptsächlich sie Instrumente der Repräsentation liefert, z.B. Sozialstrukturbilder, Kategorien und Klassifikationen für die verschiedenen Ungleichheitsphänomene, die methodischen und theoretischen Grundlagen für die Sozialstatistik wie für die Sozialberichterstattung, wird die Frage nach der Wechselbeziehung zwischen sozialer Wirklichkeit und Repräsentation innerhalb der Ungleichheitssoziologie nur selten gestellt und schon gar nicht systematisch untersucht. Dabei handelt es sich bei der Macht zur Repräsentation um eine besonders einflussreiche Ressource im Ungleichheitsgeschehen, da sie zur Herstellung von Common Sense und Konsens über legitime und illegitime Formen sozialer Ungleichheit eingesetzt wird.

Beide Bücher sind aus einem Studienbrief für die FernUniversität Hagen mit dem Titel „Soziale Ungleichheit: Neuere Fragen und Perspektiven" hervorgegangen. Für die Buchpublikationen wurde der Studienbrief grundlegend überarbeitet.

Den Studienbrief sowie die zwei Bücher habe ich während meiner Arbeit am Wissenschaftszentrum Berlin für Sozialforschung (WZB) als Heisenbergstipendiatin der Deutschen Forschungsgemeinschaft (DFG) verfasst. Bei beiden Einrichtungen möchte ich mich für die großzügige Unterstützung bedanken.

1 Repräsentation sozialer Ungleichheit – eine Einführung

Obgleich soziale Ungleichheiten zu den beharrlichen Kennzeichen von Gesellschaften gehören, werden sie nicht in allen Gesellschaften, zu allen Zeiten oder in allen Formen und Ausprägungen wahrgenommen und als ungerecht bewertet. Manche Ungleichheiten bleiben über lange Zeiträume hinweg unterhalb der gesellschaftlichen Aufmerksamkeitsschwelle, andere werden trotz gravierender Benachteiligung verschwiegen und dritte immer wieder öffentlich beklagt, obwohl sie längst einen Großteil ihrer Wirkungsmacht eingebüßt haben. So wird die ungleiche Lebenserwartung – sozial Benachteiligte sterben im Durchschnitt fünf bis sieben Jahre früher – kaum beachtet, während sich das Risiko von Altersarmut, obwohl es in den letzten Jahrzehnten stark gesunken ist, in sozialpolitischen Debatten schnell skandalisieren lässt. Zwischen sozialen Ungleichheiten auf der einen Seite und deren Wahrnehmung und Bewertung auf der anderen Seite besteht zwar eine Wechselbeziehung, aber ganz offensichtlich weder ein gegenseitiges Bedingungsverhältnis noch ein direkter Zusammenhang. Wie diese Wechselbeziehung gestaltet ist und wie auf sie eingewirkt wird, sind die beiden zentralen Fragen, mit denen sich dieses Buch beschäftigt.

Die verschiedensten Arten und Weisen, Ungleichheitsverhältnisse wahrzunehmen und darzustellen, werden hier unter dem Begriff der Repräsentation sozialer Ungleichheit zusammengefasst. Dazu zählen vorbewusste Eindrücke, Alltagserfahrungen, bewusste Vergegenwärtigungen genauso wie sprachliche Formulierungen oder bildliche Darstellungen, aber auch wissenschaftliche Betrachtungen wie die Sozialstrukturanalyse und Ungleichheitstheorien. Aus den sinnlichen Eindrücken und den Alltagserfahrungen scheint sich so etwas wie ein Gespür für Ungleichheitsverhältnisse zu entwickeln. Es funktioniert wie ein „sozialer Orientierungssinn" (Bourdieu). Auch ohne bewusste Vergegenwärtigung, vertiefte Befragung oder gar sozialstrukturelles Wissen erkennen wir oder meinen zu erkennen, ob die Person, die uns gegenüber steht, sozial nah oder fern ist und ob wir uns an einem Ort befinden, wo wir als sozial zugehörig oder als deplatziert angesehen werden. Solche Prozesse lassen sich nur schwer soziologisch nachvollziehen. Nach Max Weber gehören sie sogar zu den soziologisch „unverstehbaren Gegebenheiten", weil sie „in dumpfer Halbbewußtheit oder Unbewußtheit" des mit ihnen „gemeinten Sinns" vollzogen werden (Weber 1980: 10). Damit hat Weber die Messlatte für das, was sinnvoll in den soziologischen Blick genommen werden kann, sehr hoch gelegt. Bekanntlich gibt es eine Reihe soziologischer Theorien wie die Sozialphänomenologie oder die Theorie der sozialen Praxis von Pierre Bourdieu, die eine so konsequente Beschneidung soziologischer Möglichkeiten ablehnen und sich explizit vor- und halbbewussten Erfahrungen und Verhalten zuwenden.

Nicht weil sie schwer zu erforschen sind, sondern weil wissenschaftlich erzeugte Repräsentationen sozialer Ungleichheiten in den letzten Jahrzehnten immer umfangreicher und machtvoller geworden sind, sollen hier Vergegenwärtigungs- und Darstellungsweisen behandelt werden, die mit wissenschaftlicher Expertise erstellt wurden oder bei denen darauf beharrt wird, dass sie wissenschaftlich fundiert sind, um sie mit größeren Geltungs- und Legitimitätsansprüchen auszustatten. Für diese Vergegenwärtigungen und Darstellungen ist im Weiteren der Begriff wissenschaftsgenerierte Repräsentationen sozialer Ungleichheiten reserviert.[1] Gemeinsam ist diesen Repräsentationen, dass sie nicht nur wissenschaftsinterne Bedeutung haben, sondern auch in gesellschaftlichen und politischen Auseinandersetzungen und Verständigungen auf sie rekurriert wird. Zu den wissenschaftsgenerierten Repräsentationen sozialer Ungleichheiten zählen beispielsweise Sozialstrukturbilder wie die „Bolte-Zwiebel" oder die „Sinus-Milieus", Kategorien und Klassifikationen wie Berufs- und Bildungsabschlüsse oder Definitionen von Armut und Reichtum, ungleichheitssoziologische Konzepte wie soziale Schicht, Status oder Lebensstil, die Sozialstatistik mit ihrem umfangreichen Datenmaterial und die Sozialberichterstattung. Die Liste ist keineswegs vollständig, einige Repräsentationsformen fehlen. Von diesen sind zweifellos ungleichheitssoziologische Denkmodelle und Gegenwartsdiagnosen am einflussreichsten. Ein Beispiel für ein ungleichheitssoziologisches Denkmodell, welches besonders viel Beachtung erhalten hat, ist die marxistische Klassentheorie. Sie wurde in politische Forderungen übersetzt, floss in Parteiprogramme ein und sollte sogar gesellschaftliche Praxis werden. In den letzten Jahrzehnten sind ungleichheitssoziologische Gegenwartsdiagnosen wie „Risikogesellschaft", „Erlebnisgesellschaft" oder „Zwei-Drittel-Gesellschaft" breit rezipiert worden und zu alltagsprachlichen Bezeichnungen geworden. Und aktuell gehört sicherlich die neoliberale Lehre, die auf dem Axiom der „Unfehlbarkeit des Marktes" fußt, zu den erfolgreichsten Denkmodellen (vgl. Chomsky 2000; Dixon 2000).

Repräsentationen sozialer Ungleichheiten beinhalten Stellungnahmen darüber, wie die Ungleichheitsverhältnisse zu bewerten sind. Sie werden entweder klar und deutlich ausgesprochen, wie in den Armutsberichten, oder indirekt, manchmal geradezu versteckt angedeutet, wie in den Kategorien und Klassifikationen, die zur Erfassung von Ungleichheiten herangezogen werden. Besonders offensichtlich ist dies bei der Erfassung der Anzahl der Arbeitslosen, die je nach Definition hoch oder klein gerechnet werden kann, die aber trotzdem schlussendlich als beinahe „unbezweifelte Gesamtzahl" dasteht. Die Repräsentationen sozialer Ungleichheiten enthalten somit immer auch eine Beurteilung dessen, was sie darstellen. Ein Grund dafür ist, dass in modernen Gesellschaften soziale Ungleichheiten als gesellschaftlich verursacht anerkannt sind und als Gerechtigkeitsfragen behandelt werden, weshalb soziale Bevorzugungen und Benachteiligungen unter Akzeptanz- und Legitimationsdruck stehen. Die Folge ist, dass die Wahrnehmung und Darstellung sozialer Ungleichheiten unauflösbar mit der Aufforderung, Stellung zu beziehen, verkettet ist und folgende Fragen nach Antwort drängen: Sind Ausmaß und Umfang der Ungleichheiten als gerecht oder ungerecht zu werten, als legitim oder illegitim anzusehen, gilt es sie auszuhalten oder auszugleichen?

1 Den Begriff wissenschaftsgenerierte Repräsentationen übernehme ich von Rheinberger (1997).

Der Aufforderung, Stellung zu beziehen, kann man sich nicht einfach entledigen. Sie ist bereits in der Feststellung, dass es sich um Formen sozialer Ungleichheit handelt, enthalten. Solange beispielsweise das Geschlechterverhältnis mit der biologischen Reproduktion begründet und damit als „natürlich" gegeben angesehen wird, können immer wieder Argumente gegen eine primär ungleichheitssoziologische Beschreibung angeführt werden. In diese fließen die Vorstellungen von Geschlechtergerechtigkeit ein. Auch die Ungleichheitssoziologie, die professionell Ungleichheitsverhältnisse beobachtet und nach einer objektivierten Sicht strebt und diese teilweise für sich beansprucht, kann die Verflechtung ihrer Analysen mit Gerechtigkeitspostulaten nicht auflösen. Aus diesem Grund wird sie oft als die normative Seite der Soziologie gescholten. Wie immer man dies beurteilt, fest steht: Für die Ungleichheitssoziologie ist es unabwendbar, sich auf normative Überzeugungen darüber zu beziehen, welches Ausmaß an gesellschaftlicher Bevorzugung und Benachteiligung tolerabel ist und welche Lebenschancen für alle Menschen garantiert sein sollen. Ohne eine solche Referenz kann sie keinen Begriff von Gleichheit oder Ungleichheit in Abgrenzung zu bloßen Unterschieden oder Variationen entwickeln. Verkörpern beispielsweise Lebensstile mehr als nur Variationen, sein Leben zu führen? Resultieren sie aus ungleichen materiellen Ausstattungen oder reflektieren sie ausschließlich Geschmacksvorlieben und ethisch-moralische Orientierungen? Tragen sie in sich Chancen sozialer Bevorzugung oder Gefahren sozialer Benachteiligung? Um diese ungleichheitssoziologischen Fragen schlüssig zu beantworten, reicht eine deskriptive Erfassung nicht aus, dazu sind Grenzziehungen, sprich Klassifizierungen notwendig, welche ohne Wertung nicht auskommen.

Die Verstrickung mit normativen Begriffen und Postulaten sollte der Ungleichheitssoziologie nicht vorgehalten werden. Sie ist wohl unvermeidbar. Stattdessen ist es überzeugender, an sie die Forderung zu richten, Gerechtigkeitsvorstellungen und andere normative Bindungen, speziell aber die Repräsentationen sozialer Ungleichheit als wichtigen Bestandteil des Ungleichheitsgeschehens aufzufassen und systematisch zu erforschen. Genau dies soll hier für wissenschaftsgenerierte Repräsentationen sozialer Ungleichheit geschehen. An ihrer Schaffung ist die Ungleichheitssoziologie oftmals direkt mit eigenen Experten oder indirekt beteiligt, indem von ihr erzeugte Kategorien, Klassifikationen oder Messinstrumente von anderen übernommen und in den Repräsentationen verwendet werden. Aus diesem Grund wird eine Analyse der Repräsentationen sozialer Ungleichheiten immer auch die Beteiligung der Soziologie an diesem Aspekt des Ungleichheitsgeschehens mit zu betrachten haben. Es liegt nahe, das ungleichheitssoziologische Engagement bzw. die Inanspruchnahme ungleichheitssoziologischen Wissens als Mitwirkung zu kritisieren. Man kann es aber genauso als „soziologische Aufklärung" verstehen, wie dies beispielsweise Pierre Bourdieu für sich beansprucht und in dem unmissverständlichen Appell zum Ausdruck gebracht hat, dass „die Soziologie keine Stunde der Mühe wert wäre, sollte sie ein Wissen von Experten für Experten sein" (Bourdieu 1993b: 7). Beide Positionen setzen voraus, dass die Soziologie praktische Wirksamkeit entfalten kann. Gewiss ist dies nicht. Da wissenschaftsgenerierte Repräsentationen bisher kaum untersucht sind, sollte man sich nicht zu vorschnellen oder leichtfertigen Urteilen hinreißen lassen. Erst nach deren Analyse wird es möglich sein, die Wechselbeziehung von Ungleichheitsverhältnissen und Repräsentationen sozialer Ungleichheiten genauer zu beschreiben und zu prüfen, ob überhaupt und inwieweit auf diese eingewirkt werden kann. In einem dritten Schritt mag man sich dann der Beteiligung der Ungleichheitssoziologie zuwenden.

Hier soll die Wechselbeziehung charakterisiert werden, insbesondere soll sie anders als in der Ungleichheitssoziologie üblich aufgefasst werden. Herkömmlicherweise wird sie vornehmlich inhaltlich bestimmt, indem der Grad der Übereinstimmung von realen Verhältnissen und deren Wiedergabe mittels Repräsentationen als Genauigkeitsproblem beschrieben wird. In eine Frage gekleidet: Stimmen die Darstellungen sozialer Ungleichheit mit dem Ungleichheitsgeschehen überein? Exemplarisch wurde diese Frage von der Ungleichheitssoziologie immer wieder aufs Neue anhand des Verhältnisses von theoretisch konstruierten zu real gegebenen sozialen Klassen durchdekliniert. Dass dies bis heute zu keinem überzeugenden Ergebnis geführt hat, ist nur bedingt der Ungleichheitssoziologie anzukreiden, weil die Frage nach der Kongruenz von Wirklichkeit und deren Repräsentation letztlich ein originär erkenntnistheoretisches Problem anspricht.[2]

Selbst in der Philosophie konnte es bislang nicht unzweideutig gelöst werden. Aus diesem Grund ist die philosophische Ambition, den Grad der „Genauigkeit jemals eindeutig bestimmen zu können“, mittlerweile weitgehend aufgegeben worden (Fabian 1993: 336). Statt dem Problem nach der Kongruenz weiter nachzugehen, hat man sich deshalb darauf verlagert, eine bescheidenere Frage zu stellen, nämlich ob und wie eine Repräsentation wirklichkeitswirksam wird. Diese Frage, die sich auf die Repräsentationspraxis konzentriert, entspricht auch dem ungleichheitssoziologischen Forschungsinteresse weit mehr als die doch eher theoretische Frage nach dem Grad der Übereinstimmung. Für die Ungleichheitssoziologie lässt sie sich, wenn die Herstellung sozialer Ungleichheiten und die Generierung von Repräsentationen sozialer Ungleichheit als zwei Stränge der Repräsentationspraxis verstanden werden, in folgende spezifizierte Fragen übersetzen: Wie werden Repräsentationen sozialer Ungleichheit erzeugt und durchgesetzt und wie wirken sie auf die Ungleichheitsverhältnisse ein, das heißt welche Macht können sie entfalten? Von diesem Grundgedanken ausgehend soll im Weiteren die Repräsentationspraxis der Ungleichheitssoziologie am Beispiel besonders populärer Darstellungen sozialer Ungleichheit untersucht werden.

Während es zwar mit Einschränkungen, aber prinzipiell möglich ist, die Erzeugung wissenschaftsgenerierter Repräsentationen nachzuzeichnen, bereitet es außerordentliche Schwierigkeiten, die Wirkungsmacht von Repräsentationen empirisch zu untersuchen. Trotz einer beträchtlichen Ungewissheit darüber, ob und wie sie die soziale Praxis prägen, ist nicht zu bestreiten, dass sie in den letzten Jahrzehnten immer umfangreicher und auch immer einflussreicher geworden sind. Noch nie zuvor in der Geschichte wurden soziale Ungleichheiten so breit dokumentiert, gemessen und quotiert, die Resultate mal der kleinen, mal der großen Öffentlichkeit bekannt gemacht und auf diese Weise in gesellschaftliche Diskurse und politische Debatten

2 Hier wie an allen anderen Stellen des Buchs ist der Begriff Wirklichkeit selbstverständlich nicht absolut oder als tatsächliche äußere Realität gemeint. Es versteht sich von selbst, dass es sich um eine begriffliche Konstruktion handelt. Allerdings wird der Begriff im Allgemeinen in der Praxis so verwendet, als würde er sich auf etwas Reales beziehen, und genau aus dieser Verwendung speist sich die Bedeutung des Begriffs.

eingespeist. Allein auf der EU-Ebene sind zusätzlich zu den von Eurostat – dem europäischen Statistikbüro – verantworteten Sozialstatistiken in den letzten Jahrzehnten einige, teilweise regelmäßige sozialstatistische Erhebungen wie Eurobarometer, Euromodul, Haushaltspanel, Arbeitskräfteerhebung etc. eingerichtet worden. Mit ihnen wird die Sozialstruktur der Mitgliedstaaten auf vielfältige Weise vermessen und verglichen.

Man mag über das Vertrauen in die Aussagekraft der Daten und die Möglichkeit, daraus begründete Schlüsse für politische Eingriffe herleiten zu wollen, staunen, aber immerhin kann dies als Beleg für ihre Wirkungsmacht gedeutet werden. Aus wissenschaftlicher Sicht ist es nahe liegend, dieses Anliegen als politische „Steuerungsillusion" zu entlarven. Im Gegenzug ist von einer „wissenschaftlichen Illusion" zu sprechen, politisches Zutrauen in wissenschaftliche Beobachtungs- und Beratungsleistungen zu erwarten und darauf zu hoffen, dass politische Strategien und Beschlüsse auf wissenschaftliche Expertise Bezug nehmen. Auf der politischen Eingriffsebene kann man die Macht der Repräsentationen sozialer Ungleichheiten nur bedingt erfassen und wird sie zudem tendenziell überschätzen, weil die Repräsentationen oftmals nur zur Legitimation, aber nicht zur Entscheidungsfindung genutzt werden. Aus diesem Grund soll der glückende oder misslingende Übergang in die politische Praxis gar nicht erst betrachtet werden.

Damit ist jedoch nicht grundsätzlich in Frage gestellt, dass wissenschaftsgenerierte Repräsentationen sozialer Ungleichheiten praktische Bedeutung und Einfluss haben. Schon gar nicht ist damit gesagt, dass sie nicht als Machtressourcen genutzt werden. Allerdings lässt sich der Wirkungszusammenhang weder theoretisch eindeutig herleiten, es sei denn man begnügt sich mit sehr vereinfachten Modellen, noch ist der empirische Nachweis leicht und geschwind zu führen. Dies gilt auch für die Einwirkung auf die Verständigungen und Auseinandersetzungen über soziale Ungleichheiten, auf die sich dieses Buch konzentriert. Theodore Porter beginnt sein viel gelesenes Werk „Trust in Numbers" mit der These, dass „numbers, graphs and formulas first of all are strategies of communication" (Porter 1995: VII). Dem ist prinzipiell zuzustimmen, ob jedoch wissenschaftsgenerierte Repräsentationen tatsächlich immer zielgerichtet eingesetzt werden, ist fraglich. Sicherlich fließen in ihren Gebrauch auch un- und vorbewusste Absichten ein. Sicher ist aber, dass es sich um Formen der Verständigung und Auseinandersetzung handelt. Diese sehr allgemeine, wenig griffige Feststellung verlangt nach Präzisierung.

Wenn Repräsentationen sozialer Ungleichheiten Formen der Verständigung und Auseinandersetzung darstellen – also Argumente und Sichtweisen liefern –, dann umfassen sie einen nicht unwesentlichen Teil des Ungleichheitsgeschehens, weil sie an den Prozessen der Herstellung, Legitimierung sowie Skandalisierung sozialer Bevorzugungen und Benachteiligungen mitwirken. Aus diesem Grund sollte die Ungleichheitssoziologie sie zu einem Gegenstand ihrer Forschung machen. Insbesondere gilt dies für wissenschaftsgenerierte Repräsentationen, da sie das „empirische Material" für die Kontroversen über die Einlösung bzw. Missachtung des Gerechtigkeitsgebots bereitstellen. So weisen beispielsweise amtliche Statistiken nach, dass die Zahl der Menschen, die auf Armenunterstützung angewiesen ist, steigt, die Steuerlast ungleich verteilt ist und Kinder aus sozial benachteiligten Familien bei hohen Bildungsabschlüssen weit unterrepräsentiert sind. Stark formalisierte Repräsentationen wie Expertisen, Kommissions- und Expertenberichte zeichnen die Armuts- und Reichtumsentwicklung nach, zeigen die sozialstrukturellen Folgen des Umbaus der sozialen Sicherungssysteme auf oder wagen langfristige Prognosen des demographischen Wandels, und zwar jeweils so, dass die Ergebnisse weit über die wissenschaftsinterne Diskussion hinaus Aufmerksamkeit finden, zumindest daraufhin angelegt sind. Dass ihnen häufig eine größere, eine öffentliche und nicht nur eine wissenschaftliche Beachtung zuteil wird, liegt an der Art und Weise – der Form –, wie sie präsentiert werden. Um dies hervorzuheben, werden sie hier als Repräsentationsformen bezeichnet.

Es bleibt die Frage, was Repräsentationen bewirken, ohne sogleich eine Strategie zu unterstellen oder einen garantierten Erfolg zu vermuten. In einer Einleitung kann diese Frage nur angeschnitten werden. Zunächst ist zu beobachten, dass in modernen Gegenwartsgesellschaften die Debatten über legitime und illegitime Ungleichheiten immer häufiger mittels Repräsentationsformen stattfinden. So geben viele gesellschaftliche und politische Akteure – Gewerkschaften, Parteien, Interessenverbände oder Stiftungen – Berichte heraus oder verweisen auf amtliche Statistiken, um ihre Forderungen zu begründen. Dagegen scheinen andere Formen der sozialen Auseinandersetzung an Bedeutung abzunehmen, was sich besonders darin zeigt, dass diese mittlerweile als traditionelle Prägungen des sozialen Kampfs tituliert werden. Zu den weitgehend zurückgedrängten Formen gehören revolutionäre Klassenkämpfe und Straßenbarrikaden ebenso wie gewalttätige Demonstrationen. Ob auch das Trommelfell quälende Trillerpfeifen oder brennende Öltonnen vor Fabriktoren zum traditionellen Inventar sozialer Kämpfe zählen, darüber mag man unterschiedlicher Meinung sein. Auffällig ist, dass selbst neue soziale Bewegungen, die häufig in ihrer Geburtsstunde rabiate Auseinandersetzungen nicht scheuen und diese zu ihren Waffen zählen, sich nach einer gewissen Zeit des Straßenkampfs zu zivilisieren beginnen und ihren Forderungen verstärkt mittels Streitgesprächen und Publikationen Gehör zu verschaffen versuchen. Mit anderen Worten: Sie setzen vermehrt sprachliche oder bildliche Darstellungen und Veröffentlichungen ein – also Repräsentationen.

Weiterhin ist zu beobachten, dass in sozialen Auseinandersetzungen Forderungen, die nicht wenigstens ein gewisses Streben nach Anerkennung und Legitimierung erkennen lassen, häufig als unstatthaft und unberechtigt abgelehnt und ohne eingehendere Prüfung zurückgewiesen werden. Anerkennung und Legitimierung lassen sich am sichersten mit dem Verweis auf gesellschaftliche Übereinkünfte und Konventionen erzielen, die zur Rechtfertigung des eigenen Standpunkts vorgetragen werden. Damit werden Common Sense und Konsensfähigkeit zu unerlässlichen Referenzpunkten in sozialen Kontroversen. Dies gilt besonders für die Auseinandersetzungen über soziale Gerechtigkeit, legitime und illegitime soziale Benachteiligungen, das Gebot, Ungleichheiten zu mindern, wie den Appell, diese nicht zu dramatisieren.

Jene Repräsentationsformen, die ursprünglich eigens für wissenschaftliche Darstellungen entwickelt wurden, scheinen besonders geeignet – so eine Grundthese dieses Buchs –, Standpunkte und Sichtweisen von sozialer Ungleichheit in konsensuales Wissen zu überführen oder einen existierenden Common Sense zu bekräftigen. Damit werden common-sense-fähige bzw. konsensgenerierende Darstellungen zu einer einflussreichen Ressource im Ungleichheitsgeschehen. Zur Kennzeichnung dieser Ressource wurden verschiedene Begriffe entwickelt: Definitions-, Benennungs- oder Repräsentationsmacht. Ob diese Ressource stets als Machtquelle wirkt, ist fraglich. Repräsentationen können ebenso zur „soziologischen Aufklärung" beitragen oder – im Verständnis der Klassentheorien – „Bewusstseinsbildungsprozesse" bei den beherrschten Klassen in Gang setzen und ihnen dabei behilflich sein, ihre soziale Unterdrückung öffentlich zu machen und dagegen zu opponieren.

Eine weitere offene Frage ist, ob die Fähigkeit, Repräsentationen sozialer Ungleichheiten zu schaffen und zu verbreiten, ähnlich ungleich verteilt ist wie andere ungleichheitserzeugende und -verstärkende Ressourcen, z.B. Einkommen, Bildung, Beruf, Prestige, Gesundheit, Wohnung. Diese Ressourcen befähigen dazu oder verunmöglichen es, eine bestimmte Position in der Sozialstruktur zu erreichen. Das Vermögen, konsensfähige Repräsentationen der sozialen Welt zu schaffen, ist dagegen eine Ressource, welche auf die gesellschaftlichen Auseinandersetzungen über die Legitimität bzw. Illegitimität sozialer Ungleichheit einwirkt und damit die Chance eröffnet, das Ungleichheitsgeschehen herunterzuspielen oder zu skandalisieren. Ähnlich wie der Zugang zu den bevorzugten sozialstrukturellen Positionen ist auch die Fähigkeit, Repräsentationen zu generieren und verbindlich werden zu lassen, sozial ungleich verteilt – aber ganz offensichtlich nach anderen sozialen Mustern, ansonsten ließe sich die herausgehobene Stellung der Sozialwissenschaften in der Repräsentationspraxis nicht erklären. Es ist deshalb zu fragen, ob es genügt, die für die Sozialstrukturanalyse benutzten Ungleichheitsdimensionen um einige Aspekte zu erweitern, um die sozial ungleiche Verteilung der Benennungs- und Repräsentationsmacht zu erfassen, oder ob diese entlang ganz anderer sozialer Differenzierungsachsen ungleich verteilt ist und wenn ja, welche dies sind.

Bislang werden Repräsentationen von der Ungleichheitssoziologie wenig beachtet und weder empirisch noch theoretisch-systematisch erforscht. Dies irritiert, weil es sich bei der Fähigkeit, eine bestimmte Sicht der sozialen Welt in allgemein akzeptiertes Wissen zu überführen, um eine bedeutsame ungleichheitsgenerierende oder -verstärkende Ressource handeln kann. Es überrascht auch deshalb, weil daran viele theoretische Herausforderungen geknüpft sind, welche die Ungleichheitssoziologie nicht einfach übergehen kann, da sie ihre eigenen Beobachtungsfähigkeiten tangieren. Schließlich ist zu bedenken, dass die Ungleichheitssoziologie selbst zu den erfolgreichsten Produzenten von Repräsentationen sozialer Ungleichheit zählt. Im Folgenden sollen sowohl empirische als auch theoretische Aspekte behandelt werden, um aufzuzeigen, wie sich die Ungleichheitssoziologie diesem von ihr bisher vernachlässigten Teil des Ungleichheitsgeschehens nähern kann.

Das Buch beginnt mit offenen ungleichheitstheoretischen Fragen, die bei der Repräsentation sozialer Ungleichheiten besonders virulent sind (Kapitel 2). Anschließend erfolgt ein Perspektivenwechsel (Kapitel 3): Die ungleichheitssoziologische Betrachtungsweise setzt üblicherweise mit der ungleichen Verteilung der sozialstrukturell relevanten Ressourcen ein und rekonstruiert von dort aus die Ungleichheitsverhältnisse. Hier werden jedoch die beiden Begriffe Repräsentation und Repräsentieren zum Ausgangspunkt genommen, um die Wechselbeziehung von Repräsentation und Ungleichheitsverhältnissen auf eine andere Art als in der Ungleichheitssoziologie gebräuchlich fassen zu können. Danach werden die für das Buch zentralen Begriffe Repräsentationspraxis, -beziehung und -regeln entwickelt (Kapitel 4). Es schließt sich ein eher empirischer Teil an, in dem vier Repräsentationsformen – Graphiken und Bilder, Kategorien und Klassifikationen, Sozialstatistik und Sozialberichterstattung – dargestellt werden (Kapitel 5-8). Das Buch endet mit einer Synthese aus den theoretischen und empirischen Teilen, die sich auf drei Aspekte konzentriert: eine Charakterisierung der Repräsentationsregeln, die Unterscheidung in Benennungsmacht und Repräsentationsmacht und drittens eine Begründung der Common-Sense- und Konsensfähigkeit der Repräsentationen (Kapitel 9).

2 Offene Fragen und ungelöste Probleme

In den Themenkomplex der Repräsentation sozialer Ungleichheiten sind einige ungelöste theoretische Probleme eingelassen. Dazu gehören neben anderen die drei folgenden Fragen:[3]

(1) Inwieweit legen Vorstellungen und Begriffe von sozialer Gerechtigkeit die Bahnen für die Wahrnehmung und die Repräsentation sozialer Ungleichheiten aus?
(2) Wie sind analytische ungleichheitssoziologische Kategorien und Klassifikationen zu konstruieren, die nicht – auch nicht vermittelt – auf Ergebnisse gesellschaftlicher Auseinandersetzungen zurückgreifen?
(3) Besitzen Repräsentationen sozialer Ungleichheit gegenüber den Ungleichheitsverhältnissen, die sie darzustellen bzw. wiederzugeben vorgeben, ein gewisses Maß an Unabhängigkeit oder einen begründeten Eigensinn?

Mit der Bearbeitung dieser Probleme beschäftigt sich die Ungleichheitssoziologie seit ihren Anfängen, ohne zu klaren und dauerhaft überzeugenden Lösungen gelangt zu sein. Bislang haben sich alle Vorschläge und Konzepte als vorläufig oder theoretisch zu voraussetzungsvoll erwiesen.

Ein Grund dafür ist, dass diese Fragen über die Ungleichheitssoziologie hinausweisen, und zwar sowohl inhaltlich als auch theoretisch, weshalb die Antworten nicht nur innerhalb des Theorie- und Empiriebestands der Ungleichheitssoziologie zu suchen sind. So lässt sich die Frage nach den analytischen Kategorien und Klassifikationen, wenn sie auch an die Wissenssoziologie gerichtet wird, zwar nicht definitiv beantworten, aber präziser fassen. In ähnlicher Weise reicht die Frage, ob die Repräsentationen bloße „Widerspiegelungen" oder aber „diskursive Konstruktionen" sind, über die Ungleichheitssoziologie hinaus. Ein anderer Grund ist, dass es vermutlich gar keine dauerhaften oder endgültigen Lösungen für manche der Fragen gibt, weshalb die Ungleichheitssoziologie diese als strittige Punkte und offene Fragen in ihre Konzeption aufzunehmen und als solche auszuweisen hat. Dazu gehört etwa die Frage danach, wie das Verhältnis von Ungleichheitsgeschehen auf der einen Seite und dessen Repräsentation als soziale Ungleichheit auf der anderen Seite gestaltet ist. Bei unlösbaren Problemen steht die Ungleichheitssoziologie vor der Aufgabe, Hilfskonstruktionen und Eselsbrücken zu entwickeln, die zwar das theore-

3 Bei der Darlegung der ungelösten theoretischen Probleme greife ich auf mein Buch „Kämpfe um soziale Ungleichheit" zurück (Barlösius 2004).

tische Problem nicht ein für alle Mal lösen, aber für die praktische Forschungsarbeit tauglich sind.

Genau in diesem Sinn sollen die bereits genannten Problembestände vorgestellt werden, die für das Thema der Repräsentation sozialer Ungleichheit besonders bedeutungsvoll sind. Sie werden keineswegs dargestellt, um neue oder alternative Lösungen anzubieten. Vielmehr soll Aufmerksamkeit auf sie gelenkt werden, um zu vermeiden, dass sie im weiteren Verlauf leichtfertig übergangen werden.

(1) Inwieweit legen Vorstellungen und Begriffe von sozialer Gerechtigkeit die Bahnen für die Wahrnehmung und die Repräsentation sozialer Ungleichheiten aus?

Diese Frage geht von zwei Gegebenheiten aus: Zum einen fungieren Gerechtigkeitsideen als Weichensteller, indem sie das Interesse auf einige Phänomene lenken und von anderen wegleiten. Dies hat zur Folge, dass manches ungleichheitsträchtige Phänomen erst gar nicht in den Blick gerät, weil es sich außerhalb der Reichweite der Gerechtigkeitsideen befindet. Dazu gehörte beispielsweise die Benachteiligung von Frauen, die, solange keine Vorstellung von Geschlechtergerechtigkeit existierte, nicht als soziale Ungleichheit wahrgenommen wurde. Zum anderen wird soziale Gerechtigkeit als Referenzpunkt für die Unterscheidung in soziale Gleichheit und Ungleichheit herangezogen. Hierbei besteht schon Aufmerksamkeit gegenüber dem ungleichheitsträchtigen Phänomen. Ob das Ausmaß der Benachteiligung als ungleichheitsbedeutsam zu werten ist, wird vor dem Hintergrund von Gerechtigkeitsideen beurteilt. Beide Gegebenheiten gehen auch in die Beobachtungen und Analysen der Ungleichheitssoziologie ein. Dementsprechend gehört es zur Selbstbeschreibung der Ungleichheitssoziologie, dass sie den Gerechtigkeitsdiskurs im Hintergrund immer mitführt und auf diese Weise tief in ethische Fragen verstrickt ist (vgl. Müller 1992; Müller/Wegener 1995).

Selten wird die Gerechtigkeitsfrage explizit thematisiert. Wird über die Einbettung der Ungleichheitssoziologie in den Diskurs über soziale Gerechtigkeit reflektiert, dann geschieht dies zumeist mit Bezug auf den philosophischen Diskurs über die „gerechte Gesellschaft". So referiert beispielsweise Amartya Sen in seinem Buch „Inequalitity Reexamined" zunächst die philosophische Debatte über den Gerechtigkeitsbegriff, um auf dieser Basis die Fragen „Warum Gleichheit?" und „Welche Art von Gleichheit?" zu stellen. Auf diesem Plafond entwickelt er seinen Begriff von sozialer Ungleichheit (Sen 1992). Neben der philosophischen hat sich seit einigen Jahren eine empirische Gerechtigkeitsforschung etabliert, welche die gesellschaftlich verbreiteten Gerechtigkeitsvorstellungen untersucht.[4] Sie kann zeigen, dass soziale Ungleichheiten in der Öffentlichkeit als Gerechtigkeitsfragen thematisiert und dabei Gerechtigkeitspostulate aufgestellt werden, die Ergebnis gesellschaftlicher Auseinandersetzungen und damit Teil des Ungleichheitsgeschehens sind.

4 Siehe die Arbeiten der Nachwuchsgruppe „Interdisziplinäre soziale Gerechtigkeitsforschung" am Institut für Sozialwissenschaften der Humboldt-Universität zu Berlin.

Besonders deutlich lässt sich die Verstrickung der Ungleichheitssoziologie in die philosophischen und gesellschaftlichen Gerechtigkeitsdebatten an den Definitionen von sozialer Ungleichheit ablesen. Für die Mehrzahl der Ungleichheitstheorien gilt, dass sie unter sozialer Gerechtigkeit eine weitgehende Gleichverteilung von Ressourcen, Chancen, Zukunftsperspektiven, Rechten und Anrechten etc. verstehen. Dies trifft insbesondere für Schicht-, Lebenslagen- und Statusmodelle zu. Ulrich Beck hat dies mit der Formulierung kritisiert, dass sich die herkömmlichen Ungleichheitsanalysen – gemeint waren vor allem die Untersuchungen über soziale Schichtung – an der „eingeführten statistischen Gleichverteilung" orientieren und diese als Gerechtigkeitsmaß verwenden (Beck 1983: 38). Gerechtigkeit scheint dann realisiert, wenn alle ungleichheitsrelevanten Chancen, Positionen und Güter in einer Gesellschaft einigermaßen gleich verteilt sind, jedenfalls keine gravierenden Benachteiligungen, Bevorzugungen oder Ausschließungen bestehen. Selbstverständlich handelt es sich dabei um ein Orientierungsmodell, dass so in der gesellschaftlichen Wirklichkeit nie realisiert ist.

Entscheidend ist jedoch, dass aus dem Ideal der Gleichverteilung ein Maßstab für soziale Ungleichheit konstruiert wird, der in der Forschungspraxis dazu dient, das Ausmaß sozialer Ungleichheiten zu erfassen. Auf diese Weise erhält es wissenschaftliche Bedeutung. Weichen die potenziellen Chancen, vorhandenen Ressourcen und erreichbaren sozialen Positionen bei bestimmten sozialen Gruppen stark vom Durchschnitt ab, dann wird dies im Allgemeinen als Beleg für massive soziale Ungleichheiten gewertet. Bei den Schicht-, Lebenslagen- und Statusmodellen wird mehrheitlich Gerechtigkeit als Gleichverteilung operationalisiert. Selten wird diese Operationalisierung eigens begründet, weil sie auf einem theorieinternen Hintergrundkonsens fußt, der als selbstverständliche Grundlage für die Unterscheidung in soziale Gleichheit und Ungleichheit fungiert.

Die Übersetzung von Gerechtigkeit in Gleichverteilung war und ist stets gesellschaftlich und politisch umstritten, nicht zuletzt deshalb, weil sie die Forderung nach sozialem Ausgleich und sozialen Öffnungen in sich birgt, z.B. nach ökonomischer Umverteilung mittels Steuern und Abgaben, Abbau von Bildungsschranken und Gleichstellungspolitik. Seit einigen Jahren ist die Auffassung von Gerechtigkeit als Gleichverteilung besonders umkämpft. Dies zeigt sich in den aktuellen Kontroversen über den Umbau des Sozialstaats, die Zukunft der Arbeitsmarkt- und Tarifpolitik und der Wirtschafts- und Regionalförderung. In diesen Debatten wird Gerechtigkeit immer seltener als Verteilungsgerechtigkeit aufgefasst, was sich beispielsweise darin zeigt, dass die Angleichung der Lebensverhältnisse in benachteiligten Gebieten an die privilegierter Regionen nicht mehr unumstritten Konsens ist, der Erhalt des erreichten Lebensstandards im Rentenalter oder in Arbeitslosigkeit nicht mehr gesichert ist und auch andere soziale Absicherungen nur noch eine Mindestausstattung garantieren.

Gleichzeitig wird auch in der Philosophie verstärkt ein „neuer Gerechtigkeitsdiskurs" geführt, in dem Gleichheit nur noch als Nebenprodukt, aber nicht mehr als vorrangiges Ziel von Gerechtigkeit beschrieben wird (vgl. Krebs 2000, 2002). Der „neue Gerechtigkeitsdiskurs" formiert sich primär als Kritik am Egalitarismus, der durch die enge Verknüpfung des Gerechtigkeitsbegriffs mit dem Gleichheitskonzept entstanden sei. Zu lange habe sich das Nachdenken über Gerechtigkeit von der moralischen Aufforderung leiten lassen, gleiche Lebensaussichten für alle Menschen herbeizuführen und sämtliche Formen der Benachteiligung abzuschaffen. Die Forderung nach Gerechtigkeit meine aber nicht, dass es jemandem besser oder schlechter gehen solle, weil es anderen besser oder schlechter gehe – also alle gleich gut oder schlecht leben sollen. Gerechtigkeit beziehe sich auf Allgemeinheit und nicht auf Gleichheit, weshalb sie bereits verwirklicht sei, wenn Mindeststandards und formale Chancengleichheit garantiert seien (z.B. Anderson 2000; Frankfurt 2000). Beide – die politische Debatte wie der philosophische Diskurs – stellen das Verständnis von Gerechtigkeit als Gleichverteilung grundsätzlich in Frage. Dies zeigt sich insbesondere daran, dass der Maßstab gleicher Ressourcenverteilung zunehmend von der allgemeinen Erreichbarkeit von Verwirklichungschancen als Gradmesser für soziale Ungleichheit verdrängt wird.

Vor diesem Hintergrund taucht erneut die Frage auf, inwieweit die dort entwickelten und kommunizierten Gerechtigkeitsbegriffe und -vorstellungen in die Repräsentationen sozialer Ungleichheit einfließen. Gegenwärtig stellt sie sich besonders, weil die Kritik an der Operationalisierung von Gerechtigkeit als Gleichverteilung und einer davon hergeleiteten empirischen Auslegung obendrein von namhaften Sozialwissenschaftlern aus dem Umkreis der Ungleichheitssoziologie geteilt wird. Auch sie kritisieren immer häufiger diese Auffassung von sozialer Ungleichheit als zu schlicht oder gar falsch. So vertritt beispielsweise Amartya Sen die These, dass nicht die Ressourcenausstattung, sondern die Fähigkeit der Menschen, ihre Ziele verfolgen zu können, dafür entscheidend ist, ob sie ein gutes oder ein schlechtes Leben führen. Aus diesem Grund sei nicht primär eine Gleichverteilung der Güter und eine damit einhergehende ökonomische Umverteilung anzustreben. Vielmehr sollten für alle Menschen angemessene soziale Chancen hergestellt werden, weil diese die Individuen in die Lage versetzten, „ihr eigenes Schicksal erfolgreich zu gestalten und einander zu helfen“ (Sen 2000: 22). Dementsprechend ist Gerechtigkeit an dem Gradmesser der gleichen Verwirklichungschancen zu bemessen und nicht an der Gleichverteilung von Ressourcen und sozialstrukturellen Positionen.

Richard Sennett argumentiert in seinem Buch „Respekt im Zeitalter von Ungleichheit“ ähnlich (Sennett 2002: 78). Er moniert, dass Erwartungen an den Gleichheitsgedanken „psychologisch naiv“ seien und selbst die Beseitigung „jeder ungerechten Ungleichheit“ keine Gleichheit im Sinne einer gegenseitigen Anerkennung zum Ergebnis haben würde (ebd.). Die Konzentration auf materielle Gleichheit verkenne zudem, dass gesellschaftliche Anerkennung und Teilhabe prinzipiell anderen Mechanismen unterliege als die Ressourcenausstattung. Aus diesem Grund rügt Sennett die „radikalen Anhänger des Gleichheitsgedankens“, weil sie häufig behaupten, dass, „wenn sich in den materiellen Bedingungen Gleichheit herstellen ließe, (...) sich ein wechselseitig respektvolles Verhalten spontan und gleichsam natürlich einstellen“ würde (ebd.). Diese Erwartung sei gutgläubig, denn selbst wenn jede ungerechte materielle Ungleichheit abgeschafft würde, wäre damit nicht die ungleiche soziale Anerkennung und die Differenz beim entgegengebrachten Respekt beseitigt.

Diese Benachteiligungsformen bestünden über die Grenzen der sozialen Ungleichheit hinweg. Anerkennung und Respekt würden nur jenen gezollt, „die tatsächlich für sich selbst sorgen" (ebd.: 126). Statt nach Gleichverteilung zu streben, sollten Verwirklichungschancen eröffnet werden, denn nur diese verheißen Anerkennung und Respekt trotz aller Verschiedenartigkeit.

In ähnlicher Weise fordert Anthony Giddens, dass das verbreitete Verständnis von Gleichheit als bloßer Besitz von Gütern auf den Prüfstand zu stellen ist (Giddens 2000: 4). Auch er plädiert für eine Neufassung des Konzepts der sozialen Ungleichheit und schließt sich dem Konzept der Verwirklichungschancen an. Die Begriffe Gleichheit bzw. Ungleichheit sollten nicht mehr für das schiere Vorhandensein sozialer und materieller Güter verwendet werden, weil dies wenig aussagekräftig sei. Ausschlaggebend sind nach Giddens die Fähigkeiten, die verfügbaren Güter sinnvoll einsetzen zu können, um eigenverantwortlich für sein eigenes Wohlergehen zu sorgen (vgl. Giddens 2000). Außerdem solle das Konzept der sozialen Ungleichheit nicht mehr auf die gesamte Gesellschaft, sondern nur noch auf den oberen und unteren Rand der Sozialstruktur angewendet und als soziale Exklusion beschrieben werden.

Mit Sen, Sennett und Giddens sind exemplarisch drei Plädoyers für ein neues ungleichheitssoziologisches Verständnis von Gerechtigkeit und damit verknüpft eine Neufassung von sozialer Ungleichheit vorgestellt worden. Sie fordern, dass sich die Ungleichheitssoziologie nicht mehr mit den von ihr bisher vorwiegend erforschten Ungleichheitsausprägungen beschäftigen und vor allem diese nicht mehr als dominante Formen sozialer Bevorzugung oder Benachteiligung präsentieren soll. Dazu zählt insbesondere die ungleiche Ausstattung mit materiellen Gütern, sofern diese nicht unmittelbar auf die Partizipationschancen zurückwirkt. Eine solche Verschiebung des ungleichheitssoziologischen Blickwinkels verändert die Ergebnisse der Sozialstrukturanalyse. So werden einige Verteilungsunterschiede, die zuvor als soziale Ungleichheit gewertet wurden, nunmehr als nicht ungleichheitsrelevante Differenzen dargestellt. Diese empirischen Konsequenzen interessieren hier weniger.

Bedeutsamer ist, dass sich die Verschiebung aus einem gewandelten Verständnis von Gerechtigkeit ergibt bzw. damit begründet wird. Weiterhin ist hierbei wichtig, dass auf diese Weise die Wahrnehmung und die Repräsentation sozialer Ungleichheiten neu justiert werden und ein anderes Bild der Ungleichheitsverhältnisse entsteht. Bemerkenswert ist, dass sowohl die aktuellen politischen Auseinandersetzungen darüber, was gerecht ist, als auch der gegenwärtige philosophische Gerechtigkeitsdiskurs soziale Ungleichheit als ungleiche Verwirklichungschance begreifen. Ob diese Gleichzeitigkeit Zufall ist und wie sie zustande kommt, kann an dieser Stelle nicht geklärt werden. Entscheidend ist, dass das Zusammentreffen nochmals die Verstrickung der Ungleichheitssoziologie mit den jeweils gegenwärtigen Gerechtigkeitsdebatten belegt. Abermals wird eine bestimmte Auffassung von Gerechtigkeit in das Fundament der Ungleichheitssoziologie – in ihre Definition von sozialer Ungleichheit – eingebaut.

Die beiden beispielhaft vorgestellten Ungleichheitskonzepte fußen auf unterschiedlichen Vorstellungen und Begriffen von Gerechtigkeit: das eine Mal Gerechtigkeit als Gleichverteilung und das andere Mal Gerechtigkeit als Eröffnung von Verwirklichungschancen. Beide Auffassungen wirken sich darauf aus, welche Unterschiede als Ungleichheiten wahrgenommen werden, und damit auch auf die von der Ungleichheitssoziologie erzeugten Repräsentationen sozialer Ungleichheit. Die drei skizzierten Plädoyers für einen Wandel der ungleichheitssoziologischen Grundbegrifflichkeit stellen eine Ausnahme dar, weil sie den Zusammenhang von Gerechtigkeitsbegriff und Repräsentationen sozialer Ungleichheit explizieren. Üblicherweise geschieht dies nicht. Zumeist fußt die Ungleichheitssoziologie auf nicht hinterfragten Gerechtigkeitsvorstellungen, welche in das von ihr verwendete Konzept sozialer Ungleichheit einfließen. Dass es jedoch zu ihren originären Aufgaben gehört, den „Hintergrundkonsens" ihrer Analysen zu reflektieren und auf seine Implikationen zu prüfen, ist unstrittig.

(2) Wie sind analytische ungleichheitssoziologische Kategorien und Klassifikationen zu konstruieren, die nicht – auch nicht vermittelt – auf Ergebnisse gesellschaftlicher Auseinandersetzungen zurückgreifen?

Diese Frage geht auf die Beobachtung zurück, dass sich die meisten von der Ungleichheitssoziologie mit analytischer Absicht verwendeten Begriffe, Bilder und Definitionen an gesellschaftlichen und politischen Kategorisierungs- und Klassifizierungsprozessen orientieren. Es handelt sich deshalb nicht nur um beschreibende Begriffe, mit denen die Phänomene der sozialen Ungleichheit aus einer distanzierten Perspektive oder von einem „neutralen" Standpunkt aus dargestellt werden, sondern um solche, die in das gesellschaftliche und politische Repräsentationsgeschäft eingebunden sind. Werden sie für die wissenschaftliche Beobachtung direkt übernommen, dann schreibt diese die Kategorisierungs- und Klassifizierungsprozesse fort. Besonders deutlich zeigt sich dies bei Unterscheidungen und Rangordnungen, die von staatlichen Institutionen oder in offiziellen Zertifikaten verwendet werden, z.B. die von der Bundesagentur für Arbeit gebrauchten Definitionen von Arbeitslosigkeit oder zumutbarer Beschäftigung. Weniger auffällig, aber prinzipiell gleich gilt dies für die gebräuchliche Unterscheidung in Arbeiter, Angestellte, Beamte und Selbstständige, die häufig in Sozialstrukturanalysen zur Klassifizierung der beruflichen Position verwendet wird. Auch diese Einteilung ist Grundlage sozial- und rechtsstaatlicher Maßnahmen und besitzt deshalb soziale und ökonomische Gestaltungsmacht.

Die Übernahme institutionalisierter Kategorien und Klassifikationen oder gesellschaftlich umkämpfter Unterscheidungen in die ungleichheitssoziologischen Analysen bedeutet, die darin geronnenen und aktualisierten sozialen Auseinandersetzungen nicht als Teil des Ungleichheitsgeschehens zu betrachten und so deren Wirkungsmacht zu unterschätzen. Die Folge ist, dass die Ungleichheitssoziologie ihrem Beobachtungsgegenstand verhaftet bleibt und deshalb weder beachtliche Distanzierungsleistungen aufweisen noch einen unabhängigen Standpunkt für sich geltend machen kann. Verwendet sie beispielsweise sozial- oder tarifrechtliche Termini als analytische Ausgangskategorien und -klassifikationen, so wird sie mit großer

Wahrscheinlichkeit in den durch diese beiden Spezialrechte vorausgelegten Denk- und Argumentationsmustern verharren. Dieses Problem existiert unabhängig von den jeweiligen theoretischen Modellen und empirischen Untersuchungen. Sowohl die Klassen- und Schichttheorien, die Lebenslagen- und Lebensstilmodelle als auch alle weiteren Ungleichheitstheorien und -analysen haben sich damit zu befassen, dass sich oftmals in die von ihnen zur wissenschaftlichen Analyse verwendeten Kategorien und Klassifikationen die Ungleichheitsverhältnisse eingeschrieben haben, die eigentlich beobachtet werden sollen. Werden gesellschaftlich und politisch vorgefertigte Kategorien und Klassifikationen ungeprüft übernommen und wie neutrale bzw. vom Standort unabhängige Beschreibungen verwendet, sind dem ungleichheitssoziologischen Bemühen um eine „Objektivierung“ sozialer Wirklichkeit Grenzen gesetzt.

Dieser Problemkomplex tritt bei der Ungleichheitssoziologie besonders markant zu Tage, weil ihre Analysen mit Gerechtigkeitspostulaten und Gleichheitsvorstellungen – also unmittelbar mit sozialen und politischen Auseinandersetzungen – verknüpft sind. Er stellt sich aber in ähnlicher Weise für die gesamte Soziologie. Abstrahiert man von den konkreten ungleichheitssoziologischen Ausformulierungen, lässt sich das generelle Problem erkennen. Es besteht darin, dass die Begriffe, mit denen die soziale Wirklichkeit systematisch beschrieben werden soll, diese nicht einfach nur wiedergeben, sondern stets schon interpretieren, weil es sich bei den Begriffen immer auch um sprachliche Konstruktionen handelt. Dies kann man radikal interpretieren, indem man behauptet, dass sich die Begriffe auf nichts „Zugrundeliegendes“ (Aristoleles) beziehen und es sich deshalb um reine Konstruktionen handelt, weshalb die Wahrnehmung der sozialen Wirklichkeit ebenfalls nur aus Konstruktionen besteht. Weil die Begriffe nicht an die Wirklichkeit heranreichen können, bilden sie eine eigene Sphäre (vgl. Hacking 1999). Ähnlich radikal ist die entgegengesetzte Position, dass die Begriffe die Wirklichkeit unmittelbar widerspiegeln, weshalb ein direkter Zugang zu den sozialen Verhältnissen möglich ist. Für beide Positionen gibt es Beispiele in der Soziologie – auch in der Ungleichheitssoziologie. Dort werden sie allerdings selten offensiv vertreten, was sicherlich daran liegt, dass die Ungleichheitssoziologie mehrheitlich auf der These der unmittelbaren Prägung der „subjektiven Lebenserfahrungen“ durch die „objektiven Lebensumstände“ basiert.

Genau genommen handelt es sich bei dem skizzierten Problemkomplex nicht um einen originär soziologischen, sondern um einen erkenntnistheoretischen, mit dem sich die Philosophie seit ihren Anfängen befasst (vgl. Schneider 1998). Aber auch die Soziologie – nahe liegender Weise insbesondere die theoretische Soziologie – hat sich immer wieder damit beschäftigt, um zu einer für die empirische Forschung praktikablen Antwort zu gelangen. So hat beispielsweise Georg Simmel auf den ersten Seiten von „Soziologie. Untersuchungen über die Formen der Vergesellschaftung“ (1992) den erkenntnistheoretischen Komplex dargelegt und seine Auffassung dazu mitgeteilt. Für ihn fassen erst die sinnlichen Wahrnehmungen und sprachlichen Ausdrücke die äußere Welt zu Einheiten zusammen und stellen auf diese Weise Zusammenhänge und Zusammengehöriges her.

> „Welcher Bezirk des äußerlich-anschaulichen Seins zu einer Einheit zusammenzufassen ist, das ergibt sich nicht aus seinem unmittelbaren und schlechthin objektiven Inhalt, sondern wird durch die Kategorien des Subjekts und von seinen Erkenntnisbedürfnissen her bestimmt." (Simmel 1992: 44)

Die kategorisierenden und klassifizierenden Einheiten, durch die Zusammenhänge hergestellt werden und Zusammengehöriges vereinigt wird, orientieren sich nicht an äußerlichen Eigenschaften. Sie sind Produkt der Wahrnehmung und des „Erkenntnisinteresses" (Habermas). Erst durch Kategorisierung und Klassifizierung nach begrifflich festgelegten Unterscheidungsmerkmalen können Klassen und Gruppen mit gemeinsamen Eigenschaften fixiert werden.[5] Lassen wir den erkenntnistheoretischen Problembereich bis auf zwei Punkte auf sich beruhen: die Vorprägung der Beobachtungen der sozialen Wirklichkeit durch die vorhandenen Kategorien und Klassifikationen und das Beteiligtsein eines Erkenntnisbedürfnisses bzw. Erkenntnisinteresses, durch welches die „wissenschaftliche Objektivierung" in bestimmte Bahnen gelenkt wird.

Schauen wir uns nun zwei Vorschläge aus der Ungleichheitssoziologie ausführlicher an, um zu demonstrieren, wie in neueren Theorien sozialer Ungleichheit mit dem Dilemma umgegangen wird, dass die ungleichheitssoziologischen Kategorien und Klassifikationen oftmals an Prozessen der Herstellung und Rechtfertigung von sozialer Ungleichheit beteiligt sind. Betrachten wir außerdem, welche Konsequenzen daraus gezogen werden, dass durch diese Beteiligung die Objektivierungs- und Distanzierungsleistungen der Ungleichheitssoziologie begrenzt sind. Ausgewählt wurden die Anregungen von Reinhard Kreckel und von Pierre Bourdieu, weil beide die Repräsentation sozialer Ungleichheiten als Teil des Ungleichheitsgeschehens auffassen und sich ausführlich damit befassen, wie die Ungleichheitssoziologie, insbesondere die Sozialstrukturanalyse, mit diesem Phänomen umgehen soll.

Reinhard Kreckel schlägt vor, die Kategorien und Klassifikationen vorwiegend unter dem Aspekt der Legitimierung und Rechtfertigung sozialer Ungleichheiten in den Blick zu nehmen. Was das grundsätzliche Problem anbelangt, so argumentiert er nicht eindeutig. Aus theoretischer Sicht geht er davon aus, dass „in den Klassifikationsakten ... die Menschen souverän" sind, weshalb zwischen den sozialen Ungleichheiten und deren Wahrnehmung und Bewertung „kein automatischer Zusammenhang" existiert. Die Kategorien und Klassifikationen stellen keine „unmittelbaren Widerspiegelungen" der sozialen Verhältnisse dar (Kreckel 1992: 108). Aus empirischer Sicht sieht er dagegen eine sehr enge Beziehung, weshalb er die Problematik nicht als erkenntnistheoretische Frage behandelt, sondern die Herausbildung von Kategorien und Klassifikationen als sozialen Prozess verstanden wissen will. Die enge Beziehung besteht für ihn im Wesentlichen in zwei Elementen: zum einem darin, dass „überall und immer" soziale Ungleichheiten „mit Hilfe vertikaler Polaritäten begriffen und beschrieben" werden, und zum anderen, dass in den vertikalen Klassifikationen „strukturelle Brüche und Barrieren" enthalten sind (ebd.: 39 und 105).

5 Die Zusammenfassung der Wirklichkeit unter Kategorien bedeutet ihre Fixierung, weshalb durch die Kategorien und Klassifikationen ein gewisses Beharrungsvermögen in die Welt kommt.

Aus dem ersten Element ergibt sich der Eindruck, dass das vertikale Klassifikationssystem universell zu sein scheint. In der Alltags- wie in der Wissenschaftssprache „lässt sich die Polarität des 'Höher' und 'Tiefer'" in der Tat nur schwer umgehen. Mit dem Bild vom „Oben und Unten läßt sich gut denken und einfach kommunizieren" (ebd.: 39). Die Ursache für die „soziale Zwanghaftigkeit" des vertikalen Sprachgebrauchs entsteht nach Kreckel daraus, dass „er in vielen Gesellschaften in Form von vertikalen sozialen Differenzierungen *institutionalisiert* ist" (ebd.). Allerdings hat die gesellschaftliche Erfahrung vertikaler Strukturen zu einer begrifflichen Überverallgemeinerung der Vertikalitätsmetapher geführt. „Sie wurde vom empirischen zum theoretischen Begriff hochstilisiert und mit sozialer Ungleichheit schlechthin gleichgesetzt." (ebd.: 41) Mit dem zweiten Element, dass die vertikalen Klassifikationen den sozialstrukturellen Brüchen und Barrieren entsprechen, will Kreckel den Zusammenhang zwischen den Ungleichheitsverhältnissen und deren Vergegenwärtigung mittels vertikaler Begriffe und Klassifikationen beleuchten. Dieser ergibt sich seiner Meinung nach daraus, dass das hierarchische Prinzip in beinahe allen Institutionen durchgesetzt wurde: im Bildungswesen, in der Berufsstruktur, den Betrieben, Parteien oder Gewerkschaften.

Um nicht der empirischen Dominanz des vertikalen Klassifikationssystems in der Ungleichheitssoziologie zu erliegen, fordert Kreckel zu einer „Abstraktion der Abstraktion" auf. Darunter versteht er, dass die Ungleichheitssoziologie die Kategorien und Klassifikationen, mit denen sich die Akteure über soziale Ungleichheit verständigen und die sie zur Veranschaulichung und Erklärung einsetzen, auf die darin eingefasste Sichtweise – sozusagen auf das implizite Interesse – hin zu untersuchen hat. In diesen Prüfprozess sind auch die in Institutionen verankerten Kategorien und Klassifikationen einzubeziehen, weil sie mit herausgehobener Gestaltungsmacht und Legitimität ausgestattet sind. Explizit untersucht Kreckel die Prestige- und die Rechtsordnung. Die Prestigeordnung hält eine auf Konsens beruhende „alltagsideologische" Rechtfertigung bereit, bei welcher es sich nach Kreckel um eine „sekundäre ideologische Realitätsebene" handelt, weil sie die gesellschaftlich verankerte Leistungsideologie in konkrete soziale und berufliche Positionen übersetzt. Damit abstrahiert sie einerseits einen Schritt weiter von der sozialen Wirklichkeit als die vertikale Ungleichheitssemantik, andererseits verknüpfen sich mit ihr zusätzliche Rechtfertigungs- und Legitimierungspotenziale. Die Rechtsordnung beinhaltet eine auf Zwang basierende „Deckungsgarantie", die in Konfliktfällen und bei Verstößen durchgesetzt wird. Bezüglich der Rechtsordnung hat die Ungleichheitssoziologie der Frage nachzugehen, „inwieweit die jeweils herrschenden Rechtsverhältnisse eine Stütze und Widerspiegelung der bestehenden Ungleichheitsverhältnisse [sind] und welche gesellschaftlichen Kräfte und Gegenkräfte dabei zusammenwirken" (ebd.: 92).

„Abstraktion der Abstraktion" meint hierbei, dass die Rechtsordnung ein gegenüber den realen Ungleichheitsverhältnissen höherrangiges Ordnungssystem repräsentiert, aber trotzdem ungleichheitssoziologische Implikationen in sich trägt. Ob es durch die von Kreckel eingeforderten Abstraktionsschritte gelingt, analytische Kategorien und Klassifikationen zu fundieren, die nicht auf Ergebnisse der gesellschaftlichen Auseinandersetzungen über soziale Ungleichheit zurückgreifen, ist fraglich. Der Prozess der „Abstraktion der Abstraktion" fördert immer wieder neue ungleichheitsrelevante Implikationen zu Tage, ohne dass er zu einem absehbaren Ende kommt. Theoretisch mag dieser Prozess geeignet sein, analytische Begriffe zu konstruieren, in der Praxis, insbesondere bei der Sozialstrukturanalyse, erweist er sich jedoch als wenig erfolgreich.

Pierre Bourdieu macht einen prinzipiell ähnlichen Vorschlag, wenn er eine „Objektivierung der Objektivierung" einfordert. Wie Kreckel geht Bourdieu davon aus, dass die Wahrnehmungen und Vergegenwärtigungen sozialer Ungleichheiten von den Akteuren als real erfahren werden und sie sich in ihrem Handeln auf diese beziehen. Sie sind Ergebnis vergangener und gegenwärtiger Auseinandersetzungen, „kraft derer die Subjekte ihre Stellung in der Sozialstruktur ausdrücken und zugleich für sich selbst und die anderen konstituieren" (Bourdieu 1994: 58). Die Vorstellungen, die sich die Akteure von der sozialen Welt machen, sind in die ungleichheitssoziologische Analyse aufzunehmen, weil sie zur Konstituierung der sozialen Welt beitragen, indem die Akteure auf sie reagieren, wenn auch häufig vorbewusst. Die Wahrnehmungen und Vergegenwärtigungen reichen von sinnlichen Eindrücken über Bilder, Kategorien und Klassifikationen bis zu wissenschaftsgenerierten Repräsentationen wie statistische Aussagen oder Sozialberichte. Dieses Spektrum besteht nach Bourdieu aus verschiedenen Objektivierungsebenen, die sich darin unterscheiden, ob viel oder wenig Konstruktionsarbeit in sie eingeflossen ist, denn je mehr Konstruktionsarbeit sie enthalten, umso höher ist ihr Abstraktions- und Verallgemeinerungsgrad. Der Grund dafür ist, dass bei der bewussten, sprich theoretischen Konstruktion von Kategorien und Klassifikationen kognitive Elemente ein immer größeres Eigengewicht erhalten. Ein Beispiel dafür sind rechtliche oder wissenschaftliche Kodifizierungen, die „einer logischen Kontrolle der Kohärenz, einer Formalisierung" unterworfen werden (Bourdieu 1992: 103). Den Übergang von einem niedrigen zu einem höheren Abstraktions- und Verallgemeinerungsgrad versteht Bourdieu als Objektivierungsprozess, da die Kategorien und Klassifikationen auf diesem Weg vermeintlich immer mehr ihren sozialen Kontext ablegen und schließlich mit dem Anspruch allgemeiner Geltung und objektiver Richtigkeit auftreten.

Tatsächlich ist die Konstruktionsarbeit eng mit symbolischer Macht – einer speziellen Form sozialer Macht – verkoppelt. So können allgemein anerkannte, sprich „offizielle Klassifikations- und Ordnungssysteme" nur vom Staat geschaffen werden, weil einzig er über die Mittel verfügt, sie mit symbolischer Macht auszustatten, das heißt sie als richtige und legitime Sicht der Dinge durchzusetzen. Zudem wird die Legitimität von Repräsentationen immer mehr zu einer Frage der Einhaltung formaler Verfahren. Die Macht, formale Verfahren zu etablieren und verbindlich zu machen, wird entscheidend dafür, den Repräsentationen die allgemeine Anerkennung zu sichern. „Es gibt", so Bourdieu, „eine genuin symbolische Wirksamkeit der Form" (Bourdieu 1992: 109). Deshalb führt die Formulierung von Sachverhalten „in formaler, offizieller, den auferlegten Formen gemäßer und den offiziellen Gelegenheiten angemessener Sprache (...) von sich aus zu einem Effekt der Anerkennung und Billigung" (ebd.: 110). Die Folge ist, dass Prozesse der Objektivierung auf das Engste mit Prozessen der Ausübung symbolischer Macht verzahnt sind. Die Soziologie, die selbst zu den Erzeugern von solchen „objektivierten" und mit symbolischer Macht ausgestatteten Kategorien- und Klassifikationssystemen gehört, hat deshalb diese Objektivierungsprozesse auf darin eingelassene Machtverhältnisse zu untersuchen. Genau dies versteht Bourdieu unter einer „Objektivierung der Objektivierung". Auf diese Weise wird es möglich, die von den mit staatlicher oder wissenschaftlicher Legitimität ausgestatteten Repräsentationen transportierten Ungleichheitsverhältnisse aufzuspüren und an deren Stelle „objektiviertere Repräsentationen" zu setzen.

Allerdings führt die „Objektivierung der Objektivierung" von der ursprünglichen Aufgabe der Ungleichheitssoziologie, eine Analyse des sozialen Raums vorzunehmen, eher weg. Denn wenn alle sprachlichen Repräsentationen sozialer Ungleichheit daraufhin zu untersuchen sind, inwieweit sie in das Ungleichheitsgeschehen involviert sind, dann drängt sich die Frage auf, welche Ungleichheitssemantik überhaupt aus einer solchen Analyse herausgenommen werden kann. Da die Ungleichheitssoziologie aufgrund der von ihr üblicherweise verwendeten Kategorien und Klassifikationen und insbesondere mit den von ihr erzeugten Sozialstrukturbildern selbst an dem Ungleichheitsgeschehen teilnimmt, hat auch sie sich einem Objektivierungsprozess zu unterziehen. Dies mündet streng genommen in eine Dauerschleife. Mit anderen Worten: Die „Abstraktion der Abstraktion" sowie die „Objektivierung der Objektivierung" kann unendlich weit getrieben werden. Dem sozialen Gehalt der Semantiken wird man auf die Weise beständig präziser auf die Spur kommen, dagegen geraten die „harten Fakten" und die „dingliche Qualität" sozialer Ungleichheit zunehmend in den Hintergrund. So kann man die offiziellen statistischen Repräsentationen von Arbeitslosigkeit objektivieren und als Resultat politischer Machtausübung darlegen, die Erfahrungen und Nöte von Arbeitslosen lassen sich auf diese Weise aber nicht realitätshaltiger beschreiben. Im Gegenteil: Je abstrakter die Begriffe, umso mehr entfernen sie sich von den sozialen Erfahrungen. Zudem wird damit den Repräsentationen ein so großes Gewicht beigemessen, dass die Gefahr droht, das Ungleichheitsgeschehen auf die Repräsentationspraxis zuzuspitzen. Die „harten Fakten" der Sozialstrukturanalyse – wenn man so will: die „dingliche" Form sozialer Benachteiligung und Begünstigung – rücken damit in den Hintergrund und verschwinden so langsam aus dem Blickfeld.

Die Ungleichheitssoziologie hat deshalb einen Weg zu finden, bei dem beides seinen Platz hat: die Analyse der Repräsentationen sozialer Ungleichheit ebenso wie die Sozialstrukturanalyse, die ohne Kategorien und Klassifikationen nicht auskommt, in welche mehr oder weniger deutliche Spuren der zu beobachtenden Ungleichheitsverhältnisse eingelassen sind. Wenn man die Ungleichheitssoziologie als eine Produzentin von Repräsentationen sozialer Ungleichheit begreift, dann hat sie sich selbst zum Untersuchungsobjekt zu machen. Ob sie sich dabei analytischer Kategorien und Klassifikationen bedient, ist eine zweitrangige Frage, sofern sie jeweils die Genese der von ihr verwendeten Begriffe rekonstruiert, zumindest aber anspricht, dass es sich um Begriffe mit einer eigenen Ungleichheitsgeschichte handelt.

(3) Besitzen Repräsentationen sozialer Ungleichheit gegenüber dem sozialstrukturellen Geschehen, das sie darstellen sollen bzw. wiederzugeben vorgeben, ein gewisses Maß an Unabhängigkeit oder einen begründeten Eigensinn?

Diese Frage scheint auf den ersten Blick mit der zweiten identisch zu sein. Dies ist aber nicht der Fall. Während oben gefragt wird, wie die Ungleichheitssoziologie als Beobachterin des Ungleichheitsgeschehens zu Begriffen, Kategorien und Klassifikationen gelangt, die nicht auf Ergebnissen sozialer Auseinandersetzungen basieren, geht es hier darum, wie die Repräsentationspraxis aussieht, wie also die Wechselbeziehung von Repräsentationen und Ungleichheitsverhältnissen gestaltet ist. Teilweise wird die Frage sogar noch grundsätzlicher gestellt, nämlich ob Sozialstruktur und semantische Repräsentation überhaupt vermittelt sind. Die Fragen klingen abstrakt und scheinen von geringer forschungspraktischer Relevanz. Tatsächlich sprechen sie jedoch einen sehr konkreten und wichtigen Aspekt an: Es ist zu prüfen, ob die sozialen Differenzierungsmuster, nach denen die sozialstrukturell bedeutsamen Chancen, Positionen und Ressourcen zugewiesen werden, identisch sind mit jenen, die für die Generierung, Durchsetzung und Legitimierung von Repräsentationen sozialer Ungleichheiten verantwortlich sind. Sind sie mehr oder weniger deckungsgleich, dann können beide mit dem gleichen theoretischen Konzept analysiert werden. Falls nicht, müsste für die Analyse der Repräsentationen sozialer Ungleichheit ein eigener theoretischer Zugang entwickelt werden.

Veranschaulichen wir uns dies anhand gängiger Beispiele. Nach Karl Marx entscheidet die Stellung im Produktionsprozess über die Klassenlage – also die sozialstrukturelle Position. Für ihn stand weiterhin fest, dass die jeweils herrschende Klasse nicht nur im Besitz der ökonomischen Macht ist und damit die Produktionsverhältnisse bestimmen kann, sondern sie gleichermaßen über Recht, Staat und Legitimationsmacht – kurz ausgedrückt: den Überbau – waltet, womit sie ebenfalls die Macht über die Repräsentationen sozialer Ungleichheit innehat. Somit ist für Marx – zumindest aus klassentheoretischer Sicht – die Beziehung von Ungleichheitsverhältnissen und deren Wahrnehmung, Repräsentation und Legitimation klar und eindeutig ausgerichtet: Die gesellschaftlichen Verhältnisse prägen das Bewusstsein über diese, weshalb sie selbige geradezu „widerspiegeln" (Marx 1981: 99). Die Schichtanalyse, sieht man ihren Entwicklungsgang von Theodor Geiger her, wollte die Frage nach der Beziehung von „Sein und Bewusstsein" nicht primär theoretisch erklären, sondern nahm eine empirische Zuordnung entlang von Unterscheidungsmerkmalen vor und beschrieb das Verhältnis beider zueinander mittels sozialstatistischer Verfahren. Aber auch Geiger ging von einem weitgehenden „Deckungsverhältnis" zwischen sozialer Lage und Mentalität, der seelisch-geistigen Disposition und Haltung der Individuen aus. Der Grad des Deckungsverhältnisses – eine statistische Größe – kann jedoch stark variieren. Geiger wie die Mehrzahl der ihm nachfolgenden Schichttheoretiker nahm an, dass es eine „unmittelbare Prägung des Menschen durch seine Lebenswelt und die von ihr ausstrahlenden, an ihr gemachten Lebenserfahrungen" gibt (Geiger 1932: 77). Marx und Geiger sind zwei Beispiele für die Annahme einer sehr eng geknüpften Beziehung, die eindeutig von den Ungleichheitsverhältnissen her bestimmt wird, weshalb die Repräsentationen weitgehend ähnlich wie die Ungleichheitsverhältnisse strukturiert sind.

Die Milieu- und Lebensstilstudien aus dem Ende des 20. Jahrhunderts setzten sich von dieser Unterstellung ab und behaupteten eine beinahe völlige Entkopplung von „objektiven Lebensbedingungen" und den Wahrnehmungen und Darstellungen der sozialen Welt. Diese Entkopplung macht die eigentlich paradoxe Feststellung von Ulrich Beck verständlich, dass sich zwar die Ungleichheitsrelationen nicht verändert haben, aber sich trotzdem die „Ungleichheitsfragen sozusagen 'verkrümelt'" hätten (Beck 1983: 36). Der Grund dafür ist eine steigende Individualisierung, durch welche die Wahrnehmungs- und Bewertungsprozesse ihren kollektiven Charakter einbüßen. „Mit zunehmender Individualisierung schwinden die Voraussetzungen, das Hierarchiemodell sozialer Ungleichheit lebensweltlich zu interpretieren." (ebd.: 55) Das wichtigste Wort in dem zitierten Satz lautet *lebensweltlich,* weil es ausdrückt, dass sich die Wahrnehmung und nicht die Verhältnisse verändert haben und dieser Wandel trotzdem eine soziale Ursache hat, nämlich die Individualisierung. Dass sich die Beziehung von Ungleichheitsverhältnissen und deren Wahrnehmung und Repräsentation gelockert hat, war Konsens in der Lebensstil- und Milieuforschung. Dissens bestand über den Grad der Lockerung. Manche behaupteten eine völlige Entstrukturierung der Einstellungen und Wahrnehmungen, worunter sie verstanden, dass diese in keinem Zusammenhang mehr zur sozialstrukturellen Positionierung stünden und deshalb eine eigenständige Vergesellschaftungsebene bilden würden (z.B. Hitzler 1994; Michalow 1994). Andere diagnostizierten eine Distanzierung, hielten aber an der Vorstellung einer „Korrespondenz" bzw. „typischen Entsprechung" von sozialer Lage und Wahrnehmungs- und Bewertungsmustern fest (z.B. Müller 1989; Schulze 1992).

Sieht man von der Behauptung einer völligen Entstrukturierung ab, die sich empirisch in dieser Eindeutigkeit nicht nachweisen ließ (vgl. Berger 1994), wurde im Allgemeinen die Hypothese einer mehr oder weniger ausgeprägten Kohärenz von Ungleichheitsverhältnissen und deren Wahrnehmung und Repräsentation vertreten. Allerdings haben sich die Begriffe, die zur Charakterisierung dieser Beziehung verwendet werden, gewandelt. Beispielsweise spricht man heute nicht mehr von „Wahlverwandtschaft" (Weber) oder „typischer Entsprechung" (Geiger), sondern vermehrt von „Homologie" (Bourdieu) oder „Entkopplung" (Lebensstilforschung). Die Variationen selbst, in denen die Beziehung gedacht wird, sind jedoch beinahe gleich geblieben. Sie reichen von einer engen Wechselwirkung bis hin zu einem gelockerten Verhältnis. Aus der darin enthaltenen Kohärenzhypothese zwischen sozialer Differenzierung – den verschiedenen Ausprägungen sozialer Bevorzugungen und Benachteiligungen – auf der einen Seite und den Formen der Vergegenwärtigung und Beschreibung sozialer Ungleichheiten auf der anderen Seite floss der Ungleichheitssoziologie eine enorme Erklärungskraft zu, die wesentlich zu ihrer herausgehobenen Position innerhalb der Soziologie beitrug. Die Erklärungskraft der Kohärenzhypothese besteht darin, sowohl die Ungleichheitsverhältnisse als auch die Wahrnehmung und Repräsentation auf eine gemeinsame Ursache beziehen zu können – die allumfassende soziale Strukturierung.

Die Kohärenzhypothese ist allerdings aus der Perspektive der Sozialstrukturanalyse formuliert, das heißt sie beginnt mit der sozialstrukturellen Positionierung und schaut dann, ob die Wahrnehmungen und Bewertungen mit dieser übereinstimmen oder inwieweit sie auf diese abgestimmt sind. Dazu werden zunächst sozialstrukturelle Gruppen gebildet und danach untersucht, ob deren Mitglieder ihre soziale Lage ähnlich wahrnehmen und bewerten. Für eine Analyse der Repräsentationen sozialer Ungleichheiten ist jedoch andersherum zu fragen, nämlich ob die vorhandenen Repräsentationen, die Ergebnis sozialer Auseinandersetzungen sind, sozialen Gruppen zugerechnet werden können. Man hat also mit den Repräsentationen zu beginnen. So herum betrachtet, büßt die Kohärenzhypothese viel an empirischer Überzeugungskraft ein, insbesondere wenn jene Repräsentationen sozialer Ungleichheit analysiert werden, die allgemein anerkannt sind und quasi Common-Sense-Charakter besitzen. Es zeigt sich nämlich, dass unterschiedliche soziale Lagen unterschiedlich häufig und auch in unterschiedlicher Art und Weise repräsentiert werden. So werden beispielsweise machtschwache und sozialstrukturell benachteiligte Gruppen sowohl in amtlichen als auch in nichtamtlichen Repräsentationen besonders oft dargestellt, z.B. Arme, Sozialhilfeempfänger, Jugendliche. Diese sozialen Gruppen besitzen freilich nicht die Ressourcen, sich selbst zu repräsentieren. Stattdessen werden sie in einem Klientelverhältnis präsentiert – aber zumindest wird ihre soziale Lage öffentlich gemacht. Umgekehrt kann es Ausdruck eines besonderen Privilegs sein, dass bestimmte soziale Gruppen und ihre Ressourcenausstattungen in den „offiziellen Repräsentationen“ kaum und zudem wenig anschaulich benannt werden. Dies trifft beispielsweise für die Vermögensstatistik und den Reichtumsbericht zu.

Ein weiteres Beispiel ist, dass es noch immer üblich ist, Ost- und Westdeutsche getrennt zu beschreiben, obwohl die deutsche Wiedervereinigung mittlerweile einige Jahre zurückliegt und bei vielen ungleichheitsrelevanten Aspekten die Ähnlichkeiten zwischen manchen Ost- und Westregionen größer sind als die Differenzen. Die Repräsentationsweise hinkt den realen Entwicklungen hinterher und trägt so dazu bei, dass teilweise Differenzen überbetont und Ähnlichkeiten unterschätzt werden. Das Beharrungsvermögen der nach Ost und West differenzierenden Repräsentation hat viele Ursachen: Seh- und Analysegewohnheiten, eine größere Aufmerksamkeit gegenüber Unterschieden als gegenüber Gemeinsamkeiten, politische Erwünschtheit, Bequemlichkeit etc. Diese Gründe sind allesamt nicht sozialstrukturellen Ursachen zuzurechnen, vielmehr resultieren sie aus der Art und Weise, wie Benachteiligungen und Bevorzugungen vergegenwärtigt und wie sie präsentiert werden. Damit sind sie Teil der Repräsentation sozialer Ungleichheiten, besitzen gegenüber dem sozialstrukturellen Geschehen ein beträchtliches Maß an Unabhängigkeit und können vielleicht sogar einen gewissen Eigensinn entfalten.

Es entspricht deshalb der dritten Frage weit mehr, mit den Repräsentationen zu beginnen, deren Genese und Verbreitung zu untersuchen und erst dann die Wechselwirkung mit dem Ungleichheitsgeschehen in den Blick zu nehmen. Exemplarisch sollen zwei divergierende Positionen einer solchen Vorgehensweise dargestellt werden. Zunächst wird Niklas Luhmanns Unterscheidung in Exklusion und Inklusion skizziert, die am äußersten Rand der Ungleichheitssoziologie angesiedelt ist (1). Danach wird dargelegt, wie Pierre Bourdieu die Repräsentation sozialer Ungleichheiten in seine Theorie des sozialen Raums integriert hat (2).

(1) Exlusion und Inklusion begreift Luhmann nicht als sozialstrukturelle Mechanismen, mit denen Personen aus den gesellschaftlichen Teilsystemen ausgeschlossen bzw. an diese gebunden werden. Vielmehr handelt es sich um Kategorien der gesellschaftlichen Semantik, die im Kommunikationsprozess eingesetzt werden, um sich darüber zu verständigen, in welcher Weise gesellschaftliche Teilsysteme Personen adressieren. Inklusion ist „als Chance der sozialen Berücksichtigung" zu verstehen, die daraus erwächst, dass Personen als relevant für ein Teilsystem bezeichnet werden (Luhmann 1997: 620). Der jeweilige Kode der Kommunikation enthält an sie gerichtete Mitteilungen, über die sie angesprochen und gleichzeitig als Bestandteil des Teilsystems benannt werden. Exklusion heißt, dass Personen nicht bezeichnet, damit für bedeutungslos gehalten und deshalb in den entsprechenden Systemen gar nicht sichtbar werden (vgl. Nassehi 2000: 19). Sie bleiben unbeachtet, so als würden sie überhaupt nicht existieren. Kennzeichen funktional differenzierter Gesellschaften ist, dass die Teilsysteme nach Vollinklusion streben, generell jede Person adressieren und im Gegenzug Exklusionen immer weiter zurückgedrängt werden. Die semantische Unterscheidung in Exklusion und Inklusion dient dazu zu überprüfen, ob die Teilsysteme ihrem Anspruch nach Vollinklusion gerecht werden und sich tatsächlich prinzipiell an alle Individuen wenden. Die Ungleichheitssoziologie hat sich mit der Unterscheidung in Inklusion und Exklusion zur Beschreibung sozialer Ungleichheiten ausführlich und durchweg kritisch auseinandergesetzt.[6]

Interessanter ist an dieser Stelle, dass für Luhmann zwischen der Konstitutionsebene der Ungleichheitsverhältnisse und der Ebene der semantischen Unterscheidung in Exklusion und Inklusion – also der Ebene der sozialen Struktur und der Ebene der Semantik – keine unmittelbare Verbindung existiert (vgl. Stichweh 1998: 542). Die beiden Ebenen sind unterschiedlich strukturiert, weshalb die semantische Repräsentation eine eigenständige Ebene bildet und von der Strukturebene keine Rückschlüsse auf die andere Ebene möglich sind und vice versa. So geht Luhmann davon aus, dass in funktional differenzierten Gesellschaften Ungleichheitsstrukturen weiterhin bestehen, aber diese auf der Reflexionsebene – der Ebene der Repräsentationen sozialer Ungleichheiten – nicht mehr, jedenfalls nicht mehr nachdrücklich als mangelnde soziale Integration oder Ungerechtigkeit kommuniziert werden. Forderungen nach mehr Teilhabe, Gleichheit und Gerechtigkeit, die nach Luhmann für stratifikatorisch differenzierte Gesellschaften typisch waren, richteten sich an die Gesamtgesellschaft als übergeordnete Instanz und verlangten von dieser, für sozialen Ausgleich und bessere Partizipationschancen zu sorgen. In funktional differenzierten Gesellschaften werden dagegen vergleichbare Forderungen direkt an die Teilsysteme gerichtet und als Inklusionsansprüche formuliert (Luhmann 1994, 1995). Das Verlangen nach Inklusion bemisst sich an den teilsystemspezifischen

6 Siehe Barlösius (2004).

Leistungen, es referiert nicht mehr auf generelle Ansprüche oder gesellschaftliche Mindestmaße, über die alle Personen verfügen sollten.

Die Divergenz zwischen den Ungleichheitsstrukturen und deren semantischer Repräsentation verdeutlicht, weshalb Luhmann die beiden Ebenen theoretisch auseinander hält und getrennt betrachtet. Dies schließt jedoch nicht aus, dass sie nicht als aufeinander abgestimmt erscheinen, also in der gesellschaftlichen Semantik die Ungleichheitsverhältnisse auf eine Art und Weise beschrieben werden, die als geradezu „identisch" mit den Ungleichheitsstrukturen wahrgenommen wird. Aber indem Luhmann die semantische Repräsentation als eigenständige Ebene einführt, stellt er die in der Ungleichheitssoziologie verbreitete Kohärenzhypothese zwischen sozialen Ungleichheiten und deren Repräsentationen zur Disposition und erklärt sie damit für begründungsbedürftig. Er braucht sich nicht mit der Frage zu befassen, ob und in welchem Ausmaß die strukturellen Sachverhalte mit dem semantischen Inklusionspotenzial korrelieren. Vor allem gerät er nicht in Erklärungsnöte, falls zwischen den Ungleichheitsverhältnissen und den semantischen Repräsentationen eine Lücke klafft, da er im Großen und Ganzen von einer Eigenständigkeit der beiden Ebenen ausgeht. Allerdings bedingt diese Betrachtungsweise, dass viel an ungleichheitssoziologischer Erklärungskraft verloren geht, weil die Repräsentationen sozialer Ungleichheit nicht mehr als Teil des Ungleichheitsgeschehens angesehen und mit diesem in Beziehung gesetzt werden. Gerade aus dem Anspruch, die Strukturebene mit der gesellschaftlichen Semantik verknüpfen zu können, in der Sprache von Marx formuliert: „Basis" und „Überbau" in ein Beziehungsverhältnis zueinander zu setzen, bezog die Ungleichheitssoziologie einen großen Großteil ihrer Faszination, die weit über eine soziologieinterne Rezeption hinausreichte.

(2) Pierre Bourdieu räumt den Repräsentationen sozialer Ungleichheit in seiner Theorie des sozialen Raums einen vergleichbar großen Stellenwert wie der Analyse der Ungleichheitsverhältnisse ein. Dies zeigt sich am deutlichsten daran, dass er den sozialen Raum aus zwei aufeinander abgestimmten Räumen konzipiert: dem Raum der sozialen Positionen, in dem die Individuen gemäß ihrer Ausstattung mit sozialstrukturellen Ressourcen platziert sind, und dem Raum der Repräsentationen, in dem das Ungleichheitsgeschehen vergegenwärtigt, dargestellt und teilweise legitimiert wird (vgl. Bourdieu 1989: 403). Beide Räume korrespondieren miteinander, befinden sich somit in einer Wechselbeziehung. Diese begreift Bourdieu als strukturelle Homologie, woraus sich ergibt, dass beide Räume prinzipiell gleich gestaltet sind. Die strukturelle Homologie ist genetisch verursacht, das heißt sie wird historisch geschaffen, ist also nicht per se vorhanden. Damit entfernt sich Bourdieu von erkenntnistheoretischen Erklärungen, die die Strukturgleichheit mit einer wie auch immer gearteten „prästabilisierten Harmonie" (Leibniz) begründen. Gleichermaßen distanziert er sich aber auch von der Sichtweise von Emile Durkheim und Marcel Mauss, die die Ähnlichkeit zwischen der sozialen Welt und der Art, wie diese wahrgenommen und gedacht wird, damit erklären, dass die „sozialen Beziehungen als Vorbild für die logischen" Beziehungen dienen (Durkheim/Mauss 1993: 250).

Nach Bourdieu wird die Homologie beider Räume durch den Habitus erzeugt. Er ist dafür verantwortlich, dass die von den Akteuren im praktischen Erkennen der sozialen Welt eingesetzten kognitiven Strukturen Produkt der inkorporierten sozialen Strukturen sind. Deshalb tendieren die im „physischen Raum objektivierten großen sozialen Gegensätze ... dazu, sich im Denken und Reden in Gestalt konstitutiver Oppositionen von Wahrnehmungs- und Unterscheidungsprinzipien niederzuschlagen, also selbst zu Kategorien der Wahrnehmung und Bewertung zu gerinnen und umgekehrt" (Bourdieu 1997a: 162). Knapper ausgedrückt: „Die von den sozialen Akteuren im praktischen Erkennen der sozialen Welt eingesetzten kognitiven Strukturen sind inkorporierte soziale Strukturen." (Bourdieu 1984: 730) Aus diesem Grund handeln die Menschen in dem sicheren Gefühl, dass ihre Wahrnehmungen der sozialen Welt mit den realen Verhältnissen übereinstimmen. Damit ist aber noch nicht erklärt, weshalb es einigen Akteuren gelingt, ihre Sichtweise der sozialen Welt mit mehr Überzeugungskraft ausstatten und allgemein verbindlich werden zu lassen. Diese Fähigkeit bezeichnet Bourdieu als Benennungsmacht (Bourdieu 1985: 19). Sie besteht darin, Repräsentationen der sozialen Welt zu generieren, die als einzig legitime Sichtweise anerkannt werden und denen ein quasi offizieller Status zuerkannt wird. Benennungsmacht resultiert aus dem Besitz von symbolischem Kapital, der Macht, bestimmte Wahrnehmungen und Bewertungen als selbstverständlich darzustellen und ihnen legitime Geltung zu verschaffen. Da symbolisches Kapital und Benennungsmacht zugleich sozialstrukturelle Ressourcen sind, die notwendig sind, um eine bevorzugte Stellung in den sozialen Feldern zu erlangen, fungieren sie als Verbindungsglied zwischen dem Raum der sozialen Positionen und dem Raum der Repräsentationen.

Die Homologie der beiden Räume, ihre gegenseitige Abgestimmtheit, entspricht aber nicht jenen Konzeptionen der Wechselbeziehung, die von einer mechanistischen Determinierung oder einer bloßen Widerspiegelung ausgehen. Jene unterstellen eine mehr oder weniger festgelegte Verbindung, vor allem aber eine, die sich nicht erst historisch entwickelt. Bourdieu betont dagegen, dass die Homologie aus dem Werdegang des Habitus, aus seiner Geschichte resultiert. Der genetische Zusammenhang zwischen den beiden Räumen kann deshalb durch Veränderungen des Habitus auch wieder gelöst werden. Dies ist insbesondere dann der Fall, wenn der Habitus auf Wahrnehmungs- und Bewertungsmuster zurückgreift, die vom gesellschaftlichen Wandel „überholt" sind, er also vergangene Erfahrungen und Erwartungen tradiert, die sich nicht auf die Gegenwart übertragen lassen. Deshalb unterstreicht Bourdieu mehrfach, dass zwar der Raum der Positionen und der Raum der Repräsentationen genetisch miteinander verbunden und homolog strukturiert sind, es sich aber trotzdem um zwei „unabhängige Räume" handelt (Bourdieu 1989: 403). Mit dieser Behauptung versucht er dem Vorwurf zu entgehen, er vertrete eine abgeschwächte Variante der bloßen Widerspiegelungsthese. Da er aber dem Habitus als Scharnier zwischen beiden Räumen eine stark strukturierende Wirkung zuschreibt, und zwar in beide Räume hinein und auf eine sehr ähnliche Art und Weise, gerät er letztlich doch sehr nah an die These der gegenseitige Determinierung heran. Diese Kritik versucht er zu entkräften, indem er immer wieder darauf hinweist, dass die Wahrnehmung der sozialen Welt einen „Konstruktionsakt" impliziert und darin die „schöpferischen Elemente" des Habitus bestehen (Bourdieu 1985: 17). Die Konstruktionsarbeit kann einer eigenen „Logik" folgen, sofern sie bewusst vollzogen wird und sich nicht an tradierten Repräsentationen orientiert. In der sozialen Praxis passiert dies jedoch kaum, zumeist werden gebräuchliche Beschreibungen der sozialen Welt unreflektiert übernommen, weshalb die Konstruktionsarbeit selten eine so ausgeprägte Eigendynamik entfaltet, dass sich der Raum der Positionen und jener der Repräsentationen weit voneinander distanzieren.

Die These der Homologie hat den Vorzug, dass sie schlichte Kohärenzhypothesen wie die Abbildtheorie oder das Postulat einer einseitigen und direkten Determinierung überwindet, ohne die beiden Räume als grundsätzlich getrennt zu denken. Insofern gibt sie den Erklärungsanspruch der Ungleichheitssoziologie nicht gänzlich auf. Sie verändert ihn nur insoweit, als nun empirisch zu untersuchen ist, wie jeweils die strukturelle Homologie zwischen beiden Räumen zustande kommt. Mit dem symbolischen Kapital und der Benennungsmacht hat Bourdieu zwei sozialstrukturelle Ressourcen benannt, die für die Generierung und Verbreitung von Repräsentationen essentiell sind. Mit ihnen ist es möglich zu analysieren, ob die sozialstrukturell beschriebenen Gruppen identisch sind mit jenen Akteuren, die soziale Repräsentationen generieren, und auf welches symbolische Kapital sie dabei zugreifen können und über welche Benennungsmacht sie verfügen.

Die Annahme einer genetisch hergestellten strukturellen Homologie verändert zwar kaum den Erklärungsanspruch der Ungleichheitssoziologie. Sie legt aber ein enges Korsett an, weil sie für die These, dass der Repräsentation sozialer Ungleichheit andere soziale Differenzierungsmuster zugrunde liegen als der Sozialstruktur, wenig Spielraum lässt. Damit wird unterstellt, dass symbolisches Kapital und Benennungsmacht nach einem ähnlichen Muster sozial ungleich verteilt sind wie die sozialstrukturell bedeutsamen Ressourcen und dass weiterhin beide vorwiegend zur Repräsentation der eigenen sozialen Lage eingesetzt werden. Empirisch ist dies nicht haltbar. So erzeugen und veröffentlichen beispielsweise die Felder Wissenschaft und Medien einen Großteil der Repräsentationen sozialer Ungleichheit, aber gewiss zählen sie nicht zu den machtstärksten sozialen Feldern, genauso wenig wie die dort Tätigen die machtvollsten sozialstrukturellen Positionen bekleiden. Und keineswegs leisten sie nur Repräsentationsarbeit in ihrem ureigenen sozialstrukturellen Interesse.

Im Gegenteil, oftmals machen sie es sich explizit zur Aufgabe, die soziale Lage besonders benachteiligter oder bevorzugter Gruppen darzustellen, und verstehen diese Arbeit als (soziologische) Aufklärung. Es wäre deshalb zu schlicht, von der Repräsentationsarbeit direkt auf die sozialstrukturelle Position derjenigen zu schließen, die diese leisten, wie es zu schlicht wäre, von der sozialen Lage herzuleiten, ob diese in der Öffentlichkeit repräsentiert wird. Es gibt somit Hinweise dafür, dass die Repräsentation sozialer Ungleichheit nach anderen sozialen Prinzipien strukturiert ist als die Zuweisung sozialer Positionen und dass sie eine gewisse Eigenständigkeit besitzt. Ob und wie diese Eigenständigkeit selbst wieder ungleichheitsförmig gebrochen ist, ist ein weiterer Aspekt. Es sollte deshalb möglich sein, die Repräsentationen sozialer Ungleichheit ohne sofortigen direkten Rückbezug auf die Sozialstruktur zu analysieren und deren Genese und Durchsetzung als eigenständigen sozialen Prozess zu betrachten, um so deren immanente „soziale Logik“ verstehen und erklären zu können. Dass die Repräsentationen sozialer Ungleichheiten eine potenzielle Machtquelle verkörpern, steht dabei außer Frage, sie können aber auch zu anderen Zwecken eingesetzt werden und entspringen nicht notwendig aus Machtverhältnissen.

Die Annahme einer Homologie ist schwergewichtig, weil das Auseinanderklaffen von Sozialstruktur und deren Repräsentation als Ausnahme behandelt wird. Damit ist sie für Kritik stets angreifbar. Zwar kann sie die Vorwurf zurückweisen, eine „bloße Widerspiegelung“ oder beinahe vollkommene „Deckungsgleichheit“ von Sozialstruktur und Repräsentation zu behaupten, mit dem Argument, dass die Homologie nicht theoretisch vorausgesetzt, sondern als historisch-genetisches Produkt beschrieben wird: Trotzdem mündet die Annahme einer Homologie stets in eine „weiche Variante“ der Identitätstheorie. Der Grund dafür ist, dass sie einen Dualismus von Ungleichheitsverhältnissen und Repräsentationen sozialer Ungleichheit zugrunde legt, weil beide als Ausdrucksformen ein und derselben Ursache, nämlich der sozialen Strukturierung, betrachtet werden.

Weniger voraussetzungsvoll ist es, das Verhältnis nicht als homolog zu denken, sondern es mit der Vorstellung eines Parallelismus zu interpretieren (vgl. Plauen 2001). Dies entspricht auch dem alltäglichen Umgang mit dem Phänomen, für den typisch ist, dass die Repräsentationen als realitätsgemäß wahrgenommen und erfahren werden. Über das Zustandekommen des Parallelismus ist damit noch nichts gesagt. Werden Ungleichheitsverhältnisse und deren Repräsentation nicht auf ein und dieselbe soziale Strukturierung zurückgeführt, dann ist es nicht erforderlich, eine beobachtete Divergenz zwischen beiden als „Ausnahmefall“ zu behandeln. Allerdings gibt damit die Ungleichheitssoziologie ihren herausgehobenen Erklärungsanspruch auf, der sich daraus speist, so viele Facetten der Sozialwelt mit nur einem, nämlich dem Paradigma der sozialen Ungleichheit deuten zu können: soziale Strukturen, soziales Handeln und sogar die Repräsentationen der sozialen Welt. Umgekehrt gewinnt sie, dass sie durch eine unterschiedliche soziale Strukturierung nicht mehr in Erklärungsnöte gerät, die Repräsentation sozialer Ungleichheit als eigenes soziales Phänomen gefasst und dementsprechend als eigenständiges Forschungsthema – losgelöst von ungleichheitstheoretischen Hypothesen – konzipiert werden kann.

Zugegeben handelt es sich um nicht mehr als einen pragmatischen Vorschlag, wie die Frage nach der Wechselbeziehung von Ungleichheitsverhältnissen und deren Repräsentation für empirische Untersuchungen überbrückt werden kann. Das Problem ist damit keineswegs theoretisch gelöst. Wenn die Repräsentation sozialer Ungleichheit als eigenes Thema behandelt werden soll, dann ist es unabdingbar, die Repräsentationen und das Repräsentieren als eine Form des sozialen Handelns zum Ausgangspunkt zu nehmen – nicht die Ungleichheitsverhältnisse. In der Ungleichheitssoziologie sind Repräsentation und Repräsentieren weitgehend unbeschriebene Begriffe, allerdings nicht in der theoretischen oder politischen Soziologie und schon gar nicht in der Philosophie. Im Folgenden sollen die beiden Begriffe vorwiegend aus soziologischer Sicht dargestellt werden, um zu prüfen, ob daraus ein theoretisches Konzept für die Analyse der Repräsentation sozialer Ungleichheiten entwickelt werden kann. Dabei steht die Frage im Mittelpunkt, wie sich die Wechselbeziehung von Repräsentation und Wirklichkeit charakterisieren lässt, wenn die Repräsentation und nicht die Wirklichkeit (hier: die Ungleichheitsverhältnisse) zum Ausgangspunkt genommen wird.

3 Repräsentation und Repräsentieren aus soziologischer Sicht

In den vorangegangenen Kapiteln wurden die Begriffe Repräsentation und Repräsentieren im Kontext ungleichheitssoziologischer Fragen verwendet. Dies erklärt, weshalb sowohl die begriffliche Bedeutungsfülle als auch die (erkenntnis-) theoretischen Probleme, die mit den beiden Begriffe verbunden sind, wie auch die empirischen Fragen, die sich um sie ranken, bislang im Hintergrund blieben. Da im Weiteren die Repräsentation und der Prozess des Repräsentierens im Vordergrund stehen und den Ausgangspunkt bilden werden, von dem aus Ungleichheitsverhältnisse ver- und ermessen werden sollen, ist es an dieser Stelle erforderlich, sich mit den beiden Begriffen selbst, ihrem theoretischen Bedeutungsgehalt und ihrer empirischen Umsetzung zu befassen. Nur so lässt sich vermeiden, dass zwar die ungleichheitssoziologischen Aspekte, die mit dem Phänomen der Repräsentation sozialer Ungleichheiten verknüpft sind, problematisiert werden, aber jene, die sich aus dem Akt des Repräsentierens ergeben, unangesprochen bleiben. Damit wäre wenig gewonnen, da es sich ebenfalls um grundlegende Probleme handelt, welche die Soziologie ähnlich lange begleiten wie die offenen ungleichheitssoziologischen Fragen.

Repräsentation und Repräsentieren sind Begriffe, die außerordentlich vieldeutig gebraucht werden. Dies liegt daran, dass sie sowohl in der Alltags- als auch in der Wissenschaftssprache verwendet werden. Aber vor allem liegen die unterschiedlichen Auffassungen darin begründet, dass mit Repräsentation und Repräsentieren prinzipielle Phänomene bezeichnet werden, zu denen beinahe jede (geistes- und sozial-)wissenschaftliche Disziplin eigene Verständnisweisen hervorgebracht hat. Um einen ersten, möglichst umfassenden Überblick von den erkenntnistheoretischen bis zu den sozialwissenschaftlichen Auffassungen zu erhalten – nur diese interessieren hier –, wird die Begriffsdarlegung aus dem „Historischen Wörterbuch der Philosophie“ zitiert, die sehr umfassend ist. Dort werden vier Bedeutungen von Repräsentation unterschieden:

(1) „‘Vorstellung’ im weiteren Sinn, d.h. ein mentaler Zustand mit kognitivem Gehalt“; darunter sind alle aktuellen gedanklichen Vergegenwärtigungen zu verstehen wie sprachliche oder andere Formen der Reflexion (z.B. Mathematik).
(2) „‘Vorstellung’ im engeren Sinn, d.h. ein mentaler Zustand, der einen früheren mentalen Zustand reproduziert“; hierzu zählen u.a. Erinnerungen.
(3) „‘Darstellung’, d.h. strukturerhaltende Abbildung durch Bilder, Symbole und Zeichen aller Art“; in diesen Bereich gehören Äußerungen und Demonstrationen aller Art. Hier interessieren vornehmlich sozialwissenschaftliche Darstellungen.

(4) „Stellvertretung“, erstens im Sinn von „stehen für“ und zweitens im Sinn von Personen- oder Gruppenvertretung. Beim ersten Begriffsverständnis werden Sachen oder Zusammenhänge ersatzweise mittels Zeichen, Symbolen oder sprachlichen Ausdrücken etc. dargestellt. Beim zweiten ist die politische oder rechtliche Variante von Stellvertretung gemeint, wie sie für die Formen legitimer Verfahren und Herrschaft typisch ist (Haller 1992: 790).

Die beiden ersten Bedeutungen sind vornehmlich der philosophischen Erkenntnistheorie zuzurechnen. Die erkenntnistheoretische Debatte über die *Vorstellung als mentaler Zustand* dreht sich – soweit sie uns hier interessiert – im Wesentlichen um die Frage nach dem „Grad der Übereinstimmung zwischen Wirklichkeit und ihren Repräsentationen im Bewußtsein“ (Fabian 1993: 336). Letztlich ist sie seit den Vorsokratikern, die das „Problem des Verhältnisses von Sinnen- und Ideenwelt“ aufwarfen, „bis heute nicht zur Ruhe gekommen“ und damit auch nicht einer Lösung zugeführt worden (Schneider 1998: 15). Als Reaktion darauf wurde die Vorannahme, dass Erkennen als akkurate Repräsentation möglich sei, weitgehend aufgegeben (vgl. S. 14 und S. 25 f.). Statt den Grad der Genauigkeit zwischen Wirklichkeit und Repräsentation präziser bestimmen zu wollen, wurde der Repräsentationspraxis vermehrt Aufmerksamkeit geschenkt (vgl. Rabinow 1993: 161). Bildet jedoch die Repräsentationspraxis den Ausgangspunkt für philosophisches Nachdenken, dann impliziert dies, eine „*Differenz* zwischen Wirklichkeit und ihrer Verdopplung“ anzunehmen (Fabian 1993: 336). Daraus ergibt sich, Repräsentieren als Handlung und die Beziehung zwischen Wirklichkeit und Repräsentation als Produkt des Handelns zu begreifen.[7]

Repräsentation als Darstellung wird hauptsächlich unter dem Aspekt der Wissensgenerierung – speziell von wissenschaftlichem Wissen – analysiert. So zeigt Michel Foucault in seinem Buch „Ordnung der Dinge“, dass in einer bestimmten historischen Phase Repräsentation zur dominanten Form der Wissensordnung wurde (Foucault 1980). Und Bruno Latour beschreibt die wissenschaftliche Repräsentationspraxis als Transformationskette, die den Weg von den „Dingen“ zu den Worten oder bildlichen Darstellungen umfasst (Latour 1997). Foucault und Latour, die hier nur exemplarisch benannt sind, interessieren sich dafür, wie Wissen erzeugt und in eine kognitive Ordnung gebracht wird, weshalb sie Repräsentation vor allem als Form der gedanklichen Durchdringung begreifen. Repräsentation wird somit von ihnen als Methode verstanden, Wissen zu ordnen bzw. zu generieren.

Daneben – vornehmlich in der Soziologie – gibt es die Auffassung von Repräsentation als Darstellung mit sozialem Sinn- und Bedeutungsgehalt. Hier wird Repräsentation als Eigenschaft begriffen, die an reale wie nicht-reale Gegenstände angeheftet wird. In den zugehörigen Analysen werden Repräsentationen als soziale Zeichen und Symbole identifiziert, in deren Sinn- und Bedeutungsgehalten sich so-

7 In den letzten Jahrzehnten wurde zunehmend durch die Gehirnforschung eine „naturwissenschaftlich fundierte Erkenntnistheorie“ entwickelt. Zur neueren philosophischen Auseinandersetzung mit der naturwissenschaftlichen Gehirnforschung siehe Plauen (2001).

ziale Strukturen entdecken lassen. Soziale Zeichen und Symbole werden somit als Verweisungssysteme interpretiert, in denen sich die „soziale Welt“ ausdrückt. Damit schlagen diese Analysen eine Brücke von den Repräsentationen zu den sozialen Strukturen. Wie eng sie die Beziehung des sozialen Gehalts der Repräsentationen zu den sozialen Strukturen sehen, darin unterscheiden sich die soziologischen Beschreibungen.

Émile Durkheim und Marcel Mauss deuten sie als beinahe unmittelbare Reflexionen der sozialen Strukturen, die auf diese Weise zu kognitiven Formen gerinnen. Roland Barthes und Umberto Eco sehen mehrere Vermittlungsschritte. Sie haben die Analyse der sozialen Bedeutungen in der Zeichentheorie (Semiologie) zu einem speziellen Forschungszweig entwickelt (z.B. Barthes 1982; Eco 1981). Auf diese Weise haben beide einen analytischen Übergang zum vierten Sinngehalt – *Repräsentation als Stellvertretung* – im Sinn von „stehen für“ – geschaffen und interpretieren Repräsentationen als Ausdruck komplexer sozialer Phänomene. Diese Lesarten des Repräsentationsbegriffs befinden sich auf der Grenzlinie zwischen Philosophie und Soziologie.

Repräsentation als Stellvertretung von Personen oder Gruppen ist dagegen eindeutig ein sozialwissenschaftliches Forschungsthema. In der Soziologie wird darüber hauptsächlich im Kontext legitimer Verfahren und Herrschaft gearbeitet, wobei in modernen Gesellschaften der Repräsentation die privilegierte Aufgabe zugedacht wird, das gesellschaftliche Ganze darzustellen (z.B. Weber 1980; Luhmann 1993; Weiß 1998). Dies bedeutet, Repräsentation mit Repräsentativität zu verbinden, teilweise sogar gleichzusetzen. Durch diese Verbindung gewinnt Repräsentation einen Anspruch auf Generalisierungs- und Verallgemeinerungsfähigkeit, wodurch die Verbindlichkeit der Darstellungen gesteigert wird. Der letzte Aspekt ist für die konsensgenerierenden Eigenschaften von Repräsentationen bedeutsam. Wenn diesen inhärent ist, eine Sichtweise der Ungleichheitsverhältnisse zu liefern, die als generalisierbar und nicht standortgebunden angesehen wird, dann werden sie vermutlich eher auf allgemeine gesellschaftliche Anerkennung und Zustimmung treffen. Für wissenschaftsgenerierte Repräsentationen sozialer Ungleichheit, die zusätzlich mit dem Anspruch auf wissenschaftliche „Objektivität“ ausgestattet sind, trifft dies noch in weit stärkerem Maße zu.

Die vier Wortbedeutungen von Repräsentation können als Reihenfolge begriffen werden, bei der die vorgestellten Sachverhalte oder Objekte immer abstraktere Eigenschaften annehmen und zunehmend weniger auf unmittelbare Eindrücke verweisen. Sie beschreiben jedoch nur eine Seite des Phänomens der Repräsentation, nämlich „être la représentation“ (Laupies 2001). Dabei handelt es sich um verschiedene Formen der *Vergegenwärtigung* von „Dingen“, Sachverhalten oder Zusammenhängen. Davon zu unterscheiden ist „donner une représentation“ (ebd.), worunter der Prozess des Repräsentierens verstanden wird. Repräsentieren meint Handeln und betont die prozessuale und produktive Seite des Phänomens der Repräsentation. Die Varianten des Repräsentierens unterscheiden sich nach der Art der *Vergegenständlichung,* die sie hervorbringen – danach, welche „Dingwelt“ sie erschaffen. Beim Repräsentieren können drei Varianten unterschieden werden:

(1) gegenständliches Repräsentieren, in dem Sinn, dass jedes Subjekt oder Objekt sich selbst repräsentiert – z.B. der Bettler, der seine Armut öffentlich zeigt;
(2) stellvertretendes Repräsentieren, in der Art, dass die Dinge nicht sich selbst, sondern etwas anderes vorstellen, beispielsweise Übersinnliches oder Gedankliches etc. – etwa die Gemälde von Käthe Kollwitz, auf denen bettelnde Kinder zu sehen sind, die die Verarmung der Proletarier darstellen;
(3) instrumentelles Repräsentieren, in der Weise, dass es vornehmlich um die Vermittlung von Wissen, Sichtweisen oder Standpunkten geht – beispielsweise die Sozialhilfestatistik, welche die staatliche Armutspolitik dokumentiert.

Diese drei Varianten belegen deutlich, dass Repräsentieren mehr als Abbilden oder Verdoppeln vorhandener „Dinge“ meint und nicht unbedingt nach genauer oder akkurater Wiedergabe strebt. Vielmehr heißt repräsentieren immer auch transformieren, gestalten und erschaffen, wodurch sich ganz von selbst eine Differenz zwischen Wirklichkeit und Repräsentation auftut. Wie die vier Wortbedeutungen von Repräsentation als Reihenfolge gesehen werden können, gilt dies auch für die drei aufgezählten Schritte des Repräsentierens. Bei diesen entfernt sich die Vergegenständlichungsweise immer mehr von den ursprünglichen Sachverhalten und Objekten und entwickelt Darstellungen, die nur mehr auf andere Repräsentationen verweisen. So lässt sich aus der Sozialhilfestatistik beinahe nichts mehr über das Leben des Einzelnen in Armut herauslesen, wohl aber über die gesamtgesellschaftliche Entwicklung von Armut.

3.1 Soziale Repräsentationen – soziales Repräsentieren

Repräsentationen und Repräsentieren ganz grundsätzlich verstanden sind selten Gegenstand soziologischen Interesses (Hacking 1993). Werden jedoch in den Repräsentationen soziale Verhältnisse oder Prozesse dargestellt oder Repräsentieren als soziales Handeln aufgefasst, dann rücken sie in den Horizont der Soziologie. Der eher unpräzise Begriff des Horizonts ist bewusst gewählt, weil dies nicht für alle soziologischen Traditionen gleichermaßen stimmt. In der deutschen Soziologie[8] werden Repräsentationen und Repräsentieren beinahe ausschließlich von der Wissens-, Kultur- und Kunstsoziologie untersucht, weshalb der Schwerpunkt auf alltäglichen, kulturellen oder künstlerischen Repräsentationen liegt. Seit einigen Jahren werden auch wissenschaftsgenerierte Repräsentationen zunehmend erforscht, wobei jedoch vornehmlich medizinische, natur- und technikwissenschaftliche Repräsentationen

8 Es versteht sich von selbst, dass es *die* deutsche Soziologie nicht gibt. Sie ist genauso heterogen wie die französische Soziologie. An dieser Stelle interessiert nur das allgemeine – sprich weitgehend konsensuelle – Verständnis, wie es beispielsweise in Lehrbüchern präsentiert wird (z.B. Laupies 2001; Seca 2001).

untersucht werden, sozialwissenschaftliche bislang kaum.[9] Ganz anders ist dies in der französischen Soziologie. Dort sind „les représentations sociales" seit den Anfängen der Soziologie bis heute ein wichtiger Forschungsgegenstand. Sie sind bei fast jedem Aspekt des Sozialen und nicht nur in einigen Bindestrichsoziologien präsent.

Diese bemerkenswerte Präsenz erklärt sich zum großen Teil daraus, dass Émile Durkheim dem Phänomen der Repräsentation in seiner Soziologie eine große Bedeutung eingeräumt hat, so beispielsweise in seinem Aufsatz „Représentations individuelles et représentations collectives" (Durkheim 1898). Darin zeigt er, dass Repräsentationen, wenn sie einmal existieren, durch sich selbst fortbestehen, weil sie sich unabhängig vom Einzelnen und außerhalb des individuellen Bewusstseins behaupten. In ihnen ist das kollektive Leben, sprich die Gesellschaft, in ihrer Gesamtheit enthalten, weshalb sie nicht einem Individuum oder einem Akteur zugerechnet werden können: Sie besitzen ein gewisses Maß an sozialer Eigenständigkeit und gehören deshalb zu den „faits sociaux". Den Begriff der kollektiven Repräsentationen verwendet Durkheim mehr oder weniger synonym mit dem des „conscience collective". Die kollektiven Repräsentationen umfassen Glaubensinhalte, religiöse Gebräuche, Regeln der Moral, Rechtsvorschriften etc.

Bereits bei Durkheim taucht die bis heute weitgehend offene Frage auf, in welcher Weise soziale und kognitive (logische) Elemente in den Repräsentationen miteinander verkoppelt sind. In dieser ist die im vorangegangenen Kapitel diskutierte Frage enthalten, ob die Repräsentationen sozialer Ungleichheit gegenüber dem sozialstrukturellen Geschehen eine gewisse Unabhängigkeit besitzen. Wie die Erläuterungen zu dieser Frage und die Begriffsdarlegungen zu Repräsentation und Repräsentieren gezeigt haben, entsteht die „Differenz zwischen der Wirklichkeit und ihrer Verdopplung" vor allem durch die logische Durchdringung der Repräsentation, die Bourdieu als Konstruktionsarbeit auffasst. Da Durkheims Deutung dieses Verhältnisses für die Soziologie insgesamt grundlegende Bedeutung besitzt, soll sie exemplarisch erläutert werden. Am klarsten hat sich Durkheim zum Verhältnis der sozialen und kognitiven (logischen) Elemente in den „représentations collectives" in dem gemeinsam mit Marcel Mauss verfassten Aufsatz „Über einige primitive Formen von Klassifikation" geäußert (Durkheim/Mauss 1993).

Dort haben sich Durkheim und Mauss mit der Klassifikation als einer Form der Repräsentation und dem Klassifizieren als einer Art des Repräsentierens befasst. Die darin enthaltenen Aussagen bezüglich des Verhältnisses von sozialen und kognitiven (logischen) Elementen sind verallgemeinerungsfähig für andere Formen der Repräsentation und Arten des Repräsentierens. Unter Klassifizieren verstehen Durkheim und Mauss, Dinge „zu unterschiedlichen Gruppen zusammenzufassen, die durch klare Grenzen voneinander geschieden sind" (ebd.: 172). Es handelt sich um einen

9 Beispiele sind u.a. der von Bettina Heintz und Jörg Huber herausgegebene Sammelband „Mit dem Auge denken. Strategien der Sichtbarmachung" (2001), besonders hervorzuheben sind die Arbeiten aus dem Max-Planck-Institut für Wissenschaftsgeschichte Berlin, z.B. Rheinberger u.a (1997).

sozialen Akt, weil „die sozialen Beziehungen als Vorbild für die logischen" dienen. Die Klassifikationen werden „nach dem Modell der nächstliegenden und fundamentalsten sozialen Organisation gestaltet", weshalb die „ersten logischen Kategorien ... soziale Kategorien" waren (ebd.: 250). Wenn die logischen Kategorien nach dem Vorbild der sozialen Verhältnisse geschaffen werden, dann drücken die sozialen Strukturen den Repräsentationen unmittelbar ihren Stempel auf, was annähernd einem deterministischen Modell entspricht. Zudem mündet dieses Modell der Repräsentation und des Repräsentierens in einen soziologischen Zirkel, weil Soziales – der soziale Akt des Klassifizierens – mit Sozialem – den sozialen Beziehungen – erklärt wird. Zwar öffnen Durkheim und Mauss den Zirkel ein wenig, indem sie darauf hinweisen, dass „aus der Tatsache, daß der äußere Rahmen für die Klassifikationen von der Gesellschaft bereitgestellt wird, (...) noch nicht zwingend [folgt], daß auch die Verwendung dieses Rahmens durch Gründe desselben Ursprungs bestimmt wäre" (ebd.: 252). Aber es handelt sich dabei nur um so etwas wie „funktionale Äquivalenz", sprich die Repräsentationen können in andere als ihre sozialen Ursprungskontexte eingebracht werden.[10] Der Vorwurf des Soziologismus ist auf diese Weise nicht ausgeräumt, denn die ausschließlich soziale Fundierung der Repräsentationen und des Repräsentierens ist damit nicht relativiert.

Der Vorwurf des Soziologismus ist von vielen vorgebracht worden. Hier soll beispielhaft die Kritik von Ernst Cassirer vorgestellt werden, da er seinen Begriff der symbolischen Form gegen Durkheims Verständnis von Repräsentation und Repräsentieren formulierte. „Die moderne Soziologie", schreibt Cassirer mit direktem Bezug auf Durkheim, „hat den Schlüssel für dieses Grundverhältnis (gemeint ist die „Struktur des Denkens" und „die Struktur des sozialen Raums", E.B.) darin zu finden geglaubt, daß sie alle logische Bindung unseres Denkens auf primitive und ursprünglich soziale Beziehungen zurückführt" (Cassirer 1969: 28). Aber diese Erklärung ist zu eng, weil die „allgemeine *Form* der Klassifikation" über den jeweiligen sozialen Kontext, in dem sie entstanden sind, „weit hinausgreift".

Am Begriff der „Kausalität" erörtert Cassirer, dass dieser nicht in der „unmittelbaren sinnlichen Empfindung gegeben" ist und sich auch nicht unmittelbar aus den sozialen Beziehungen ergibt. Er wird aus einer Synthese von sinnlicher Wahrnehmung und einem „eigentümlichen 'Zusatz' der Denkkraft" gebildet (ebd.: 45). Die Art der Synthese wandelt sich im Laufe der historischen Entwicklung. Dabei ist zu beobachten, dass an die Stelle der sinnlichen Wahrnehmung und der reinen Anschauung der „Gedanke einer bestimmten Regel des Werdens" tritt (ebd.: 38). Die Regeln des Werdens umfassen Vorstellungen darüber, wie die Dinge zu dem geworden sind, was sie darstellen. Es handelt sich somit um genetische, sprich historisch entstandene Regeln, nach denen die Dinge im Laufe der Geschichte zunehmend

10 Später wird der Begriff des „Klassifikationssystems" eingeführt (Kapitel 6). Durkheim/Mauss bestimmen ihn so: Ein Klassifikationssystem „ist nun, daß die Vorstellungen darin nach einem Modell geordnet sind, das aus der Gesellschaft stammt. Sobald die Ordnung der kollektiven Mentalität aber einmal besteht, vermag sie auf ihre Ursache zurückzuwirken und zu deren Modifikation beizutragen" (Durkheim/Mauss 1993: 199).

klassifiziert werden. Damit geht einher, dass die Regeln der Klassifikation immer mehr zum Gegenstand theoretischer Reflexion werden. Theoretische Reflexion strebt nach Kohärenz und Konsistenz beim Klassifizieren und damit nach Zielen, die keinerlei Bezug zu sozialen Verhältnisse besitzen. Kohärenz und Konsistenz entstammen der Eigenart der theoretischen Reflexion. Auf diese Weise beziehen sich die Kategorien immer weniger auf Alltagsevidenzen und soziale Einbettungen. Die Folge ist, dass die Repräsentationsbeziehung immer mehr gemäß der Eigenart des Denkens – der theoretischen Reflexion – angepasst und bewusst hergestellt wird.

Alle weiteren Erläuterungen driften zu stark in die Philosophie ab, weshalb hier darauf verzichtet werden soll. Abgesehen davon führten ergänzende Darlegungen eher vom hier interessierenden Gegenstand weg, als das sie ihn näher brächten. Als Resultat ist festzuhalten, dass in den „représentations sociales“ soziale und kognitive Elemente eine enge Verbindung eingehen. Cassirer sieht die kognitiven Anteile in den Formen der Repräsentation enthalten, was zu ihrer Persistenz und Bedeutungssteigerung beiträgt, weshalb er diesen große Wichtigkeit bei der Geltung und Akzeptanz der Repräsentationen beimisst. Er hält es für unmöglich, die sozialen und die kognitiven Anteile voneinander zu trennen, weil es sich dabei um eine epistemologische Aufspaltung handelt. In der Praxis werden beide als Einheit wahrgenommen und erfahren und ziehen entsprechende Reaktionen nach sich. Überhaupt entsteht erst beim Nachdenken über den Charakter der Repräsentation die Unterscheidung in soziale und kognitive Anteile (vgl. Paetzolt 1993: 35f.).

Wenden uns nun dem gegenwärtigen Verständnis von „représentation sociale“ in der französischen Soziologie zu. Ganz allgemein wird unter Repräsentation ein System des praktischen Wissens verstanden – „un système de savoirs pratiques“ (vgl. Seca 2001: 11). Dieses System umfasst Meinungen, Bilder, Haltungen, Vorurteile, Stereotype, Glaubensvorstellungen, die in den Interaktionen zwischen den Individuen und/oder sozialen Gruppen benutzt werden (ebd.). Das System des praktischen Wissens ist immer mit sozialen Bedeutungen versehen, da es sich um gemeinsam geteiltes, um kollektives Wissen handelt. Die Repräsentationen enthalten Übereinkünfte darüber, wie soziale Verhältnisse, Beziehungen oder Tatbestände zu beurteilen sind, und geben damit den Common Sense über die soziale Welt wieder. Um die sozialen Eigenschaften hervorzuheben und um Repräsentationen von anderen Wissenssystemen abzugrenzen, werden sie als „représentations sociales“ bezeichnet. Sie leiten die Kommunikationen und Verhaltensweisen in von ihnen ausgelegte Bahnen und fördern so die Abstimmung und gegenseitige Anpassung der Wahrnehmungs- und Bewertungsmuster.

Soziale Repräsentationen bilden sich in Alltagsgesprächen heraus, werden in diesen bestätigt und tradiert oder aber bezweifelt und durch neue soziale Repräsentationen ersetzt. Alte Spruchweisheiten wie „In der Familie ist der Mann der Bürger und die Frau der Proletarier“ und „Wo der Bauer arm ist, ist das ganze Land arm“ gehören zu jenen sozialen Repräsentationen, die ihre Common-Sense-Fähigkeit eingebüßt haben. An ihre Stelle sind neue getreten: „Der Kapitalismus macht soziale Fehler; der Sozialismus aber macht kapitale“ und „Wer zu spät kommt, den bestraft das Leben“. Kennzeichnend für moderne Gegenwartsgesellschaften ist, dass der

Prozess des Repräsentierens seltener den Zufällen des Alltags oder dem Sprachwitz einzelner Personen überlassen wird. Vielmehr gibt es ein Set von Methoden und Institutionen, soziale Repräsentationen gezielt zu entwickeln, öffentlich zu machen und sie mit besonderer Geltung auszustatten. Dazu gehören zuallererst die Sozialwissenschaften und alle Einrichtungen, die sozialwissenschaftliches Wissen produzieren und verbreiten, wie die amtliche Statistik, die Berichterstattung und die unzähligen Kommissionen und Expertenräte. Auch die Demoskopie ist geeignet, soziale Repräsentationen zu generieren und in den öffentlichen Diskurs einzuspeisen. Umfragen allein tragen allerdings nicht zur Generierung von kollektivem Wissen bei. Erst ihre Popularisierung, beispielsweise durch Journalisten, Politiker, Lehrer oder andere Ausbilder, bewirkt, dass sie zu sozialen Repräsentationen werden, auf welche man sich in Gesprächen und Auseinandersetzungen beziehen kann, um seine Sichtweisen und Interessen wirkungsvoll durchzusetzen.[11] Repräsentationen können nur durch andere Repräsentationen kritisiert und entwertet werden: „La libération de la représentation est une libération par la représentation“ (Laupies 2001: 115). Aus diesem Grund genügt es nicht, einzelne Repräsentationen zu analysieren. Vielmehr ist es erforderlich, auch den Prozess des Repräsentierens zu betrachten, weil nur so das gesamte Repräsentationsgeschehen rekonstruiert werden kann. Ein besonderes Augenmerk ist dabei auf die Formen der Repräsentationen zu legen, weil sich vorwiegend daraus ihre Überzeugungskraft speist.

Soweit eine knappe Wiedergabe dessen, was in der gegenwärtigen französischen Soziologie unter sozialen Repräsentationen verstanden wird. Es fällt auf, dass die kognitiven Anteile – die schöpferischen Elemente – des Repräsentierens kaum behandelt werden. Dies ist ein Indiz dafür, dass auch die gegenwärtige französische Soziologie noch immer fest in der Durkheim'schen Tradition verwurzelt ist. Daraus ergibt sich, dass die Repräsentationsbeziehung im Allgemeinen nicht als eine Beziehung gedacht wird, die im Prozess des Repräsentierens neu erschaffen, verändert oder bekräftigt wird, sondern als eine, die so fest in die sozialen Strukturen und funktionalen Erfordernisse eingebettet ist, dass sie dem Repräsentieren als Handlung quasi voranschreitet. Aus dieser soziologischen Perspektive stellen sich die Fragen, welche Akteure auf welche Weise und mit welchen Absichten Repräsentationen generieren, kaum, da ihr ein so ausdrücklicher Akteursbezug fern ist. Daraus ergibt sich, dass Repräsentieren als Handeln unterbelichtet bleibt und die Repräsentationsbeziehung nicht auf der Ebene der Akteure analysiert wird. Dies erklärt, weshalb soziale Brüche oder Dissonanzen kaum thematisiert werden. Ein solcher Bruch ist beispielsweise, dass die ungleichheitssoziologischen Repräsentationen zu den machtstärksten gehören, aber dies keineswegs korrespondiert mit einer besonders einflussreichen Position der Akteure, die diese Repräsentationsarbeit leisten. Um solche Brüche und Dissonanzen zu analysieren, ist es notwendig, die Repräsentati-

11 Das Bildungssystem bildet eine zentrale Institution zur Vermittlung sozialer und nationaler Repräsentationen.

onsarbeit – sprich das Repräsentieren – gegenüber den Repräsentationen stärker zu gewichten. Diese Aufforderung verhallt jedoch nahezu gänzlich; in der soziologischen Literatur werden beinahe ausschließlich die Repräsentationen behandelt, wenn überhaupt. Auch in diesem Buch liegt das Übergewicht auf den Repräsentationen, allerdings mit dem Ziel, Regeln des Repräsentierens als Zwischenebene und Bindeglied zwischen Struktur- und Akteursbezug zu erkennen und darzulegen.

In den drei nachfolgenden Abschnitten werden Charakteristika erörtert, die in besonderer Weise für wissenschaftsgenerierte Repräsentationen bedeutsam sind: erstens die dem Repräsentieren inhärente Tendenz, nach Allgemeinheit und Common Sense zu streben (3.2), zweitens die mit dem Repräsentieren verbundenen Prozesse der Objektivierung und Intellektualisierung (3.3) und drittens die Legitimierung der Repräsentationen durch Wissenschaft und Stellvertretung (3.4). Dabei wird bewusst auf einschränkende oder gewichtige theoretische Vorannahmen verzichtet. Es geht lediglich darum, Charakteristika zu benennen, die bei der späteren Analyse der Repräsentationen sozialer Ungleichheit zu beachten sind.

3.2 Allgemeinheit und Common Sense

Soziale Repräsentationen – einerlei, welche Inhalte sie transportieren – bieten infolge ihrer öffentlichen Wirksamkeit die Chance, sich Gehör zu verschaffen.[12] Aus diesem Grund ist zu untersuchen, welche sozialen Gruppen mit ihren Interessen und Ideen in den sozialen *Repräsentationen* über*repräsentiert* sind und welchen zu wenig oder gar keine Aufmerksamkeit zuteil wird. Unter sprachästhetischen Gesichtspunkten ist der zweifache Gebrauch von Repräsentation und Repräsentieren abzulehnen. Der Fauxpas ist aber geeignet, um auf eine weitere besondere Qualität des Begriffs hinzuweisen. Diese besteht darin, dass der Begriff der Repräsentation nicht nur die Spannbreite von Vorstellung bis Stellvertretung umfasst, sondern darin auch Prozesse der Abstrahierung und Verallgemeinerung angelegt sind. Bei diesen Prozessen wird ein Common Sense über die Sicht- und Betrachtungsweisen erzeugt. Selten ist dies intendiert, meist geschieht es unabsichtlich.

Diese komplizierte Behauptung ist erläuterungsbedürftig. Im französischen und im englischen Sprachgebrauch wird die Spannweite ganz selbstverständlich mitgedacht und braucht nicht eigens expliziert zu werden, im Deutschen ist sie dagegen ungewohnt. Teilweise wird sowohl im Französischen als auch im Englischen sogar die politische Repräsentation in einer Linie mit der darstellenden Repräsentation gesehen. Wissenschaftliche Texte greifen wie selbstverständlich dieses weite Begriffsverständnis auf. In sozialwissenschaftlichen Arbeiten, die dem deutschen Sprachgebrauch verbunden sind, ist es dagegen begründungsbedürftig, einen so weit ge-

12 Ich baue hier auf folgenden Vorarbeiten auf: Barlösius/Köhler (1999), Barlösius (2001b), Barlösius (2002).

fassten Begriff von Repräsentation zu verwenden.[13] Aus der Spannweite resultiert, dass beim Prozess des permanenten Ersetzens einer Repräsentation durch eine andere diese einen immer abstrakteren und verallgemeinerteren Bedeutungsgehalt erlangen. Grob kann man drei Prozesse der Abstrahierung und Verallgemeinerung unterscheiden:

Zunächst fungieren Repräsentationen als Formen der Vergegenwärtigung sozialer Gegebenheiten und Vorgänge. Damit sind nicht persönliche oder private Empfindungen und Wahrnehmungen gemeint, sondern jene Muster der Vergegenwärtigung, welche gemeinsam geteilt werden und deshalb „öffentlichen Charakter" haben (Hacking 1993: 132f.). Diese umfassen die sinnliche und vorreflexive Primärwahrnehmung und alle anderen Eindrücke, die sich nah an die Gegenstände anschmiegen und diese so umfänglich wie möglich wiedergeben. Dies soll am Beispiel des Arbeitsverhältnisses veranschaulicht werden. Auf dieser Ebene setzen sich die Repräsentationen aus den unmittelbaren Erfahrungen und Erlebnissen zusammen: der Art der Weitergabe von Arbeitsaufträgen, dem Ausmaß, die Arbeitsprozesse selbst gestalten zu können, dem Grad der direkten Kontrolle, der Atmosphäre etc. Auch alle sinnlichen Wahrnehmungen gehören auf diese Ebene.

Im zweiten Schritt werden jene Eigenschaften akzentuiert, die als charakteristisch und typisch betrachtet werden und als *bestimmende Merkmale* gelten. Alle anderen Qualitäten bleiben in den Repräsentationen unberücksichtigt. So sind beispielsweise Arbeitsverhältnisse gegenwärtig vornehmlich danach charakterisiert, ob sie befristet oder unbefristet sind, es sich um Vollzeit- oder Teilzeitstellen handelt. Andere Eigenschaften wie die Ausprägung der betrieblichen Hierarchie oder der Grad der Selbstbestimmung werden als weniger bestimmend erachtet. Ob sie ein Arbeiter- oder Angestelltenverhältnis begründen, was bis in die 1970er Jahre als zentral dargestellt wurde, gilt heutzutage als kaum noch bedeutsam. Die Festlegung bestimmender Merkmale kann als Verdichtungsprozess beschrieben werden, sofern ein komplexes Phänomen auf einige wenige als markant identifizierte Attribute reduziert wird.[14] Damit setzt sich – zumindest in Ansätzen – eine „generalisierende Denkweise" durch. Alle Arbeitsverhältnisse werden nach den gleichen Merkmalen beurteilt und es wird sozial üblich, just diese zu verwenden und andere zu vernachlässigen. Auf diese Weise entsteht eine Sichtweise darüber, was als repräsentativ im Sinne von bezeichnend und signifikant anzusehen ist.

Im dritten Schritt werden die so verdichteten Repräsentationen von den Gegenständen und Prozessen abgelöst. Sie werden zur Grundlage einer oftmals stillschweigenden Übereinkunft darüber, wie die soziale Welt zu sehen ist und was von der sozialen Welt überhaupt wahrgenommen wird. So verallgemeinert, erlangen die Repräsentationen eine soziale Verbindlichkeit, die in einen Common Sense über-

13 Die Begriffsdarlegung aus dem Historischen Wörterbuch der Philosophie war so umfassend. Allerdings wurde nicht die begriffliche Spannweite, sondern die begriffliche Variationsbreite definiert.

14 Verdichtung ist in diesem Zusammenhang ein eingeführter Begriff, in den Sozialwissenschaften hat Geertz ihn mit seinem Buch „Dichte Beschreibung" bekannt gemacht (Geertz 1987).

führt werden kann. Allerdings hat dies oftmals zur Folge, dass die reale Vielfalt und Veränderungen übersehen werden. Um beim Beispiel der Arbeitsverhältnisse zu bleiben, kann der Begriff des „Normalarbeitsverhältnisses" als eine solche Repräsentation angesehen werden. In ihm verbinden sich bestimmende Merkmale mit einer geradezu normsetzenden Sichtweise, welche auf sozialpolitischen Vereinbarungen basiert, die oftmals in der Praxis längst aufgekündigt sind. So beweist ein Besuch Berliner Baustellen, wo Bauarbeiter in tarifvertraglich abgesicherten Arbeitsverhältnissen neben Leiharbeitern und illegal angeworbenen Arbeitskräften arbeiten, eindrücklich, dass diese Repräsentation – flapsig gesprochen – an der Realität vorbeigeht. Trotzdem fungiert das „Normalarbeitsverhältnis" weiterhin in politischen Debatten, wissenschaftlichen Analysen und offiziellen Darstellungen als sprachliche Repräsentation, um Arbeitsverhältnisse zu charakterisieren. Damit ist der Übergang von darstellenden zu stellvertretenden Repräsentationen und weiter zur politischen Repräsentation angedeutet. Die Nicht-Berücksichtigung illegaler Arbeitsverhältnisse in den öffentlichen und offiziellen Repräsentationen zieht eine Nicht-Repräsentation in den politischen Auseinandersetzungen nach sich. An diesem Punkt wird die ungleichheitssoziologische Relevanz von Repräsentationen klar, denn gerade die ökonomisch und sozial besonders benachteiligten Arbeitsverhältnisse werden gleichsam in der Öffentlichkeit tabuisiert.

Vorerst ist festzuhalten: Um den Prozess des Repräsentierens zu verstehen, ist es notwendig, den Ablauf des Ersetzens einer Repräsentation durch eine andere nachzuvollziehen. Dabei verändern sich die Repräsentationen. Sie beziehen sich immer weniger auf unmittelbare Erfahrungen und Erlebnisse mit Gegenständen, Sachverhalten und Menschen. An ihre Stelle treten Repräsentationen, die sich auf andere Repräsentationen beziehen. Auf diese Weise verselbstständigen sich die Repräsentationen zunehmend und bilden sich zu einer eigenständigen Sphäre aus. In dieser werden die kognitiven Anteile immer genauer gefasst und so wird die soziale Welt immer kohärenter und konsistenter beschrieben. Hier ist der eigentliche Ort der Repräsentationsarbeit, die sich daraus ergibt, dass eine Repräsentation nur korrigiert werden kann, indem sie durch eine andere ersetzt wird. Der Streit über die „richtige Repräsentation" kann aber auch so wahrgenommen werden, als würde nur noch über Repräsentationen gestritten. Aber das, worüber sie Auskunft geben sollen, verliert immer mehr an Eigengewicht.

3.3 Weder Hierarchie noch Stufenabfolge – stattdessen unauflösliche Verwobenheit

Der Prozess des Ersetzens einer Repräsentation durch eine andere schiebt die vorne erörterte Frage nach dem Verhältnis von sozialen und kognitiven Anteilen wieder in den Vordergrund. Aus soziologischer Sicht liegt es nahe, den Prozess so zu schildern, als sei dieser einzig davon geleitet, den *sozialen Geltungsbereich* der Repräsentation zu vergrößern und so deren *Common-Sense-Fähigkeit* zu erhöhen. Durch die Hervorhebung der sozialen Qualitäten des Prozesses wurde diese Interpretation begünstigt. Hätte dagegen die Begriffsbildung in der obigen Schilderung im Vordergrund gestanden, wäre es plausibel, den Prozess als „erkenntnistheoretische Stufenabfolge“ zu interpretieren, bei welchem der *Objektivierungs-* und *Intellektualisierungsgrad* steigt. Besonders bei wissenschaftsgenerierten Repräsentationen drängt sich die zweite Lesart auf.

Die soziologische wie die erkenntnistheoretische Lesart sind gleichermaßen berechtigt, weshalb die eine nicht sogleich zu Gunsten der anderen abgelehnt werden sollte. Ebenso wie die Repräsentationen immer weiter verdichtet und abstrahiert werden, schreitet auch ihre Intellektualisierung und Objektivierung voran. Beides gehört untrennbar zusammen. Dies soll am Beispiel der Begriffsbildung für das soziale Phänomen der Armut veranschaulicht werden. Aus den konkreten Erscheinungen von Not und Entbehrung kann ein Begriff von Armut entwickelt werden (vgl. Barlösius 2001a). Dieser setzt jedoch eine unmittelbare Beobachtung voraus und lässt sich nur begrenzt verallgemeinern oder objektivieren. Er ist an die jeweiligen Erfahrungen und Situationen gebunden. Im zweiten Schritt der Begriffsbildung werden bestimmende Merkmale für Armut festgelegt, z.B. mangelnde Ernährung, schlechte Wohnung, geringe Bildung etc. Diese können losgelöst vom Einzelfall fixiert werden und besitzen deshalb allgemeinere Gültigkeit. Außerdem können „objektive Maßstäbe“ definiert werden, welche die Grenzwerte für mangelhafte Ernährung, eine schlechte Wohnung oder geringe Bildung festsetzen. Im dritten Schritt wird der Begriff der Armut noch weiter verallgemeinert. Die Grenzwerte für die einzelnen Lebensbereiche werden durch einen einzigen ersetzt, der absolut verallgemeinerungsfähig und als „objektives Maß“ breit anerkannt ist. Als ein solches Maß gilt das verfügbare Einkommen, ausgedrückt in Geld.

Eine Definition von Einkommensarmut lautet: Arm ist, wer weniger als 50 Prozent des durchschnittlichen und gewichteten Haushaltsnettoeinkommens zur Verfügung hat.[15] Diese Definition ist von der Lebenspraxis weit entfernt, sie ist Ergebnis einer theoretischen Herleitung. Ihre Grundlage ist nicht der Alltag armer Menschen, sondern darin ist das Ausmaß sozialer Ungleichheit kodiert, welches in einer Gesellschaft für akzeptabel gehalten wird. Die theoretisch hergeleiteten Armutsdefinitionen besitzen scheinbar einen Höchstgrad an Objektivierung und sind deshalb common-sense-fähiger als andere. Die zitierte Definition von Einkommensarmut ist die EU-Definition. Eine europäische Einigung auf Mindeststandards in den verschiedenen Lebensgebieten, die von Finnland bis Griechenland und von Frankreich bis zur Slowakei anerkannt werden, wäre sicherlich kaum gelungen. Dazu sind die nationalen Lebensverhältnisse und die Vorstellungen von Not und Mangel zu unterschiedlich.[16] Geld und die 50-Prozent-Grenze sind jedoch so abstrakt und allgemein gültig, dass sie auf alle Länder gleichermaßen angewendet werden können.

15 Gewichtet meint, dass die Haushaltsgröße und das Alter der Personen berücksichtigt werden.

16 Eine lebenslagenorientierte EU-weite Armutsdefinition müsste von einem vergleichbaren Lebensstandard und ähnlichen Vorstellungen an eine genügende Versorgung ausgehen. Eine solche Definition durchzusetzen ist wesentlich schwieriger als nur einen Maßstab, wenn man zudem einen so abstrakten wie Geld gewählt hat.

Schauen wir uns die Deutung als „erkenntnistheoretische Stufenabfolge" genauer an. Sie fußt auf der Annahme, dass Repräsentationen eine Abfolge von Schritten – von der sinnlichen Wahrnehmung bis hin zum begrifflichen Erkennen – durchlaufen und es mit jedem Schritt besser gelingt, eine „objektive Gesamtsicht" der sozialen Wirklichkeit zu liefern. Dieser Weg mündet jedoch in ein Paradoxon, denn jedem Gewinn an begrifflicher Präzision, Intellektualisierung und Objektivierung steht ein Verlust an Konkretheit und Vielfalt gegenüber (vgl. Bredekamp 1997: 23). Zwar treten auf diesem Weg Zusammenhänge, Gemeinsamkeiten und Unterschiede hervor, die der sinnlichen Wahrnehmung verborgen sind, aber mit jedem Schritt geht eine Verminderung der Partikularität und Komplexität einher. Dennoch bringen die Repräsentationen das näher, wovon sie sich zu entfernen scheinen, allerdings in einer abstrakteren und allgemeineren Gestalt. Dies gilt insbesondere für wissenschaftlich erzeugte Repräsentationen, bei denen die Prozesse der Abstrahierung und Intellektualisierung mit dem Ziel einer fortschreitenden Objektivierung gekoppelt sind, um so den Geltungsbereich der Repräsentationen zu vergrößern.

Gegen eine Einordnung der Repräsentationen in eine erkenntnistheoretische Rangfolge sind verschiedenste Argumente vorgetragen worden: Auch sinnliche Wahrnehmungsmuster können einen großen Geltungsbereich und einen hohen Abstrahierungsgrad erreichen. Man denke nur an die Wahrnehmung von Gestik und Mimik als typisch weiblich oder männlich, die auch ohne vertiefte Kenntnis der kulturellen Eigenart und trotz einer äußerlichen Angleichung der Geschlechter funktioniert. Am wichtigsten ist aber der Einwand, dass sich die erkenntnistheoretische Lesart von Repräsentation am Modell der Sprache orientiert und andere Darstellungsweisen weitgehend unbeachtet bleiben. Mit Blick auf wissenschaftsgenerierte Repräsentationen ist ein weiterer Einwand besonders herauszustellen. Gerade sehr abstrakte Repräsentationen, die sich nicht der Sprache bedienen, werden oft mit sinnlichen Qualitäten ausgestattet, so z.B. graphische Darstellungen und Zeichnungen. Aber diese führen gegenüber der von ihnen repräsentierten sinnlichen Wirklichkeit ein Eigenleben: Sie generieren eine eigene sinnliche Welt. Gerade darum dringen sie häufig intensiver in die Wahrnehmungsmuster und Denkmodelle ein als ausschließlich sprachlich vermittelte Repräsentationen (Bredekamp 2001).

Für die Soziologie sind dabei insbesondere die graphischen Darstellungen sozialstatistischer Daten zu nennen, beispielsweise die Veranschaulichung des Altersaufbaus der Bevölkerung in Form einer Pyramide, eines Pilzes oder einer Tanne, manchmal dramatisierter als Triangel, Glocke oder Urne bezeichnet. Sie basieren auf langen, sinnlich nicht erfassbaren Zahlenreihen, die aber durch die Übersetzung in geometrische Formen außerordentlich anschaulich werden oder zumindest so erscheinen. Sinnlich anschauliche Repräsentationen werden somit keineswegs immer durch abstrakte, theoretisch verdichtete Repräsentationen ersetzt, vielmehr werden oftmals beide Repräsentationsweisen miteinander verbunden. Genauer: Die begrifflich- oder rechnerisch-abstrakten werden in sinnlich-anschauliche Repräsentationen transformiert. Für die Ungleichheitssoziologie sind Sozialstrukturbilder zu nennen, etwa die Schichtmodelle oder Lebensstilzeichnungen (siehe Kapitel 5).

Wie man diese Verbindung charakterisieren kann, ohne die nahe liegende Trennung in Inhalt und Form vorzunehmen, welche die Eigentümlichkeit der gegenseitigen Durchdringung beider Repräsentationsweisen aufhebt, ist eine Frage, mit der sich aus philosophischer Sicht Cassirer beschäftigt hat. In seinem Begriff der „symbolischen Form" hat er die sinnlich unmittelbar wahrnehmbaren Aspekte und die abstrakt theoretischen, sich kognitiv vermittelnden Anteile der Repräsentationen gleichermaßen berücksichtigt und damit die erkenntnistheoretisch gebräuchliche Dichotomie von Sinnlichkeit und begrifflichem Denken aufgehoben und durch ein Kontinuum von Sinnlichkeit und Sinn ersetzt (vgl. Paetzold 1993). Beide Anteile greifen auf das Engste ineinander, da dem sinnlich Wahrnehmbaren immer auch ein Sinn inhärent ist und der Sinn zu seiner Mitteilung der sinnlichen Formen bedarf. In welchem Maße die „sinnlichen und geistigen Elemente der Formbildung" aufeinander bezogen sind, variiert auf dem Weg von der sinnlichen Empfindung über den Ausdruck bis hin zur Bedeutung.[17] Jede symbolische Form „nimmt vom Sinnlichen nicht nur ihren Ausgang, sondern sie bleibt auch ständig im Kreise des Sinnlichen beschlossen" (Cassirer 1969: 177). Bei der symbolischen Form wird „ein geistiger Bedeutungsgehalt an ein konkretes sinnliches Zeichen geknüpft und diesem Zeichen innerlich zugeeignet" (ebd.: 175). Die sinnlichen und die geistigen Elemente sind damit untrennbar miteinander verbunden. Cassirer orientiert sich nicht mehr einzig am Modell der Sprache, er bezieht alle Formen der Intellektualisierung und Abstrahierung mit ein, insbesondere die Mathematik und damit indirekt die Statistik, aber auch bildliche Darstellungen. Die vielen Unstimmigkeiten, welche die übliche Reihung von sinnlichen bis zu abstrakten Darstellungen mit sich bringt, lösen sich mit dem Begriff der „symbolischen Form" auf. Dies gilt auch für die in der Repräsentationspraxis beobachtbare enge Verwobenheit von sinnlich-anschaulichen und theoretisch-abstrakten Eigenschaften.

Auch ohne empirische Belege spricht einiges für die Vermutung, dass jene Repräsentationen, in die verschiedenste Formen von Sinnlichkeit und Sinnhaftigkeit einfließen, als besonders schlüssig und in sich kohärent beurteilt werden. Besonders wenn sie an eingeübte Schemata der Wahrnehmung und des Denkens anknüpfen und deshalb ohne bewusste Vergegenwärtigung oder intellektuelle Auseinandersetzung registriert werden, besitzen sie eine große Alltagsevidenz. Derartige Repräsentationen schreiben sich rasch und tief in die Sichtweisen und Denkstile ein und tragen zu einer Abstimmung der Wahrnehmungs- und Bewertungsweisen bei, die auf diese Weise das Sediment von Common Sense bilden.

Es zeigt sich, dass die soziologische und die erkenntnistheoretische Lesart am gleichen Phänomen jeweils andere Aspekte hervorheben. Tatsächlich handelt es sich aber um ein und dasselbe, weil Allgemeinheit und Common Sense auf der einen Seite und Objektivierung und Intellektualisierung auf der anderen Seite ineinander greifen. Bereits Simmel betont dies. Er spricht von der „alten erkenntnistheoretischen

17 Zur Unterscheidung dieser Variationen führt Cassirer die Abstufungen Darstellungs-, Ausdrucks-, und Bedeutungsfunktion ein (Cassirer 1969).

Korrelation zwischen Allgemeinheit und Objektivität", die an vielen Stellen hervortritt. „Im Gebiet des Erkennens ist die wirkliche Allgemeinheit, die Anerkennung eines Satzes durch die ... ideale Allheit ... ein Ausdruck seiner Objektivität" (Simmel 1992: 539). „Objektivität" nennen wir es, wenn die Gesamtheit der Ansichten repräsentiert ist; der Bezug auf die „volle Bedeutung der Wahrheit" allein genügt nicht für Objektivität. „So kann im Praktischen eine Leistung der Allgemeinheit prinzipiell nur aus einem schlechthin objektiven Grund beansprucht werden" (ebd.). Deshalb trifft die Armenunterstützung – anhand dieses Beispiels beweist Simmel die Korrelation – nur dort auf breite Zustimmung, wo die Festlegung der „auf das Minimum beschränkten Unterstützung des Armen *objektiven* Charakter" hat (ebd.: 538). Dies ist dort der Fall, wo eine Armutsgrenze entwickelt wurde, die den Kriterien der Verallgemeinerung genügt und deshalb eine breite soziale Geltung besitzt und die gleichermaßen die Kriterien der Objektivierung erfüllt, weil sie sozialwissenschaftlich begründet ist. Sowohl die EU-Armutsgrenze als auch andere offizielle Armutsgrenzen genügen diesen beiden Anforderungen.

Im Laufe des Prozesses der Objektivierung steigt der Anteil der Wissenschaft am Repräsentationsprozess an. Einerseits beteiligen sich mehr Wissenschaftler an der Generierung von Repräsentationen und andererseits fußen die Repräsentationen immer stärker auf wissenschaftlichen Erkenntnissen. Durch die stetige Verallgemeinerung der Repräsentationen steigt deren Common-Sense-Fähigkeit. Beide Prozesse bewirken, dass die Repräsentationen kontinuierlich von vorstellenden und darstellenden übergehen in stellvertretende und verfahrensmäßige Repräsentationen. Damit ist verknüpft, dass sich die Regeln des Repräsentierens verändern, welche die Eigenart der Repräsentationsbeziehung bestimmen. Die Regeln einer vorstellenden und darstellenden Repräsentation werden zunehmend ersetzt durch die einer stellvertretenden und verfahrensmäßigen Repräsentation. Gleichzeitig wandeln sich die Anerkennung der und die Zustimmung zu den Repräsentationen als angemessene Wiedergaben der sozialen Beziehungen und Verhältnisse.

Was heißt diese abstrakte Aussage konkret? Die graphischen Darstellungen der Sozialstruktur wie die Bolte-Zwiebel oder das Dahrendorf'sche Haus verwenden sinnliche Assoziationen, die als alltagsevident wahrgenommen werden und deshalb auf Anerkennung und Zustimmung treffen (s. Kapitel 5). Die ihnen zugrunde liegenden Repräsentationsregeln greifen somit auf allgemein verständliche Veranschaulichungen zurück und bedürfen deshalb keiner zusätzlichen Erklärung, was sie vor kritischen Nachfragen schützt. Bei der stellvertretenden und verfahrensmäßigen Repräsentation werden Regeln angewendet, die garantieren sollen, dass objektivierende und allgemein gültige Darbietungen entstehen. Hierbei beziehen sich die Regeln vornehmlich auf die Verfahren der Erstellung, weniger auf die Inhalte der Repräsentation. Dazu gehört die Delegation der Herstellung von Repräsentationen an einzelne Wissenschaftler, an Wissenschaftlergruppen oder Forschungseinrichtungen oder andere Gruppen und Institutionen, die als befähigt gelten, derartige Repräsentationen zu schaffen, z.B. Ministerien, Kommissionen oder Expertenräte. Dies verändert den Status der Repräsentationen. Sie vermitteln weniger zwischen dem zu Repräsentierenden und dem Repräsentierten und stattdessen stärker zwischen den verschiedenen Personengruppen und Institutionen, welche die Repräsentationsarbeit leisten und jeweils unterschiedliche Repräsentationen hervorbringen. Die Diskussionen drehen sich dann beispielsweise weniger darum, ob soziale Ungleichheit steigt oder sinkt, sondern stärker darum, mit welchen Instrumenten und Klassifikationen diese zu messen ist. Damit wird eine Repräsentation der anderen gegenübergestellt, wodurch sich die Repräsentationen immer mehr zu einer eigenständigen Sphäre ausbilden. In dieser wird die legitime Generierung von Repräsentationen zur zentralen Angelegenheit, weil davon die Common-Sense-Fähigkeit der Repräsentationen abhängt.

3.4 Wissenschaft und Stellvertretung

In modernen Gesellschaften existieren im Wesentlichen zwei als legitim anerkannte Verfahren, wie Repräsentationen zu generieren sind, damit diese als objektiv angesehen und in Common Sense überführt werden können. Bei beiden schiebt sich die Form der Repräsentation zur Erlangung von Legitimität in den Vordergrund. Das erste Verfahren besteht darin, die Erzeugung von Repräsentationen an die Wissenschaft zu delegieren, das zweite darin, Repräsentanten zu bestimmen und ihnen die Aufgabe zu übertragen, sich auf eine konsensfähige Darstellung zu einigen.

Der Wissenschaft als Repräsentantin der Gesamtheit der Interessen und Sichtweisen wird die Aufgabe überantwortet, jene Perspektive zu definieren, die nach wissenschaftlichen Kriterien die einzig „wahre“ ist und deshalb Allgemeingültigkeit beanspruchen kann. Dabei wird Wissenschaft nicht in erster Linie als Methode der „Widerspiegelung der objektiven Welt“ genutzt, sondern verstanden als „ein System historisch-kultureller Verabredungen unter Menschen, die sich über den Diskurs und seine Regeln verständigt haben“ (Burrman/Roovers 2001: 226).[18] Kurz gefasst: Wissenschaft wird als Methode der Verständigung eingesetzt, die sich von anderen dadurch unterscheidet, dass einzig sie in modernen Gesellschaften als legitime Objektivierungsmethode gilt. Idealiter tritt Wissenschaft ohne eigenes Interesse für eine „universelle“, „objektive“ und „unabhängige“ Perspektive ein und weist partikulare, interessen- und ideengebundene Sichtweisen zurück, wenigstens verbannt sie diese in Nischen. Wissenschaft wird so in den „Rang einer richterlichen Instanz befördert“ (Neidhardt 2004: 7).

Die wissenschaftliche Praxis sieht bekanntlich anders aus. So kann die Wissenschaft die ihr übertragene Aufgabe nur erfolgreich erledigen, wenn überhaupt wissenschaftliche Einigkeit besteht oder erreicht werden kann. Bekanntlich gibt es besonders im sozialwissenschaftlichen und technischen Bereich viele Gegebenheiten und Prozesse, für die es keine eindeutige und klare Position gibt, weil verschiedenste

18 Dies begründet, dass die Generierung von Repräsentationen durch die Wissenschaft nach bestimmten Regeln abläuft. Diese Regeln können ganz allgemein als Repräsentationsregeln verstanden werden. Im nachfolgenden Kapitel wird erläutert, was mit dem Begriff Repräsentationsregeln meint ist.

wissenschaftliche Standpunkte darüber streiten, was „wahr" ist. Bei strittigen Sachverhalten versagt die wissenschaftliche Konsensgenerierung, weshalb sie oftmals mit dem zweiten Verfahren – der „Vertretungsrepräsentation" – kombiniert wird. Dies geschieht insbesondere bei offiziellen Repräsentationen wie der amtlichen Statistik oder Berichten der Bundesregierung. Die Kombination beider Verfahren ist bei diesen Repräsentationen häufig zusätzlich rechtlich geregelt.

Das Verfahren der Vertretungsrepräsentation besteht darin, dass Repräsentanten der verschiedenen miteinander konkurrierenden Sichtweisen mit der Zielsetzung zusammenkommen, nach Abgleichung ihrer Sichtweisen und Standpunkte zu einer von allen akzeptierten und damit konsensfähigen Darstellung zu gelangen. Zu diesem Zweck werden beispielsweise Beiräte, Gremien, Bündnisse oder Kommissionen eingerichtet. Ziel dieser Institutionen ist es, die Repräsentanten zu einer Abgleichung ihrer Standpunkte zu motivieren, um zu einer von allen akzeptierten Darstellung zu gelangen. Das Ergebnis der Kommissionsarbeit wird wie eine Synthese betrachtet, welche die offizielle Sicht der untersuchten Probleme wiedergibt (vgl. Lenoir 1995: 41).[19] Bei der Vertretungsrepräsentation sind Amtscharakter und „Identitätsrepräsentation"[20] so verklammert, dass den Repräsentanten eine doppelte, latent widersprüchliche Pflicht auferlegt wird. Durch den Amtscharakter sind die Repräsentanten zur Mitwirkung verpflichtet, einen Konsens herbeizuführen. In gleichem Maße sind sie durch die „Identitätsrepräsentation" in die Pflicht genommen, sich für ihren Standpunkt einzusetzen und damit ihre soziale Identität und Sichtweise einzubringen. Nach Brown verbirgt sich hinter dieser Form der Repräsentation eine „deskriptive Vorstellung von Repräsentation", nach welcher der „Anspruch auf ein repräsentatives Verhältnis so begründet" wird, „dass die Repräsentanten die gleichen Merkmale aufweisen wie diejenige Gruppe, die sie repräsentieren" (Brown 2003: 56). Allerdings dient die deskriptive Repräsentation nach Brown im Gegensatz zu Hofmann nicht in erster Linie der Interessenvertretung, sondern der „möglichst umfassenden *Darstellung* unterschiedlicher Perspektiven" – also der semantischen Repräsentanz (ebd.). Unabhängig davon, ob man die Zusammensetzung der Gremien als Vertretungsrepräsentation oder als deskriptive Repräsentation begreift, die Verfahren der Stellvertretung können nur gelingen, wenn sich die Vertreter der miteinander streitenden Positionen gegenseitig als Repräsentanten gleichberechtigter und ebenbürtiger Interessen und Ideen anerkennen und das Verfahren selbst zur Abstimmung der verschiedenen Sichtweisen akzeptieren. Damit liegt dem Verfahren der „Gedanke der Solidarität als Grundbedingung aller Arten von Gruppenvertretung" zugrunde (Hofmann 1998: 302).

Der „Gedanke der Solidarität" kann, wie beispielsweise Hofmann anmerkt, auf die durch soziale Ungleichheit erzeugten ungleichen Fähigkeiten zur Interessen- und

19 „Le résultat des travaux des commissions est considérés comme une synthèse donnant le point officiel sur les problèmes que sont soumis." (Lenoir 1995: 41)

20 Identitätsrepräsentation meint, dass die Repräsentanten für ihre eigenen Standpunkte eintreten und darauf achten sollen, dass dieser im anzustrebenden Konsens berücksichtigt wird (Hofmann 1998).

Ideenartikulation ausgedehnt werden. In diesem Fall ist der Verfahrensprozess so zu gestalten, dass die sozialen Unterschiede ausgleichend berücksichtigt werden. Geschieht dies nicht, wird das erzielte Ergebnis nicht allgemein gutgeheißen und die Reichweite des abgesprochenen Konsenses bleibt sozial begrenzt. Dieser Zusammenhang wirkt sich auch auf die „Dichte" des Konsenses aus. Sind an dem Verfahren sehr heterogene und die gesamte Sozialstruktur repräsentierende Standpunkte beteiligt, muss der Prozess der Konsensgenerierung viele Stufen durchlaufen, bis alle Repräsentanten ihn gelten lassen. Das Ergebnis wird lediglich aus allgemeinen Formulierungen bestehen. Wird umgekehrt die Gruppe der Repräsentanten enger gefasst, kann diese schneller einig werden und einen Konsens aushandeln, der voraussichtlich substanzieller, sprich konkreter formuliert ist. Seltener werden solche Gremien eingesetzt, um neue wissenschaftliche Betrachtungsweisen zu generieren, zumeist eher, um einen Abgleich der konkurrierenden Sichtweisen zu erzielen. Dies gilt auch für die berühmt gewordene „Hartz-Kommission": Die von ihr vorgeschlagenen Instrumente zur Neugestaltung der Arbeitsmarktpolitik waren wissenschaftlich schon längst erfunden, aber eben nicht konsensfähig. Der Leitgedanke der Vertretungsrepräsentation ist es, die Sichtweisen zu verändern sowie Konsens zu generieren und Common Sense zu erzeugen.

Welche Schlussfolgerungen ergeben sich aus den vorangegangenen Abschnitten für die Untersuchung wissenschaftsgenerierter Repräsentationen sozialer Ungleichheit? Ein Ergebnis ist, dass – sehr vereinfacht – zwei Betrachtungsweisen von Repräsentationen und Repräsentieren miteinander konkurrieren: die soziologische Erklärung, die am Beispiel von Durkheim rekonstruiert wurde, und die erkenntnistheoretische Deutung, die nicht an einem Autor orientiert dargelegt wurde. Sie beschreiben den Wandel der Repräsentationen und des Repräsentierens unter jeweils anderen Vorzeichen: einmal als Prozess der Verallgemeinerung und das andere Mal als Prozess der Objektivierung. In der Repräsentationspraxis greifen jedoch beide Prozesse ineinander, so dass sich die theoretisch hergeleitete Unterscheidung in Objektivierungs- und Verallgemeinerungsprozesse in der empirischen Analyse als „künstlich" entpuppt. Im Allgemeinen gehen Prozesse der Objektivierung – also der kognitiven Durchdringung – mit solchen der Verallgemeinerung – also der Ausdehnung des sozialen Geltungsanspruchs – einher. Sofern die Repräsentationspraxis beschrieben und erklärt werden soll, ist es deshalb nicht sinnvoll, die beiden Prozesse zu trennen. Im Gegenteil: Gerade die Verflechtung von Objektivierungs- mit Verallgemeinerungsbestrebungen macht den besonderen Charakter von Repräsentationen aus, weil sie daraus ihre Konsens- bzw. Common-Sense-Fähigkeit beziehen.

Ein weiteres Ergebnis ist, dass die ebenfalls gebräuchliche Darstellung des Wandels der Repräsentationen als Stufenabfolge nicht der Repräsentationspraxis entspricht. Stufenabfolge meint, dass Schritt für Schritt die sinnlich-anschaulichen von abstrakt-kognitiven Eigenschaften verdrängt werden, sodass die Repräsentationen insgesamt ihren sinnlich-ansprechenden Charakter einbüßen. Auch diese beiden Eigenschaften bleiben stets miteinander verwoben, nur ihr jeweiliger Charakter ändert sich. So werden real-sinnliche Gehalte wie Abbildungen durch begrifflich-abstraktere Darstellungen ersetzt, aber sogar scheinbar sinnenferne Repräsentationen wie Zahlenkolonnen besitzen sinnliche Qualitäten, selbst wenn diese in ihrer Unanschaulichkeit bestehen. Das Modell der Stufenabfolge orientiert sich am kognitiven Entwicklungsprozess, es stimmt aber nicht mit der Repräsentationspraxis überein. Zur Eigenart von Repräsentationen gehört es nämlich, dass sie auf Verständlichkeit und Nachvollziehbarkeit hin ausgerichtet sind. Dies soll durch eine sinnlich-anschauliche Präsentationsweise erreicht werden. Somit ist es für den Repräsentationszweck essentiell, dass abstrakt-kognitive Inhalte sinnlich-anschaulich dargestellt werden.

Die beiden kritischen Anmerkungen gegenüber einem (erkenntnis)theoretisch konzipierten Ausgangspunkt, um das Phänomen der Repräsentation und des Repräsentierens sozialer Ungleichheiten zu analysieren, legen es nahe, mit der Repräsentationspraxis zu beginnen. Damit soll nicht im Geringsten deren wissenschaftliche und intellektuelle Bedeutsamkeit bestritten werden, insbesondere nicht die große theoretische Herausforderung, die in der Frage nach der Differenz von Wirklichkeit und Repräsentation enthalten ist. Für die Repräsentationspraxis sind jedoch Aspekte wie Verständlichkeit, Nachvollziehbarkeit und Überzeugungskraft entscheidender.

4 Repräsentationspraxis

Ob Repräsentationen als stimmig und allgemein gültig bewertet werden, hängt nicht so sehr, wie die Abbildungs- und Widerspiegelungsthese nahe legen, von der „richtigen Wiedergabe von Wirklichkeiten“ ab, sondern davon, ob die Repräsentationen als überzeugend wahrgenommen werden (vgl. Fabian 1993: 339). Kongruenz oder logische Beweisführung – d.h. „erkenntnistheoretische Maßstäbe“ – sind in der Repräsentationspraxis zweitrangig. Zu ihr gehören hauptsächlich die Generierung und die Wahrnehmung von Repräsentationen. Durch sie entsteht die Repräsentationsbeziehung, die so zu gestalten ist, dass der Prozess des Repräsentierens mit der Wahrnehmung von Repräsentationen koordiniert ist. Zwar charakterisiert der Begriff Koordinierung nur wenig anschaulich das Verhältnis von Generierung und Wahrnehmung, aber um die Frage, in welcher Weise die beiden Seiten aufeinander abgestimmt sind, möglichst weit offen zu halten und allen Beschreibungen, die ein bestimmtes Verhältnis unterstellen, auszuweichen, ist er gut geeignet. Koordinierung soll nicht mehr sagen, als dass der Prozess der Repräsentierens und die Wahrnehmung der Repräsentation aufeinander verweisen und durch diesen Verweis miteinander in Beziehung gesetzt werden, wodurch die Repräsentationsbeziehung zustande kommt. Dazu ist aber keineswegs erforderlich, dass beide Seiten auf Akkuranz, Deckungsgleichheit oder weitgehende Abgestimmtheit ausgerichtet sind.

Die Repräsentationsbeziehung kann sehr eng oder aber auch äußerst locker geknüpft sein, je nachdem, wie sie gestaltet ist. Die Art und Weise der Koordination ist nicht vorbestimmt, sondern Ergebnis der Praxis. Ausschlaggebend ist, dass sie glückt. „Eine gute Repräsentation ist eine, die funktioniert“, notiert Fabian flapsig wie überzeugend. Sie „funktioniert“, wenn sie dazu befähigt, „auf die Welt einzuwirken“ (Fabian 1993: 336). Dies setzt jedoch nicht voraus, dass der Prozess des Repräsentierens unmittelbar mit der Wahrnehmung von Repräsentationen korrespondiert, dass also die Repräsentationen entsprechend ihrer Intention wahrgenommen werden. Maßgeblich ist lediglich, dass sie sich gegenseitig adressieren, weil bereits damit eine Repräsentationsbeziehung zustande kommt.

Die Einwirkung „auf die Welt“ mittels Repräsentationen kann auf verschiedenste Weise geschehen: durch praktische Umsetzung, durch kognitive Vergegenwärtigung von realen Prozessen, durch Verständigung auf eine gemeinsame Sichtweise etc. Entscheidend ist, dass die Repräsentationen nicht nach dem Grad der Übereinstimmung von Wirklichkeit und Darstellung zu beurteilen sind, sondern sie sich in der Praxis zu bewähren haben. Demgemäß gewinnen die Repräsentationen ihre Überzeugungskraft weniger aus der Kongruenz mit der Wirklichkeit oder aus logischer Beweisführung als vielmehr daraus, dass sie sich leicht und schnell kommunizieren lassen. Dies betont den „prozessualen und produktiven Charakter von Repräsentationen“ (ebd.: 338) und legt den Schwerpunkt auf Repräsentieren als Handeln, speziell das Generieren und Transformieren von Repräsentationen. Repräsentationen und Repräsentieren sind deshalb nicht nur als Teil der Praxis zu denken. Aus ihnen formiert sich die Praxis.[21]

Die Repräsentationen sozialer Ungleichheit stellen nicht nur die Ungleichheitsverhältnisse dar, die Ungleichheitsverhältnisse schreiben sich bereits in den Prozess des Repräsentierens ein, weshalb dieser ein Teil des Ungleichheitsgeschehens ist. Damit sind jedoch Verzerrungen, gemessen am Maßstab der Kongruenz, unvermeidlich und keineswegs nur als Versagen des Repräsentierens zu interpretieren. Vielmehr entsprechen sie der Eigenart des Repräsentierens, speziell wenn es sich um Repräsentationen sozialer Ungleichheit handelt. Wissenschaftsgenerierte Repräsentationen werden mit dem Anspruch möglichst geringer bzw. kontrollierter Verzerrungen kommuniziert, meistens werden sie sogar mit dem Ehrgeiz nach Objektivität erzeugt. An welche Grenzen diese Ambition stößt, wurde bereits im zweiten Kapitel dargelegt.

4.1 Repräsentationsbeziehung und -regeln

Das zweite Kapitel endete mit dem pragmatischen Vorschlag, von einer Wechselbeziehung zwischen Repräsentation und Wirklichkeit auszugehen, die in der Praxis konstituiert wird. Auch das dritte Kapitel schloss damit, die Repräsentationspraxis zum Ausgangspunkt zu nehmen. Dies ist auch deshalb geboten, weil alle Versuche, die Repräsentationsbeziehung prinzipiell zu charakterisieren, auf theoretischen Überlegungen oder Annahmen basieren, die nicht unmittelbar empirisch verifiziert werden können. Der Grund dafür ist, dass für die Existenz einer Repräsentationsbeziehung zwar einige empirische Indizien sprechen, z.B. die praktische Erfahrung der erstaunlich präzisen Abgestimmtheit von Wirklichkeit und Repräsentation, diese aber letztlich nicht empirisch beobachtet werden kann, sondern ihr Vorhandensein theoretisch vorausgesetzt werden muss. Dies gilt ähnlich für die Frage nach der Vermittlung von Struktur und Handlung, mit welcher sich die Soziologie, speziell auch die Ungleichheitssoziologie, seit ihren Anfängen beschäftigt. Auch bei dieser Frage kommt sie um theoretische Setzungen nicht herum.[22]

Allerdings lassen sich in beiden Fällen die Ergebnisse der Vermittlung empirisch nachvollziehen: das eine Mal etwa als schichttypische Mentalitäten, das andere Mal etwa als realitätsgerechte Repräsentationen der Ungleichheitsverhältnisse. In beiden Fällen können die Schemata bzw. die Regeln, die der Vermittlung zugrunde

21 Ähnlich argumentiert Habermas in seiner Kritik an Searles Begriff der „Ähnlichkeitsrelation“, bei dem das Verstehen einer Repräsentation von der Ähnlichkeit zwischen dem Original und dem Abbild abhängt. Habermas wendet ein, dass das Verständnis von Repräsentationen eine Sprachpraxis darüber voraussetzt, wie man Sachverhalte linguistisch repräsentiert (vgl. Habermas 1992: 141).

22 Ausführlich dargestellt in Barlösius (2004).

liegen, aus der Praxis rekonstruiert werden.[23] Daraus ist der Schluss zu ziehen, sich im Fall der Repräsentation auf die Regeln des Repräsentierens zu konzentrieren und davon auszugehen, dass diese in der Repräsentationspraxis entstehen, transformiert oder tradiert werden. Dies bedeutet schlussendlich, dass die Behauptung einer Repräsentationsbeziehung eine „Eselsbrücke" ist, um die Regeln des Repräsentierens ohne aufwändige theoretische Herleitungen analysieren zu können. Dass die Frage nach der Art der Vermittlung von Repräsentation und Gegenstand nicht theoretisch, sondern empirisch anzugehen ist, unterstellt auch die Frage von Max Black: „To what extent do 'convention' or 'interpretation' help to constitute the relation between any representation and its subject?" (Black 1972: 95) Auch er will zeigen, dass die Repräsentationsbeziehung ihre besondere Prägung durch die Praxis erhält.

Genau genommen handelt es sich bei der Behauptung einer Repräsentationsbeziehung um eine theoretische Hypothese, sie stimmt aber mit den praktischen Erfahrungen und realem Handeln weitgehend überein. So bezweifeln wir im Allgemeinen nicht die Existenz einer Beziehung zwischen der Repräsentation und dem repräsentierten Sachverhalt, handeln dementsprechend und setzen damit eine Repräsentationsbeziehung „mehr oder weniger stillschweigend" voraus (vgl. Schneider 1998: 30). Dies gilt insbesondere für die vorwiegend sinnlich vermittelten Vergegenwärtigungen ohne ausgeprägten Kognitionsanteil. Nur wenn die Repräsentationen explizit konstruiert sind oder ihr Realitätsgehalt bezweifelt wird, wenn wir also zu den Repräsentationen wie zum Prozess des Repräsentierens eine „theoretische Einstellung" entwickeln, wie sie für Wissenschaft fundamental ist, wird die Existenz einer Repräsentationsbeziehung nicht mehr selbstverständlich vorausgesetzt und teilweise bewusst in Frage gestellt. Ansonsten wird ohne ausdrückliches Nachdenken von einer Abgestimmtheit von Repräsentation und Repräsentiertem ausgegangen.

Die Frage, was der scheinbaren Abgestimmtheit zugrunde liegt, richtet sich sowohl auf die mehr oder weniger unmittelbaren alltäglichen Vergegenwärtigungen und praktischen Erfahrungen als auch auf die von der Soziologie erzeugten Repräsentationen und benutzten Formen und Verfahren des Repräsentierens. Sie unterscheiden sich nur danach, ob der Prozess der Repräsentierens mehr oder weniger

23 Bei den Regeln des Repräsentierens handelt es sich ähnlich wie bei Bourdieus Habituskonzept um die Annahme einer Vermittlungsinstanz. Während der Habitus die Vermittlung von Struktur und Handeln mittels einer analogen Übertragung von Schemata garantiert, sollen die Regeln des Repräsentierens sicherstellen, dass Wirklichkeit und Repräsentation in Beziehung zueinander gesetzt werden können. Die Schemata besitzen bei Bourdieu eine koordinierende und synthetisierende Funktion, weil sie die Abstimmung und Abgestimmtheit des Handelns mit den Strukturen hervorbringen. Insofern wohnt ihnen ein vereinheitlichendes Prinzip inne – ein „lex insita" (vgl. Bourdieu 1993a). Der Schema-Begriff ist seit der antiken Philosophie eingeführt, um die „Einheitsbildung" zwischen den verschiedenen Wahrnehmungseindrücken auf einen bestimmten Begriff hin zu erklären (vgl. Huber 2004: 129-135). Hier soll jedoch nicht der Schema-Begriff, sondern der Regel-Begriff verwendet werden. Erstens, weil den Schemata eine Regel bzw. eine Verfahrensweise zugrunde liegt, nach der die Eindrücke auf den typischen und repräsentativen Begriff gebracht werden. Zweitens, weil so das Prozessuale der Schematabildung deutlich wird, da diese durch Regelsetzung erfolgt, und drittens, weil der Regelbegriff fest mit sozialen Qualitäten verbunden ist, da es ein eingeführter soziologischer Begriff ist.

bewusst und demgemäss absichtsvoll erfolgt oder ob Regeln der Repräsentierens unbewusst eingehalten werden.[24] Dass zwischen beiden Arten des Repräsentierens nur eine graduelle Differenz und kein grundsätzlicher Bruch besteht, hat die Wissenssoziologie überzeugend aufgezeigt (z.B. Schütz 1932; Berger/Luckmann 1980).

Es spricht viel dafür, von einer wie auch immer gearteten Repräsentationsbeziehung auszugehen und diese als Brücke zwischen dem Repräsentierten und der Repräsentation aufzufassen.[25] Den Begriff Repräsentationsbeziehung sowie einen Vorschlag für die Art und Weise, wie diese konzipiert werden kann, übernehme ich von Michael Plauen, der sie folgendermaßen charakterisiert:

> „Eine *Repräsentationsbeziehung* ist eine asymmetrische Relation zwischen mindestens zwei Entitäten: dem *Repräsentanten* bzw. der *Repräsentation* auf der einen Seite und dem repräsentierten Sachverhalt oder Objekt, also dem *Repräsentandum*, auf der anderen. Aufgrund dieser Beziehung kann der Repräsentant (oder die Repräsentation, E.B.) die repräsentierte Entität 'vertreten' oder 'für sie stehen'. Asymmetrisch ist die Beziehung, weil das Umgekehrte nicht gilt: Die repräsentierte Einheit kann nicht gleichzeitig für ihren Repräsentanten bzw. die Repräsentation stehen." (Plauen 2001: 218)

Charakteristisch für die Repräsentationsbeziehung sind somit zwei Dinge: Erstens sind in der Repräsentation Einzelerscheinungen zusammengefasst und auf einen Begriff oder eine Kategorie gebracht.[26] Zweitens ist die Beziehung asymmetrisch, weil zwar die Repräsentation für die Einzelerscheinungen steht, dieses aber nicht umgekehrt gilt. Diese Charakteristik trifft selbstverständlich auch auf die Repräsentationen sozialer Ungleichheit zu. So werden mit dem Begriff „soziales Milieu" verschiedenste Lebensweisen, Lebens- und Denkstile in einer Kategorie wie „Arbeiter- oder Angestelltenmilieu" zusammengefasst und auf diese Weise als prinzipiell gleich beurteilt. Es ist aber nicht möglich, von der Titulierung eines sozialen Milieus auf die Vielgestaltigkeit der darin erfassten Praktiken und Ausdrucksformen zu schließen.

Dies gilt ähnlich für alle anderen ungleichheitssoziologischen Begriffe und Klassifikationen. Prekarisierung – als sprachlich resümierende Repräsentation eines Geflechts vieler sozialer Veränderungen – drückt anschaulich aus, mit welchen Unsicherheiten und Unwägbarkeiten sich der Einzelne heutzutage in seinem Lebenslauf arrangieren muss. Keineswegs sind jedoch die bezeichneten Phänomene, wie sie sich im praktischen Lebenslauf darstellen, mit dem Begriff Prekarisierung umfassend und erfahrungsgesättigt wiedergegeben. Ein drittes Beispiel: Die monatlich

24 Regel ist hier im Sinn von „empirischer Regelmäßigkeit" (Weber) gemeint. Darunter versteht Max Weber, dass ein Verhalten „als ein 'geregeltes' erscheint". Die Regel, die solches Verhaltens zu beherrschen scheint, kann theoretisch formuliert werden (Weber 1988: 329). Bei der theoretischen Formulierung handelt es sich um ein „heuristisches Prinzip", welches dazu dient, zu einer „idealtypischen Konstruktion" zu gelangen. Auf ähnliche Weise sollen im weiteren Verlauf, vor allem im neunten Kapitel, die Regeln des Repräsentierens formuliert werden.

25 Ich greife im Folgenden auf das Schlusskapitel aus meinem Buch „Kämpfe um Soziale Ungleichheit" zurück (Barlösius 2004).

26 Der Einfachheit halber werden im Folgenden die Repräsentanten weggelassen; prinzipiell gilt für sie dasselbe wie für die Repräsentation.

publizierten Graphiken über die Arbeitslosenquote repräsentieren das Ausmaß der Unterbeschäftigung. Jeder gemeldete und Leistung empfangene Arbeitslose ist darin enthalten – sprich repräsentiert, aber eben nicht als Individuum. Mit einer statistischen Repräsentation lässt sich das Einzelschicksal nicht darstellen. Diese Differenz hat Bourdieu als Konstruktions- bzw. Repräsentationsarbeit bezeichnet (Bourdieu 1984, 1985; Barlösius 2004). Sie ist dem Prozess des Repräsentierens immanent, der nicht nur aus Abstrahierungs- und Intellektualisierungsvorgängen besteht. Es ist ein Wesensmerkmal der Repräsentation, dass sie eben nicht unmittelbar an die soziale Wirklichkeit zurückverwiesen werden kann. Daraus lässt sich ableiten, dass die Repräsentationen eine gewisse Eigendynamik entfalten und deshalb als eigener Bereich zu betrachten sind.

Wie die obigen Beispiele demonstrieren, muss man die *Regeln* kennen, welche den Repräsentationsbeziehungen zugrunde liegen, um die Repräsentationen verstehen und neue generieren zu können.[27] Falls die Regeln unbekannt sind, kann nicht erschlossen werden, *wie* die Repräsentationen sozialer Ungleichheit auf die Ungleichheitsverhältnisse verweisen, und vor allem auch nicht, *was* sie repräsentieren – nämlich nur bestimmte Facetten. Nur wenn die Regeln bekannt sind, nach denen Lebenspraktiken und Denkstile in soziale Milieus übersetzt werden oder anhand welcher die vielfältigen Einzelphänomene von Unsicherheit und Unwägbarkeit unter dem Begriff Prekarisierung vereinigt werden oder nach denen bestimmte Klassifikationen und Berechnungen in die Arbeitslosenstatistik eingehen, können die Repräsentationen interpretiert werden. So grundsätzlich formuliert stimmt dies vermutlich nur für wissenschaftlich generierte Repräsentationen. Für die alltagsgebräuchlichen Repräsentationen trifft es weniger zu, weil bei diesen die Regeln habituell geläufig sind und deshalb zumeist unterhalb der Bewusstseinsschwelle angewendet werden. Und manche Repräsentationsregel, die zunächst vorwiegend zu wissenschaftlichen Zwecken geschaffen wurde, ist mittlerweile allgemein bekannt und wird ohne großes Nachdenken befolgt. Dazu gehören sicherlich diejenigen der Bilderstatistik, die in jeder Tageszeitung und nahezu allen elektronischen Medien zu finden ist (siehe Kapitel 5).

Regeln sind besonders wichtig, wenn die Repräsentationen, wie in der Mehrzahl der Fälle, mehrere Transformationen durchlaufen – wenn also zunächst zur Bezeichnung eines sozialen Phänomens Begriffe geschaffen, anschließend daraus abstrahierende und verallgemeinerungsfähige Kategorien entwickelt und schließlich mittels sozialstatistischer Verfahren den Kategorien quantitative Werte zugewiesen werden, um die Häufigkeit und das Ausmaß der Phänomene zu erfassen. Darauf weist auch Bruno Latour hin. Im Gegensatz zu dem hier gemachten Vorschlag, dass für die Nachvollziehbarkeit der Repräsentationsschritte die Kenntnis der Repräsentationsregeln erforderlich ist, geht Latour davon aus, dass Repräsentationen schrittweise – er spricht von einer Transformationskette – verstanden werden können, so-

27 Rheinberger verwendet stattdessen die Begriffe „Werkzeuge“ und „Utensilien“, „mit denen sie (wissenschaftliche Darstellungen E.B.) zustande gebracht werden“ (Rheinberger 2001: 60).

fern die Kette reversibel ist, d.h. von beiden Enden her lesbar ist. So soll einerseits gewährleistet sein, von dem sozialen Phänomen auszugehen und zu den sozialstatistischen Repräsentationen zu gelangen, wie es andererseits möglich sein soll, von den sozialstatistischen Daten auf das konkrete Phänomen zu schließen. Daran ist jedoch zu kritisieren, dass dies nur so lange durchführbar bleibt, wie die Vermittlungen zwischen den einzelnen Schritten präsent sind. Werden sie nicht bewahrt, ist nicht garantiert, dass der Prozess des Repräsentierens vorwärts wie rückwärts nachvollziehbar bleibt oder wiederholt werden kann. Die Übertragbarkeit und Vergleichbarkeit von Repräsentationen ist dann nicht mehr gegeben.

Werden die Repräsentationsschritte vergessen, dann erscheint der Übergang von einer Repräsentation zur nächsten, wie Latour schreibt, als „Bruch". Das Bild vom „Bruch" soll „die fehlenden Vermittlungen ersetzen" (Latour 1997: 258). Rheinberger charakterisiert die Transformation von Repräsentationen als „einen Vorgang, der weniger aus Repräsentation seinen Sinn bezieht als vielmehr aus der Lückenlosigkeit einer epistemischen Verkettung" (Rheinberger 2001: 57). Dies unterstellt, dass die Kette einzig aus den Repräsentationen besteht und ihre Gliederung aus den Repräsentationen selbst zu erschließen ist. Dies steht aber im Widerspruch dazu, dass die „Brüche" nach Latour in der Repräsentationskette daraus entstehen, dass die Vermittlungen zwischen den Repräsentationen lückenhaft sind. Somit ist festzuhalten, dass die Repräsentationen nur dann nachvollziehbar sind, wenn die Vermittlungen zwischen den einzelnen Repräsentationen der gesamten Transformationskette lückenlos rekonstruiert werden können. Der von mir eingeführte Begriff der Repräsentationsregeln stellt darauf ab, dass es sich nicht nur um Brüche handelt, sondern um geregelte Übergänge von der einen zur nächsten Repräsentation.[28] Der Vermittlungscharakter der Repräsentationsregeln ist dann garantiert, wenn deren Existenz mehr oder weniger stillschweigend vorausgesetzt wird. Sowohl bei der Erzeugung als auch der Interpretation wird das Vorhandensein von Regeln und damit eine geregelte Beziehung zwischen dem Repräsentierten und der Repräsentation als selbstverständlich betrachtet – jedenfalls im Alltag.

Von dieser Alltagsgewissheit kann die Wissenschaft jedoch nicht in jedem Fall ausgehen. Sie hat zu berücksichtigen, dass bei der Hervorbringung der Repräsentationen die Regeln nicht eingehalten wurden. Dann bleibt jedoch ungewiss, wie die Repräsentationen zu verstehen sind und ob sie überhaupt verständlich sind. Dem soziologischen Verstehen von Repräsentationen und deren Wahrnehmung sind damit Grenzen gesetzt. Nur wenn die Generierung und die Wahrnehmung nachvollzogen werden können, ist es möglich, die Regeln des Repräsentierens zu identifizieren und zu formulieren. Allerdings ist bei der soziologischen Identifikation und Formulierung der Regeln des Repräsentierens nicht davon auszugehen, dass der Generierung

28 Möglicherweise meint Rheinberger etwas Vergleichbares, wenn er formuliert: „Wissenschaftliche Darstellungen verstehen setzt den Blick auf die Utensilien voraus, mit denen sie zustande gebracht werden, und auf die Werkräume, die diese Utensilien aufspannen." (Rheinberger 2001: 60)

und der Wahrnehmung der Repräsentationen dieselben Regeln zugrunde liegen. Nur wenn sie voraussetzen könnte, dass die Generierungs- und Interpretationsregeln übereinstimmen, wäre es möglich, den Regeln des Repräsentierens einen eindeutigen Vermittlungscharakter zu attestieren, weil sie dann die Erzeugung wie die Wahrnehmung umfassen würden. Damit wäre eine generelle Identität unterstellt, die der Behauptung einer Homologie sehr nahe kommt, wie sie von Bourdieu vertreten wird (vgl. Kapitel 2).

In der Repräsentationspraxis ist es indes selten, dass die Generierungs- und Interpretationsregeln identisch sind. Dies kann verschiedene Gründe haben: Die Regeln haben sich im historischen Verlauf gewandelt, die Rezipienten wenden andere Regeln an als die Schöpfer der Repräsentationen etc. Eine Folge davon kann sein, dass die Repräsentationen unterschiedlich und anders als ursprünglich intendiert wahrgenommen werden. Bei wissenschaftsgenerierten Repräsentationen kommt hinzu, dass die Generierungsregeln zumeist Ergebnis systematischer Entwicklung und professioneller Arbeit sind, während die Interpretationsregeln sich oftmals durch weitgehende „Laientauglichkeit" auszeichnen, zumindest selten Fachkenntnisse erfordern. So ist das Besondere von Graphiken und Schaubildern, dass sie ohne Beherrschung der statistischen und graphischen Generierungsregeln gelesen und verstanden werden können. Womöglich werden sie anders gelesen und verstanden, als dies beabsichtigt ist; den common-sense-fördernden und konsensgenierenden Eigenschaften der Repräsentationsformen tut dies prinzipiell keinen Abbruch. Um jedoch Graphiken und Schaubilder zu entwerfen, ist Fachwissen unerlässlich. Dieses umfasst u.a. statistische Kenntnisse und graphische Gestaltungsregeln.

4.2 Ausgewählte sozialwissenschaftlich erzeugte Repräsentationsformen

Für die Untersuchung von Repräsentationen sozialer Ungleichheit sind vornehmlich drei Aspekte zu betrachten: *Erstens* sind die Inhalte der Repräsentationen zu analysieren, z.B. welche Bilder der Sozialstruktur verbreitet werden, welche Klassifikationen von Schichten, Lebenslagen etc. verwendet werden, wie in der amtlichen Statistik soziale Ungleichheit repräsentiert wird, welche Berichterstattungen über Armut, Reichtum und soziale Gerechtigkeit vorliegen. Dies sind selbstverständlich nur einige Beispiele. Das in den Blick zu nehmende Spektrum ist wesentlich größer. Unter diesem Aspekt sind insbesondere die in den Repräsentationen sozialer Ungleichheit geronnenen Ungleichheitsverhältnisse zu analysieren. *Zweitens* ist die Generierung der Repräsentationen – also der prozessuale und produktive Charakter des Repräsentierens – zu untersuchen. Nicht alle sozialen Gruppen haben gleichermaßen die Möglichkeit, überzeugende und machtvolle Repräsentationen zu schaffen oder in Auftrag zu geben. Es ist somit das gesamte Feld der Repräsentationen – Akteure, Auftraggeber und Adressaten – daraufhin zu untersuchen, welche Ungleichheitsstruktur es kennzeichnet. Dort wirken oftmals andere Muster der Ungleichheitsverteilung als bei der Sozialstruktur. *Drittens* sind die Formen der Repräsentation zu betrachten, weil sie wesentlich dazu beitragen, die repräsentierten Inhalte mit einem großen Anerkennungspotenzial auszustatten und so in common-sense-fähiges Wissen zu überführen. So wird ein staatlich in Auftrag gegebener und von einer wissenschaftlichen Kommission erstellter Bericht auf mehr Anerkennung treffen als die Darstellung eines Interessenverbandes zum gleichen Thema, selbst wenn sie sich inhaltlich kaum unterscheiden. Aus diesen drei Aspekten lassen sich die Regeln des Repräsentierens und damit die Repräsentationsbeziehung rekonstruieren.

Die drei Aspekte bringen eine Beschränkung auf professionell erzeugte Repräsentationen mit sich, was mehr oder weniger gleichzusetzen ist mit wissenschaftlich generierten Darstellungen. Es wäre allerdings aus methodischen Gründen auch kaum möglich, alle Repräsentationsformen – von den sinnlichen über die sprachlichen bis hin zu symbolischen oder wissenschaftlichen – einzubeziehen. So kann die Genese spontaner und vorreflexiver ebenso wie vieler symbolischer Repräsentationen nur bedingt nachvollzogen werden. Zudem können sie nicht bestimmten Akteursgruppen zugerechnet werden und besitzen auch keinen formalen Charakter. Diese und weitere Gründe sprechen dafür, sich auf wissenschaftsgenerierte Repräsentationen zu beschränken. Wissenschaftlich meint hier: mit wissenschaftlichen Methoden erstellt, die Beteiligung von Wissenschaftlern und/oder die Referenz gegenüber wissenschaftlichen Kriterien. Konkret heißt dies, dass nur mit sozialwissenschaftlichen Methoden erstellte Repräsentationen sozialer Ungleichheit untersucht werden.

Repräsentationen, die sich zuallererst gegenüber moralischen, ethischen, politischen oder ideologischen Referenzsystemen verantworten, werden nicht betrachtet. Sie bleiben auch dann außen vor, wenn sie ihren Standpunkt mit wissenschaftlichen Ergebnissen oder Methoden erläutern und begründen. Zu derartigen Veröffentlichungen zählen Pamphlete, Strategiepapiere, Sendschreiben etc. Selbstverständlich ist die Grenze zu wissenschaftsgenerierten Repräsentationen fließend. So nutzten beispielsweise die amerikanischen und europäischen „think tanks“, welche es sich zur Aufgabe gemacht hatten, die neoliberalen Ideen zu popularisieren und ihnen breitere Anerkennung zu verschaffen, jene Repräsentationsformen, die mehrheitlich wissenschaftlichen und staatlichen Institutionen vorbehalten sind – etwa Berichte, Gutachten oder Expertisen (vgl. Dixon 2000; Wacquant 2000). Dem formalen Charakter nach entsprechen sie somit wissenschaftlich erzeugten Repräsentationen. Inhaltlich weisen sie jedoch den Unterschied auf, dass sie nicht nach wissenschaftlicher Objektivierung streben und sich damit nicht gegenüber wissenschaftlichen Kriterien verantworten. Auch fachwissenschaftliche Publikationen, die sich nur an eine „kleine Öffentlichkeit“ (Neidhardt) richten, sind nicht den wissenschaftserzeugten Repräsentationen zuzurechnen. Ihre inhaltlichen Ansprüche passen zwar dazu, aber ihnen fehlt der formale Charakter einer Repräsentation, was sich darin zeigt, dass sie nur an eine fachwissenschaftliche Öffentlichkeit adressiert sind. Damit fehlt ihnen eine Präsentationsweise, die nach allgemeiner Anerkennung und Zustimmung zu den Inhalten strebt.

Die Beschränkung auf wissenschaftsgenerierte Repräsentationen hat drei Vorzüge:

- Es ist sichergestellt, dass es sich um weitgehend reflektierte Repräsentationen handelt. Aber auch hier schreiben sich trotz „aller Erkenntnisabsicht“ vorreflexive und alltägliche Wahrnehmungen und Bewertungen ein (vgl. Schneider 1998: 246).
- Diese „versteckten Botschaften“ aufzudecken ist als Beitrag zu einer Selbstreflexion der Ungleichheitssoziologie und ihrer gesellschaftlichen Verstrickung zu verstehen.
- Bei dieser Auswahl von Repräsentationen kann unterstellt werden, dass sie nicht nur von der Fachöffentlichkeit rezipiert, sondern darüber hinaus medial und politisch verbreitet werden und dies mit dem Ort und der Art der Publikation bereits intendiert ist, worüber die Adressaten indirekt erschlossen werden können.[29]

Für die Analyse wurden vier Repräsentationsformen ausgewählt:

- graphische Darstellungen, dazu zählen hauptsächlich Tabellen und Diagramme, Abbildungen und Schaubilder, sofern mit ihnen soziale Zusammenhänge und Prozesse veranschaulicht werden;
- Kategorien und Klassifikationen, die zur Repräsentation von sozialen Ungleichheiten verwendet werden;
- die Sozialstatistik, die ungleichheitsrelevante Daten erhebt wie Einkommen, Bildung, Berufsabschlüsse, Sozialhilfebedürftigkeit;
- und die Sozialberichterstattung, die soziale Verhältnisse und Beziehungen dokumentiert.

Diese vier Repräsentationsformen machen den allergrößten Teil der Repräsentationen sozialer Ungleichheit aus. Zudem umfassen sie das gesamte Spektrum der verschiedenen Repräsentationsweisen. So reichen sie von sinnlich-anschaulichen Darstellungen wie graphischen Bildern über sprachliche und mathematische Beschreibungen wie bei den Kategorien und der Statistik bis hin zu stellvertretenden Repräsentationen wie den rechtlichen Verfahren der Sozialberichterstattung. Weiterhin scheinen diese vier Repräsentationsformen geradezu allgemein gültig. Sie werden regional und national, aber auch international, z.B. auf EU-Ebene und von der UNO, eingesetzt. Genauso werden sie nicht nur zur Repräsentation sozialer Ungleichheiten verwendet, sondern in ähnlicher Weise zur Darlegung aller anderen sozialen Prozesse und Verhältnisse verwendet. Dies ist wiederum ein Indiz dafür, dass die Praktikabilität und die Überzeugungskraft dieser Repräsentationen vor allem in ihrer Form begründet liegen.

29 Selbstverständlich existieren auch Übergänge von der kleinen fachwissenschaftlichen Öffentlichkeit in die „große Öffentlichkeit“ (Neidhardt), ohne dass Repräsentationen daran beteiligt sind. Aber diese Übergänge unterliegen vielen Zufällen und Unsicherheiten, auf jeden Fall sind sie nicht intendiert, ansonsten wäre sogleich eine andere Darstellungs- und Publikationsweise gewählt worden.

Es bleibt die Frage, in welcher Reihenfolge die vier Repräsentationsformen vorgestellt werden sollten. Es spricht einiges dafür, mit den anschaulichen zu beginnen, zu den abstrakten überzuleiten und mit den stark formalisierten zu enden. Die anschaulichsten Repräsentationen sind die graphischen Darstellungen. Mit ihnen anzufangen hat den Vorzug, mit jener Repräsentationsform einzusteigen, die eine besonders große Resonanz in der Öffentlichkeit hat. „The iconography of a science is more likely to have an impact on the public than the words or mathematics, which may be incomprehensively to them." (Myers 1988: 232) Anschließend sollen Kategorien und Klassifikationen erläutert werden, da diese sprachlichen Repräsentationen die Grundlage für statistische Erhebungen bilden. Schlussendlich folgt die Berichterstattung, weil in diese die drei vorangegangenen Repräsentationsformen einfließen. Die einzelnen Repräsentationsformen werden nicht nach dem jeweils gleichen Schema vorgestellt. Stattdessen werden die jeweils markanten Aspekte und Eigenarten hervorgehoben. Ein großer Teil der Darstellung ist schlicht der Beschreibung und Information gewidmet. Dies ist unerlässlich, da es sich bei den Repräsentationsformen um ein soziologisch kaum betretenes Terrain handelt.

5 Gesellschaftsbilder – Graphiken des Sozialen

Mutmaßlich kann mit keinem begrifflich noch so geschliffenen und wohlerwogenen Argument so schnell, plausibel und leicht verständlich über soziale Beziehungen und Verhältnisse informiert werden wie mit einer graphischen Darstellung. Und sicherlich formt keine andere Präsentationsform sozialwissenschaftlicher Forschungsergebnisse die sinnlichen Vergegenwärtigungen, die sozialräumlichen Vorstellungen und die Denkstile über die Gesellschaft so tief greifend und nachhaltig wie Diagramme und Piktogramme, Schemata, Karten und Abbildungen. Diesen Repräsentationen ist ganz offenbar eine „bildliche Evidenz" eigen (Rheinberger 2001: 57). Die mit graphischen Mitteln erzeugten „Gesellschaftsbilder" sind zu einer selbstverständlichen Darstellungsweise geworden. Selbstverständlich sind sie im doppelten Sinn:

Erstens gehören sie zum Alltag und werden überall eingesetzt: in den Medien, in der pädagogischen Literatur wie in der Wissenschaft. Balken- und Kuchendiagramme, mit denen der prozentuale Stimmenanteil der Parteien und die Mandatsverteilung im Parlament veranschaulicht werden, gehören zum Wahlabend wie Sieg und Niederlage. Die monatliche Verkündigung der neuesten Arbeitslosen- und Sozialhilfestatistik ist ohne Kurvendiagramm gar nicht mehr vorstellbar. Es ließen sich noch unendlich viele weitere Beispiele nennen, schließlich steigt die Zahl der graphischen Darstellungen sozialer Prozesse und Verhältnisse rasant an. Bereits 1983 schätzte Tufte die Zahl der jährlich weltweit gedruckten statistischen Graphiken auf ungefähr 900 Billionen ($9x10^{11}$) bis 2 Trillionen ($2x10^{12}$) (Tufte 1983: 10). Sie dürfte heute um ein Vielfaches höher liegen, nicht zuletzt weil die Printmedien vermehrt Bilder und Graphiken abdrucken und dafür eigens die Bezeichnung Infotainment kreiert haben.[30]

Zweitens vermitteln die graphischen Darstellungen den Eindruck, dass sie keiner zusätzlichen Erläuterung bedürfen, um verstanden zu werden. Im Allgemeinen setzen sie weder eine Fachsprache noch exklusives Fachwissen voraus. Aufgrund ihrer einfachen, übersichtlichen und oftmals auch ästhetischen Gestaltung scheint es, dass sie mühelos Sprach- und Kulturgrenzen, aber auch soziale Barrieren überwinden könnten. Dies bleibt nicht ohne Missverständnisse. So gehört es mittlerweile zum „guten Ton" des Feuilletons, sich über die „wirrsten Graphiken der Welt" zu

30 Infotainment soll hier nicht behandelt werden, weil es zumeist weniger der Veranschaulichung eines komplizierten Sachverhalts denn als Augenreiz eingesetzt wird. Es wird hier auch nicht auf die „Manipulationen" und die „typischen Darstellungsfehler" eingegangen, dazu siehe u. a. Liebig (1999).

amüsieren (Henschel 2003). In ähnlicher Weise hat sich unter Intellektuellen die Ansicht durchgesetzt, dass Power-Point-Präsentationen einen enormen Verlust an geistiger Durchdringung verursachen. Der Verlust wird auf bis zu 80 Prozent des Inhalts beziffert (vgl. Tufte 2003).[31] Dieser Spott widerspricht nicht der Feststellung, dass die graphischen Darstellungen zu den außerordentlich mächtigen und erfolgreichen Repräsentationsformen gehören. Das Gelächter belegt vielmehr diese Aussage, ansonsten hätte sich nicht so viel intellektuelle Kritik darum formiert.

Womöglich trägt keine andere Repräsentationsform so wirksam dazu bei, die Sichtweisen der sozialen Welt abzustimmen und einander anzugleichen. Damit sind sie stark – vielleicht mehr als andere Repräsentationsformen – in die Herausbildung eines Common Sense über die dargestellten sozialen Verhältnisse involviert: „Well-designed data graphics are usually the simplest and at the same time the most powerful.“ (Tufte 1983: 9) Die bildlichen Darstellungen können zwar die Sprache nicht ersetzen, aber sie bilden eine „übergeordnete Instanz, weil sie das Gedächtnis der Menschen“ beherrschen, denn mit Bildern haben die Menschen weitaus unmittelbarer zu tun als mit Texten (Bredekamp 2001: 19).

Graphiken haben einen großen Anteil daran, dass eine topographische Auffassung der Gesellschaft entwickelt wurde, also die Gesellschaft als sozialer Raum gedacht wird (Schäffer 1997). Sinnlich direkter als alle anderen Repräsentationsformen erzeugen und popularisieren sie räumliche „Gesellschaftsbilder“. Insofern verkörpern sie besonders ausgeprägt die besondere Eigenart von Repräsentationen: die Verräumlichung sozialer Prozesse und Verhältnisse. Speziell trifft dies für die Repräsentation sozialer Ungleichheiten zu. So hat es sich eingebürgert, die Sozialstruktur mittels eines „Atlas des Sozialraums“ (Bourdieu) zu versinnbildlichen – den graphischen Umsetzungen der Sozialstrukturmodelle. Diese räumlichen Versinnbildlichungen bilden die zentrale Grundlage für die Verständigung und Bewertung sozialer Ungleichheiten und garantieren damit eine weitgehend vereinheitlichende Sichtweise des sozialstrukturellen Aufbaus der Gesellschaft. Die sozialstrukturellen Repräsentationen reichen jedoch in der Mehrzahl über eine bloße Veranschaulichung hinaus, da ihre Botschaft zumeist nicht von ihrer Präsentation zu trennen ist. So schwingen bei den populär gewordenen Sozialstrukturmodellen wie den starr gegliederten Schichtdiagrammen ebenso wie bei den locker gesponnenen Lebensstilgraphiken stets Vorstellungen sozialer Mobilität und sozialer Gerechtigkeit mit, ohne dass diese explizit ausgewiesen werden. Diese Modelle – mitsamt der in ihnen enthaltenen impliziten Annahmen – haben fraglos viel zur gesellschaftlichen Selbstbeschreibung beigesteuert. Sie haben die räumliche Vergegenwärtigung sozialer Beziehungen popularisiert, die Gewichtung in soziale Nähe und Ferne evident werden lassen und die soziale Einordnung in oben und unten sowie rechts und links in den alltäglichen Sprachgebrauch überführt.

31 Da jedes neue Bildmedium unter diesen Verdacht gestellt wird und trotzdem nach wie vor Inhalte transportiert werden, spricht einiges für die Vermutung, dass diese Kritik mehr über die Technikferne der Intellektuellen denn über die Technik selbst aussagt.

Die Macht von Bildern hat Bredekamp am Beispiel der Leviathans demonstriert und nachgewiesen, dass diese Demonstration von staatlicher Macht – der Körper des Herrschers ist aus dem ihm unterworfenen Volk zusammengesetzt – zum Vorbild vieler späterer und auch noch heutiger Präsentationen sehr ungleicher Machtverhältnisse wurde (Bredekamp 2001). Die Leviathan-Abbildung ist so zur „Ikonographie der Staates“ geworden. Ein vergleichbarer Prozess – die Herausbildung einer typischen und eigenständigen Bildersprache – lässt sich auch für die Graphik des Sozialen beobachten. Am prägnantesten trifft dies für die graphische Darstellung des Altersaufbaus einer Bevölkerung in der Form der so genannten Bevölkerungspyramide zu. Diese Art der Präsentation bevölkerungsstatistischer Daten wird gar nicht mehr als Veranschaulichung sozialer Verhältnisse wahrgenommen, sondern automatisch mit der sozialen Wirklichkeit gleichgesetzt.

Unter der Sammelbezeichnung der graphischen Repräsentation werden sehr verschiedene Darstellungsweisen zusammengefasst. Einige wurden oben aufgezählt. Die Liste ist keineswegs vollständig, zumal immer neue Illustrationsformen hinzukommen. Es ist nicht möglich und zweckmäßig, hier alle Formen zu behandeln. An dieser Stelle soll nur eine vorgestellt werden, diese aber dafür ausgiebig: die Bilderstatistik. Sie besteht aus der graphischen Darstellung statistisch beschriebener Zusammenhänge. So liegt der Bevölkerungspyramide die Geburts- und Sterbestatistik zugrunde, den Graphiken über Arbeitslosigkeit die monatlich erstellte Arbeitslosenstatistik. Die Bilderstatistik wurde ausgewählt, weil bei ihr Wissenschaft – die Statistik – und die sinnlich-ästhetische Präsentation – die Graphik – besonders innig miteinander verbunden sind. Aus dieser Verbindung bezieht die Bilderstatistik einen beachtlichen Teil ihrer Überzeugungskraft. Für diese Auswahl spricht weiterhin, dass die Bilderstatistik sehr weit verbreitet ist – in wissenschaftlichen Kommissionsberichten genauso wie in Tageszeitungen.

Bilderstatistische Repräsentationen werden in zwei Schritten erstellt. Zunächst sind mittels statistischer Verfahren die realen gesellschaftlichen Geschehensabläufe in mathematische Termini zu übersetzen.[32] Durch diesen Schritt können beinahe alle gesellschaftlichen Phänomene wie Lebensstile, Armut, Reichtum und Solidarität als quantitative Größen ausgedrückt und zueinander in Beziehung gesetzt werden. Es entsteht eine höchst abstrakte, unsinnliche und alltagsfremde Darstellung der Gesellschaft, bestehend aus Zahlenkolonnen und anderen mathematischen Ausdrücken. Im zweiten Schritt werden die Zahlen in graphische Bilder übertragen. Unter Einsatz graphischer Methoden entsteht aus dem unanschaulichen Zahlenwust ein sinnlich leicht erfassbares Bild. Alle Details, die als überflüssig angesehen werden, fallen weg. Es wird ein zweidimensionales Bild gezeichnet oder ein dreidimensionaler Raum konstruiert, bei welchen die bezeichneten Punkte und jede Markierung nur einen Sinngehalt besitzen, und zwar jenen, der sich unmittelbar aus dem Erklärungsanspruch der Präsentation ergibt (vgl. Myers 1988: 35).[33] Dadurch werden wider-

32 Genaue Ausführungen über die Statistik siehe Kapitel 6.
33 Mancher Erklärungsanspruch entpuppt sich als Manipulationsabsicht.

sprüchliche Interpretationen verhindert – ein Infragestellen wird bereits durch die Art der Präsentation abgeblockt. Dies beinhaltet, dass die Graphiken allein durch ihre Präsentationsform die Interpretation des dargestellten Sachverhalts mehr oder weniger festlegen, ohne dass dies sprachlich expliziert wird.[34] Der Gebrauch zeichnerischer und graphischer Künste, um so die komplexe und unüberschaubare soziale Wirklichkeit in einem Bild „geordnet" zu präsentieren, bringt eine enorme Verdichtung und Prononcierung, manchmal auch Verfälschung der Informationen mit sich.

Die Unanschaulichkeit der statistischen Beschreibung wird durch die graphische Visualisierung wieder zurückgenommen. Sowohl bei der Statistik als auch bei der graphisch-ästhetischen Präsentation handelt es um Formen der Verallgemeinerung und Abstraktion, allerdings mit geradezu gegenläufigen Resultaten. Der statistischen Berechnung geht jede sinnliche Anschmiegsamkeit ab, die notwendig ist, um in die Alltagswahrnehmung einzudringen und eine topographische Vorstellung der Gesellschaft zu entwickeln. Die Graphik dagegen lädt zu sinnlichen Erfahrungsmöglichkeiten ein und liefert zudem ein eindrückliches Bild von der Gesellschaft. Aber dieses Bild ist häufig ein anderes als jene Anschauung, welche sich bei den Menschen aufgrund ihrer tagtäglichen Erfahrungen herausbildet. So spricht die graphische Karte der Arbeitslosigkeit das Auge an, aber nicht nur skandalisierend, sondern infolge der Präsentation auch ästhetisch. Gegenüber der realen – immer auch sinnlichen – Praxis von Arbeitslosigkeit bleibt diese Ansprache auffällig neutral.

5.1 Zur Geschichte der Bilderstatistik

Aus der Geschichte der Bilderstatistik kann man die Motive und Interessen, die Gesellschaft in Bildern zu präsentieren, kennen lernen.[35] Obgleich uns die statistischen und graphischen Darlegungen so vertraut sind, reicht ihre Geschichte nur bis zum Ende des 18. Jahrhundert zurück. Als Begründer der graphischen Darstellung von Statistiken gilt der Schotte William Playfair. Er veröffentlichte eine Reihe statistischer Arbeiten, in denen – wahrscheinlich zum ersten Mal – Graphiken und andere visuelle Hilfsmittel benutzt wurden, um gesellschaftliche und wirtschaftliche Daten darzustellen (vgl. Kinross 1991: XVI). Zuvor wurden statistische Ergebnisse in Zahlenkolonnen präsentiert – wir würden sagen: als Datenfriedhöfe – und graphische Darstellungen vornehmlich in der Geographie verwendet (Pedersen 1988). Die Zu sammenführung von kartographischen Verfahren (Landkarten), die im 17./18. Jahrhundert entwickelte Methode, graphische Bilder zu erzeugen, mit statistischen Erhe-

34 In der Fachliteratur wird die graphische Zeichensprache als ein monosemiotisches System bezeichnet, weil jedes Zeichen mit nur einer Bedeutung belegt ist. Um Graphiken zu erstellen, ist es deshalb unerlässlich, im Vorhinein genau festgelegen, was die Zeichen bedeuten. Erst danach können die Diagramme und Karten erstellt werden (Bertin 1967).

35 Es handelt sich dabei keineswegs nur um vergangene Motive. Das Bundesland Sachsen gibt einen aufwendig gestalteten „Nationalatlas Bundesrepublik Deutschland" heraus, der genau diese Wissbegierde und Wünsche bedient (Institut für Länderkunde 2004).

bungen, die in der Volkszählung schon jahrhundertelang angewendet wurden, ist somit historisch betrachtet eine relativ junge Erscheinung. Der erdkundliche Ursprung der Graphiken könnte ein Grund dafür sein, dass die Bilderstatistik einen großen Hang dazu hat, die Gesellschaft räumlich zu präsentieren – Gesellschaft als sozialer Raum.

Soziale und ökonomische analog wie geographische Daten graphisch aufzuarbeiten war eng mit dem Bestreben der sich herausbildenden Nationalstaaten verknüpft, gesellschaftliche und wirtschaftliche Abläufe präziser kontrollieren zu können (vgl. Tufte 1983). Der moderne Staat mit einer funktionierenden Verwaltung braucht zur Erhaltung und Vergrößerung von Steuerungskapazitäten derartig aufbereitetes Zusammenhangswissen.[36] Dieses Interesse schlägt sich in einem Merkmal von Bilderstatistiken nieder: Sie enthalten und vermitteln oft Annahmen über kausale Zusammenhänge, die im Ausgangsmaterial häufig lediglich korrelativ sind. Allein durch die Einführung einer x- und einer y-Achse in den meisten graphischen Darstellungen wird jedoch der Eindruck erzeugt, als wären Beziehungen kausaler Art dargestellt. Dies hat zur Folge, dass die Bilderstatistik nicht nur Resultate veranschaulicht, sondern diese sogleich interpretiert, ohne dass die darin enthaltenen theoretischen Annahmen ausgewiesen werden.

Ein weiteres Motiv für die Konjunktur statistischer Bilder war, Darstellungen zu verbreiten, die nationalen Symbolcharakter erlangen, um auf diese Weise die Einheit der Nation stets von neuem darzustellen und so deren Zusammenhalt und Integration zu befördern. Dies gilt vergleichbar für die Prozesse der Globalisierung, von denen man vermutet, dass sie früher oder später die gesamte Erde umspannen, ohne jedoch genau zu wissen, ob und wie sich die Verbindungslinien und die Kommunikationsdichte zwischen den zentralen Orten tatsächlich verändern. Der „World Cultures Report" soll diese Wissenslücke auffüllen. Mit Hilfe der Satellitentechnik – Geographical Information System (GIS) – wird die „global civil society" räumlich vermessen (s. Anheier 2004). Ähnlich wie die nationalen Karten des 19. und 20. Jahrhunderts, die ein „Bild der Nation" schufen, sollen die satellitengestützten Karten zu Beginn des 21. Jahrhunderts ein „Bild der 'global civil society'" erstellen.

Solche Bilder zu produzieren stellt weniger eine Herausforderung an die Statistik als vielmehr an die Graphik dar, denn ihr kommt die Aufgabe zu, leicht verständliche und gleichermaßen ästhetisch überzeugende Bilder zu entwerfen. Die geographischen Karten bieten dafür gute Voraussetzungen, weil sich einerseits auf ihnen die erhobenen Daten einfach eintragen lassen und sie andererseits ohne Probleme entschlüsselt werden können, da das Lesen geographischer Karten zu den eingeübten Kulturtechniken gehört. Dies erklärt, weshalb mit Vorliebe die geographische Karte genutzt wird, um regionale, nationale oder globale Bilder zu schaffen. Allerdings werden dadurch in einigen Fällen die tatsächlichen Unterschiede eher verwischt denn aufgehellt. Bis heute werden beispielsweise die Arbeitslosen- und Sozi-

36 Sicherlich verschluckt die Aufbereitung von Daten auch wichtige Informationen, was einer effizienten Steuerung abträglich sein kann – trotzdem überwiegt der Wissenszuwachs die Verluste.

alhilfezahlen oder die Anzahl der Millionäre noch immer vornehmlich nach ost- und westdeutschen Regionen getrennt dargestellt, obwohl die Arbeitslosen- und Sozialhilfequote in manchen Westregionen gleich hoch bzw. gleich niedrig ist wie die im Osten. Und für die Anzahl der Millionäre wäre die Hervorhebung einiger weniger Städte wie Hamburg, Baden-Baden und Potsdam sicherlich aussagekräftiger. Die noch immer bevorzugte Gegenüberstellung von West- und Ostdeutschland transportiert die unausgesprochenen Botschaften, dass überall gleiche Lebensverhältnisse herzustellen sind und die Ungleichheit der Lebensverhältnisse zwischen Ost- und Westdeutschland alle anderen Differenzierungen wie zwischen Stadt und Land, Nord- und Süddeutschland überwiegt. In dem Ideal der gleichen Lebensverhältnisse ist soziale Gleichheit und Gerechtigkeit räumlich kodiert.

Das dritte Interesse war es, die Bilderstatistik als universelle Sprache zu entwickeln, die alle Kultur- und Sprachbarrieren überwindet. Es besteht darin, mittels auf der Statistik beruhender Graphiken und typographischer Bilder über eine universelle Sprache zu verfügen, die vergleichbar der Mathematik überall gilt und deren Verbreitung weder durch kulturelle noch durch soziale Grenzen gehemmt wird. Diese Absicht lässt sich anhand der Arbeiten von Otto Neurath (1882-1945) erläutern, der in der Bilderstatistik eine „Pädagogik der Sozialwissenschaften" sah (Neurath 1991).[37] Der österreichische Soziologe hatte es sich zur Aufgabe gemacht, sozialwissenschaftliche Forschungsergebnisse anschaulich und verständlich darzustellen, speziell die ärgerlich unübersichtlichen Zahlentabellen. Dazu wollte er Wissenschaftler und Zeichner zusammenbringen, weil die „Sätze der Wissenschaft in Bilder zu verwandeln (...) oft eine schwierige Aufgabe und weder Sache eines Wissenschaftlers noch eines Zeichners" ist (Neurath 1936: 14). Für die bis dahin eher zufällig entstandenen bilderstatistischen Darstellungsweisen schuf er „Regeln des Repräsentierens", um auf diese Weise „die Arbeit des Wissenschaftlers und die Arbeit des Zeichners miteinander zu verbinden" (Neurath 1936: 14).[38]

Die Bilderstatistik nannte er Mengenbilder oder zahlenmäßige Bilder. Die wichtigste Regel für die Schaffung von Mengenbildern ist, dass „ein Zeichen (...) eine bestimmte Menge von Dingen dar[stellt und] (...) eine größere Anzahl (...) eine größere Menge von Dingen dar[stellt]" (Neurath 1936: 46). Weitere Regeln lauten: Beim Aufbau des Bildes ist zu beachten, dass sich das Auge im Allgemeinen von der linken oberen Seite zur rechten unteren Ecke bewegt. Es sollen gebräuchliche, erinnerbare Aufteilungen verwendet werden, so beispielsweise solche, die auf Landkarten eingezeichnet sind. Es sind Zeichen – in der heutigen Sprache ausgedrückt: Piktogramme – zu verwenden, welche Gattungsbegriffe repräsentieren, um eine möglichst große Geltung zu garantieren. Schließlich ist es sinnvoll, zur präzisen

37 Die Arbeiten von Neurath zitiere ich nach „Gesammelte bildpädagogische Schriften" (Neurath 1991).

38 Indem Neurath „Regeln des Repräsentierens" aufstellte, hat er geradezu idealtypisch versucht, die Repräsentationsbeziehung seinen pädagogischen Absichten gemäß zu gestalten. Für ihn war entscheidend, dass die Inhalte der Bilderstatistiken wie intendiert verstanden werden. Zu diesem Zweck hat er sehr einfache und leicht verständliche Repräsentationsregeln formuliert.

Identifizierung von Größenunterschieden nicht – wie häufig üblich – unterschiedlich große Flächen zu zeichnen, sondern eine unterschiedliche Anzahl gleich großer Flächen einander gegenüberzustellen. Um Mengenbilder oder zahlenmäßige Bilder zu verstehen, darf es nicht erforderlich sein, dass die Rezipienten die Regeln des Repräsentierens kennen. Die Bilder sollen auch entschlüsselt werden können, ohne sich die Gestaltungsregeln zu vergegenwärtigen oder sie Punkt für Punkt in Sprache zu übersetzen.

Die „Regeln des Repräsentierens" hat Neurath zum „Isotypen-System" zusammengefasst. Isotype ist die Abkürzung für International System of Typographic Picture Education. In seiner kleinen Schrift „International Picture Language" hat er ein Lehrprogramm für die Bilderstatistik verfasst (Neurath 1936), geschrieben in „Basic English" – einer nur aus 850 Worten bestehenden „Sprache", die von C.K. Ogden ungefähr zur gleichen Zeit entwickelt worden war. „Basic English" sollte jedermann erlernen, um die internationale Kommunikation zu erleichtern. Beide zusammen – „Basic English" und „Isotype" – sollten zukünftig als Weltsprache fungieren und in der Schule vermittelt werden. Zum Erlernen der Bilderstatistik entwickelte Neurath einen speziellen pädagogischen Zweig: die Bilderpädagogik. Er sprach sich für die Vermittlung von Wissen mit Hilfe von Bildern aus, weil ein klares, einfaches Bild schneller und leichter verständlich ist als ein Text. Vor allem im ersten Stadium des Wissenserwerbs sei „die Wirkung von Bildern oft größer ... als die Wirkung von Worten" (ebd.: 21). Die Pädagogik sollte sich deshalb an den Grundsatz halten: „Was man mit einem Bild sagen kann, muß man nicht mit Worten sagen." (Neurath 1991: 342)

Neurath hatte insbesondere die bildungsbenachteiligten Arbeiter – das Proletariat – im Blick. Sie sollten mittels der Bildersprache über soziale und ökonomische Verhältnisse aufgeklärt werden und die Forschungsergebnisse der Sozial- und Wirtschaftwissenschaften kennen lernen. „Die Bücher dieser Wissenschaft [der Statistik; E.B.] sind voll von Zahlen – den internationalen Zeichen der Sprache der Mathematik –, und Worte werden nur gebraucht, um deren Sinn anzugeben. Sie sagen uns aber nichts, wenn wir die verwendete Sprache nicht kennen." (Neurath 1936: 18) „Bilder dagegen sind frei von Sprachgrenzen (...) Sie sind international. Worte trennen, Bilder verbinden." (ebd.: 19) Deshalb sei die Bildersprache ein Instrument, die „Gemeinsamkeiten zwischen den Völkern zu vergrößern", ja sogar ein „Hilfsmittel für die moderne Demokratie" (ebd.: 340) – ein wahrlich hehres Ziel verband Neurath mit der Bilderstatistik. Über deren pädagogischen und aufklärenden Erfolg wissen wir wenig – siegreich war die Bilderstatistik jedenfalls. Isotype (Piktogramme) sind weltweit verbreitet: Auf jedem Flughafen und Bahnhof weisen sie den Weg zur Gepäckaufbewahrung, zum Fahrkartenschalter oder zur Toilette, in Flensburg wie in Peking oder Washington. Auch in allen Massenmedien sind Nachfahren von Neuraths Isotypen zu finden. Überall erleichtern sie uns die Orientierung, auch dort, wo wir keine Silbe der Landessprache verstehen. Kehren wir vom Ausflug in die weite Welt zum eigentlichen Thema zurück: der Repräsentation sozialer Ungleichheiten.

5.2 Sozialstrukturbilder – einige Beispiele

Im Nachfolgenden sollen vier Sozialstrukturbilder vorgestellt werden: drei Darstellungen der Sozialstruktur der Bundesrepublik Deutschland aus den 1960er Jahren und eine der Sozialstruktur der USA aus den 1980er Jahren. Diese vier Sozialstrukturbilder wurden wegen ihrer zeitlichen bzw. räumlichen Distanz ausgewählt. Sie erleichtert es, sich auf die Visualisierung zu konzentrieren. Denn ob die Ergebnisse der Sozialstrukturanalysen „realistisch", ob die zugrunde liegenden Ungleichheitstheorien schlüssig waren sowie andere von der bildlichen Präsentation wegführende Fragen – das alles steht hier nicht zur Debatte. Es geht einzig um die graphische Darstellung, die hier erläutert werden soll. Dieser Erläuterung geht jedoch – was nicht unproblematisch ist – eine Art von Rezeption voraus, für die kein unabhängiger Beobachterstatus beansprucht werden kann. Zudem sind die Gestaltungsabsichten der Schöpfer nicht bekannt. Hinzu kommt: „Wir [die Soziologen; E.B.] sind geradezu ahnungslos beim Interpretieren der Bilder." (Neidhardt 2004: 4)

Das US-amerikanische Sozialstrukturbild wurde vermutlich von professionellen Graphikern erstellt, während die drei deutschen wahrscheinlich von Soziologen selbst gezeichnet, von ihnen vorgeschlagen, zumindest aber eng mit ihnen abgestimmt wurden. Es ist nicht bekannt, welche Regeln des Repräsentierens die Zeichner zugrunde gelegt haben, ob die Graphik Ergebnis einer bewussten Repräsentation oder eher ein Zufallsprodukt ist, sprich sich an Alltagsevidenz und -plausibilität orientiert. Diese Ausgangslage ist aber keineswegs problematisch, ganz im Gegenteil entspricht sie just der üblichen Wahrnehmungssituation, in der nur in ganz seltenen Fällen das Zustandekommen der graphischen Repräsentation kommentiert wird und die Gestaltungsabsichten expliziert werden. Sie ist somit typisch für die Repräsentationspraxis.

Darüber, wie graphische Repräsentationen wahrgenommen werden, ob und wie sie wirken, ist insgesamt wenig bekannt. Über Wissenschaftler kann man aus empirischen Studien erfahren, dass sie, falls ihnen die verwendeten graphischen Formen und Zeichen bekannt sind, diese so lesen, als würde es sich nicht um Repräsentationen, sondern um die Sachverhalte selbst handeln. Wirklichkeit und Darstellung werden nicht unterschieden: „Both, objects signified and signifying objects, are of the same material world, the understanding of which is always and already mediated in some language." (Roth et al. 2002: 350) Dies trifft z.B. auf die Bevölkerungspyramide und andere sehr bekannte graphische Repräsentationen zu. Bei unbekannten Repräsentationen wird dagegen der Prozess der Konstruktion nachvollzogen, um zu verstehen, was mit den einzelnen graphischen Elementen gemeint sein könnte. Dies bedeutet, dass versucht wird, die Regeln des Repräsentierens zu entdecken. Unbekannte Darstellungen werden deshalb zunächst im Kontext mit anderen Zeichen interpretiert, und erst danach wird der Bezug zu den Objekten und Prozessen hergestellt, die sie darstellen sollen. Auf diese Weise wird jedoch das konstruktive Element der Graphik bewusster wahrgenommen als im ersten Fall, weshalb sich über ihre Angemessenheit eher eine kritische Diskussion entspannt. Lesen und Verstehen graphischer Darstellungen ist – dies trifft für beide Fälle zu – kein rein gedanklicher

Akt. Er kann nicht von den Erfahrungen, Erwartungen und den eingeprägten Assoziationen getrennt werden und gehört damit zu den habituellen Praktiken.

Für die vier ausgewählten Sozialstrukturbilder heißt dies, dass sie abhängig vom Bekanntheitsgrad entweder ohne großes Nachdenken über den gemeinten Sinn „verstanden" oder erst nach und nach entschlüsselt werden, indem den verwendeten Formen und Zeichen ein Sinn zugewiesen wird. Letzteres wird vermutlich für die Mehrzahl der Leserinnen und Leser der US-amerikanischen Darstellung zutreffen, weil die dortige Sozialstruktur hier wenig bekannt ist. Die drei deutschen Sozialstrukturbilder sind dagegen in der Soziologie, aber auch darüber hinaus verbreitet. Sie gehören zu den geläufigen Darstellungen. Die verwendeten graphischen Gestaltungselemente lassen sich sogleich dekodieren. Dies gilt auch für die von ihnen transportierte soziologische Botschaft. Aus dem hohen Bekanntheitsgrad und der Vertrautheit der graphischen Elemente ergibt sich, dass die graphische Gesamterscheinung und die darin enthaltene „Botschaft der Präsentation" seltener eigens betrachtet werden. Genau auf letztere soll hier eingegangen werden, weil sich in ihr die ungleichheitssoziologische Interpretation der dargestellten Sozialstruktur verbirgt.

Das erste Bild (s. u. S. 78/79) „Social Stratification in the United States" (1983) ist kompliziert aufgebaut – nicht unbedingt auf den ersten Blick, wenn nur der grobe Aufbau betrachtet wird, aber auf den zweiten und dritten, wenn die Bedeutung der einzelnen Symbole mit berücksichtigt wird. Die Vielschichtigkeit macht diese Bilderstatistik zu einem idealtypischen Modell, um beispielhaft Regeln des Repräsentierens zu dekodieren und zu zeigen, in welcher Weise unausgewiesene ungleichheitssoziologische Annahmen in die Präsentation einfließen. Teilweise stehen diese in einem Spannungsverhältnis zur soziologischen Mitteilung. Empirische Grundlage für das Sozialstrukturbild sind hoch aggregierte und gleichzeitig sehr differenzierte sozialstatistische Daten über das Jahreseinkommen der Bevölkerung der USA, getrennt nach Rasse, Ethnizität, Familienstand, Geschlecht und Beschäftigung. Auf der x-Achse, die nicht als solche gekennzeichnet ist, sind die Bevölkerungsanteile – dargestellt als männliche oder weibliche Person – eingetragen. Jede dargestellte Person repräsentiert ein Tausendstel der Bevölkerung. Auf der y-Achse ist das jährliche Einkommen abgetragen. Für die unteren, mittleren und höheren Einkommen wurde eine Skalierung von 6.000 US$ gewählt. Dort sind auch Grenzlinien für Armut, Niedrigeinkommen sowie durchschnittliches und hohes Einkommen eingezeichnet. Um die sehr hohen und die höchsten Einkommen sowie deren Reichtum abzubilden, wäre es notwendig gewesen, die y-Achse um ein Sechsfaches zu verlängern, und die reichsten Personen hätten selbst darauf nicht eingetragen werden können. Deshalb wurde die y-Achse gekappt und die gesamte Sozialstruktur verkleinert in der rechten oberen Ecke dargestellt. Selbst auf dieser Verkleinerung konnten die reichsten Personen nicht eingetragen werden. Auf dem verkleinerten Bild ist zusätzlich das Vermögen, ausgedrückt in Geldbesitz, eingezeichnet. Um das Vermögen zu symbolisieren, wurde das Dollarzeichen verwendet. Jedes Zeichen steht für 9.000 US$.[39]

39 Es handelt sich um alte Daten; das heutige Privatvermögen ist wesentlich höher.

Social Stratification In The United States

On the right is a chart representing all of the population except the 50,000 people whose annual incomes are over $350,000. There are 1000 figures on this chart.* Each one equals 139,000 people. Each figure represents 1/1000 of the non-dependent adult population.* The figures are organized by race, family type, occupation, income, and wealth. All statistics are adjusted to 1983 conditions. The chart on the left is an enlargement of the income brackets below $60,000.

Higher income people are shown on the chart to the right. If *this* chart were to continue, those with an annual income of $160,000 would be six feet off the chart and the 5000 people who declared more than $1 million on their 1982 income tax returns would be six stories off the chart.

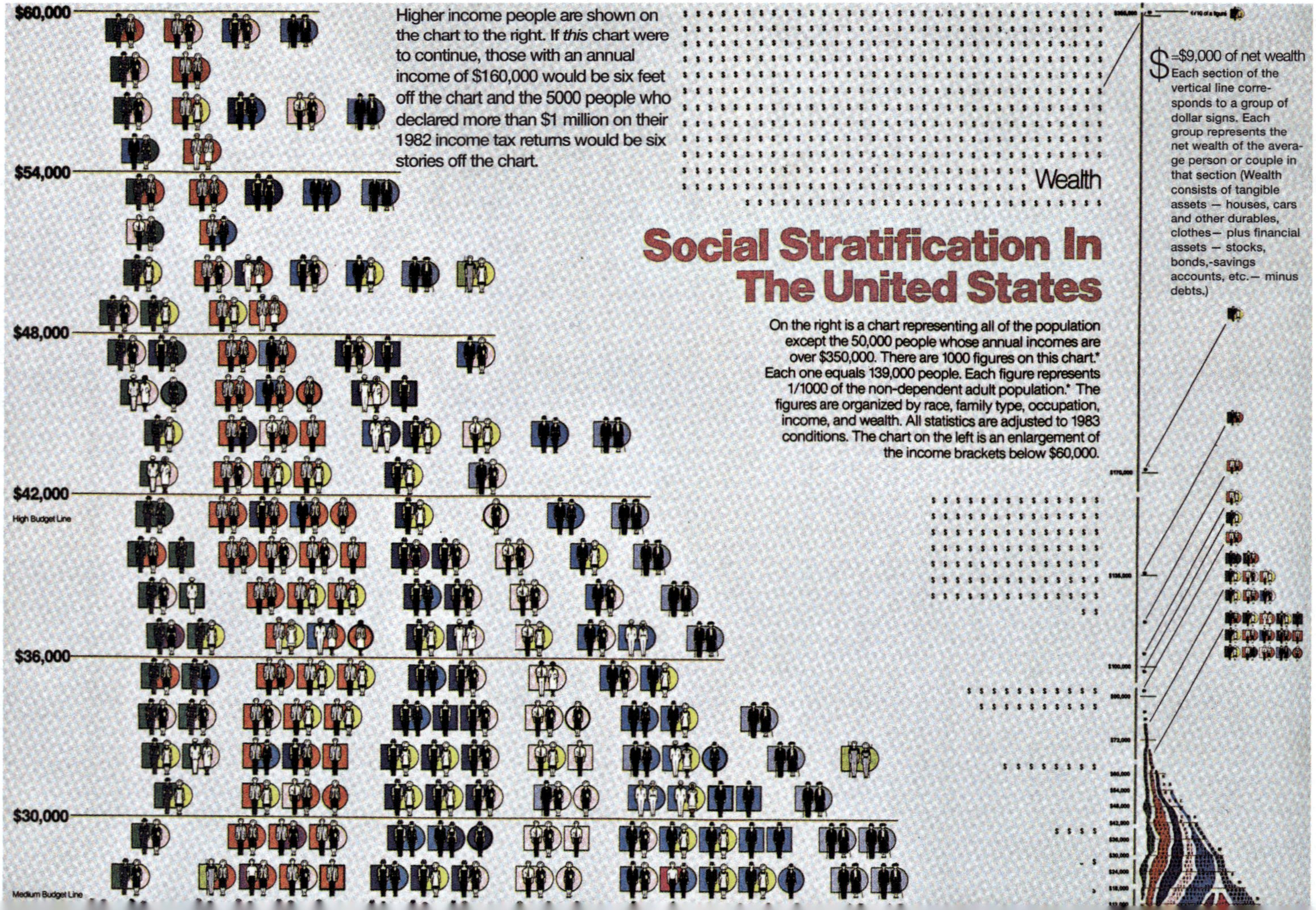

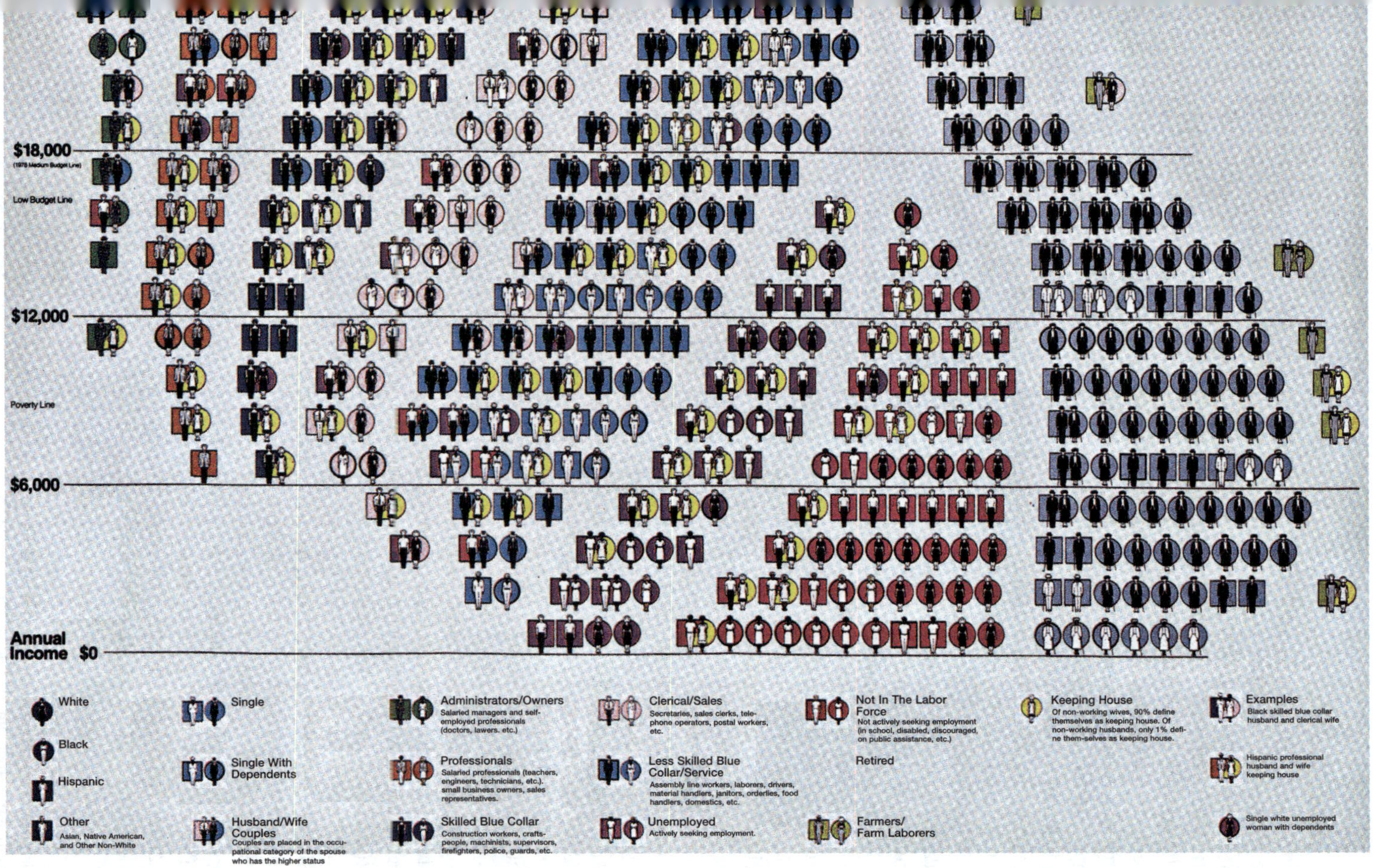

Quelle: Pedersen (1988: 78), eigene Bearbeitung

Nun zu den Isotypen, die auf der x-Achse angeordnet und in der unteren Kolumne erklärt sind. Die erste Spalte enthält die Symbole für die in der offiziellen Statistik – dem damaligen Zensus – erfassten vier Rassen- bzw. Ethnizitätszugehörigkeiten: weiß, schwarz, hispanisch und andere (asiatisch, indianisch und andere nicht-schwarze).[40] In der nächsten Spalte sind die Isotype für den Familienstand erklärt: Ledige, Alleinerziehende und Ehepaare. Die anschließenden drei Rubriken zeigen mittels verschiedener Farben die Berufszugehörigkeit. Die ebenfalls vorgenommene Unterscheidung in Männer und Frauen – mit Hose oder Rock bekleidet – wird als bekannt vorausgesetzt.

Nachdem die Konstruktion und die Isotypen erklärt sind, schauen wir uns jetzt die Repräsentation der Sozialstruktur genauer an. Entgegen der Legende, die Sozialstruktur in der Reihenfolge Rassenzugehörigkeit, Familienstand, Erwerbstätigkeit zu systematisieren, ist sie in der Reihenfolge Erwerbstätigkeit, Familienstand, Rassenzugehörigkeit geordnet, und zwar so, dass jeweils jene Gruppen vorne stehen, welche das höchste Einkommen erzielen. Dies sind weiße verheiratete „Administratoren/Owners". Zwei Untergruppen aus der Liste der Erwerbstätigkeit sind aus dieser sozialstrukturellen Gliederung herausgenommen: Rentner und Landwirte. Über die Gründe kann man nur mutmaßen. Möglicherweise werden Rentner als eigene Sparte dargestellt, weil sie nicht mehr erwerbstätig sind, obwohl es spannend wäre, etwas über den Zusammenhang von früherer Erwerbstätigkeit und Rentenhöhe zu erfahren. Warum die Landwirte so „randständig" abgebildet sind, obwohl sie beinahe in jeder eingeführten Berufsstatistik zu einer eigenen Kategorie zusammengefasst sind, kann kaum ergründet werden – es sei denn, man geht einen Schritt weiter und spekuliert über die Regeln des Repräsentierens, die diesem Sozialstrukturbild zugrunde liegen. Das Gesamtbild wird in sich stimmig, wenn man davon ausgeht, dass die Berufs- und Leistungsorientierung als zentrales sozialstrukturelles Differenzierungsprinzip vermittelt werden soll. Rentner sind aufgrund ihres Alters davon befreit und Landwirte aufgrund der Bindung an Boden, Natur und Agrarpolitik nur begrenzt in der Lage, aus eigenem Antrieb ihre sozialstrukturelle Position zu verbessern. Für diese Interpretation spricht, dass die Gruppe der Arbeitslosen und die Gruppe der Nichterwerbstätigen – zusammengesetzt aus Personen mit geringer Erwerbsorientierung, aber keine Hausfrauen – hintereinander stehen, sortiert nach ihrer Nähe zum Arbeitsmarkt.[41] Aber auch für die Auslegung, dass es sich bei der Landwirtschaft um einen „sterbenden" Wirtschaftszweig handelt, der sich zudem nicht in die „Logik" der modernen Industriegesellschaft einfügen lässt, spricht einiges. Dann würde die gesellschaftliche Marginalisierung der Landwirtschaft durch die Randständigkeit in der Repräsentation bildlich wiedergegeben. Aber dies sind nur Mutmaßungen.

Außer Zweifel steht, dass in diesem Sozialstrukturbild die Erwerbsarbeit das entscheidende sozialstrukturelle Differenzierungsprinzip darstellt. Das überzeugendste Argument dafür ist, dass die soziale Stratifikation als Berufshierarchie dar-

40 In den neueren Volkszählungen werden weitere rassische Gruppen unterschieden, siehe Kapitel 6.
41 Hausfrauen werden nur als Ehefrauen verzeichnet.

gelegt wird und eben nicht – wie ansonsten üblich – als Klassen- oder Schichtenhierarchie, in welche verschiedene soziale Merkmale eingehen. Da die Einkommen, die jede Berufsgruppe erzielt, eine große Spannweite von niedrig bis hoch umfassen – einige Berufe anteilig mehr, andere weniger –, entsteht der Eindruck einer erstaunlichen sozialen Dynamik, die leicht als Aufstiegschance gedeutet werden kann. Auf diese Weise ist zeichnerisch mehr ein soziales Nebeneinander denn ein Über- und Untereinander dargestellt. Die sozialen Gruppen sind somit nicht wie in den graphischen Repräsentationen sozialer Klassen und Schichten nach oben und unten abgeschlossen dargestellt, was als Klassen- und Schichtschranke gelesen wird, sondern nach oben und unten durchlässig. Dies gilt allerdings nicht für die Gruppen der Arbeitslosen und der nicht auf Erwerbsarbeit orientierten Personen, die in den unteren Einkommensrängen hängen bleiben. Es gilt auch nicht für die oberen Ränge, bei denen das Vermögen und weniger das Erwerbseinkommen dafür entscheidend ist, welche Position sie in der Vertikalen erlangen. Im Ganzen liegt damit das Augenmerk auf sozialer Dynamik, auf den Möglichkeiten des sozialen Auf- und Abstiegs, weniger auf sozialen Schließungsprozessen. Ob die Sozialwissenschaftler und die Graphiker dies intendiert haben oder sie sich nach ihrem ersten Eindruck eher unbewusst für diese Art der Präsentation entschieden haben, kann nicht ergründet werden. Sicher lässt sich jedoch sagen, dass dieses Bild der Gesellschaft sie überzeugt hat, sie es für angemessen, wahrscheinlich sogar für realistisch hielten.

Nun sollen die drei bundesdeutschen bilderstatistischen Umsetzungen von Sozialstrukturanalysen auf ähnliche Weise vorgestellt werden.[42] Auch hierbei kommt es nur auf die Art der graphischen Präsentation an. Ausgewählt wurden die „Bolte Zwiebel“ (Bolte 1966), Dahrendorfs Darstellung der sozialen Schichtung (Dahrendorf 1971) und Scheuchs Modell der Prestige-Schichtung (Scheuch 1961). Bekanntlich stellen die drei Strukturbilder konkurrierende ungleichheitssoziologische Analysen dar. Dies kann in den jeweiligen ungleichheitssoziologischen Arbeiten nachgelesen werden und braucht an dieser Stelle nicht wiederholt werden (Bolte 1959, 1966; Bolte/Hradil 1988; Dahrendorf 1971, 1987; Scheuch 1961). Hier geht es nur um die graphischen Versinnbildlichungen. Einzig unter diesem Aspekt sollen sie miteinander verglichen werden, obwohl sie in ihren ungleichheitstheoretischen Annahmen stark differieren. Dies ist aus zwei Gründen möglich: Erstens weichen sie in der groben Gliederung der Sozialstruktur, also der Einteilung in Schichten und Klassen etc., gar nicht so stark voneinander ab, auch bei der quantitativen Bestimmung der sozialstrukturellen Gruppen unterscheiden sie sich kaum. So beträgt beispielsweise die Größenvarianz bei der Oberschicht bzw. der Elite weniger als zwei Prozent, bei der unteren Unterschicht (Scheuch), den „sozial Verachteten“ (Bolte) und der Unterschicht (Dahrendorf) ist die Bandbreite größer, aber ebenfalls nicht gravierend. Die

42 Es mutet reichlich befremdlich an, dass Hans Dieter Huber in seinem „Entwurf einer allgemeinen Bildwissenschaft“ (2004) Sozialstrukturbilder heranzieht, um die nach sozialem Milieu differenzierte Bildwahrnehmung zu erklären. Dabei übersieht er, dass es sich um bildliche Repräsentationen handelt – das Phänomen, das er eigentlich erklären möchte.

verschiedenen Illustrationen der Sozialstruktur ergeben sich somit nicht unmittelbar aus der sozialstatistischen Erhebung und Auswertung. Die Unterschiede resultieren aber auch nicht aus den ungleichheitssoziologischen Differenzen, denn die Art der Präsentation ist nicht unmittelbar theoretisch hergeleitet. Vielmehr hat man den Eindruck, dass sie Resultat der topographischen Vorstellungen der Gesellschaft der drei Soziologen war, anders ausgedrückt, wie sie sich die Räumlichkeit des Sozialen gedacht haben. Dies ist der Grund, der für einen direkten Vergleich der Strukturbilder spricht.

Abbildung 2: Karl Martin Boltes „Zwiebel"-Modell des Prestige-Statusaufbaus

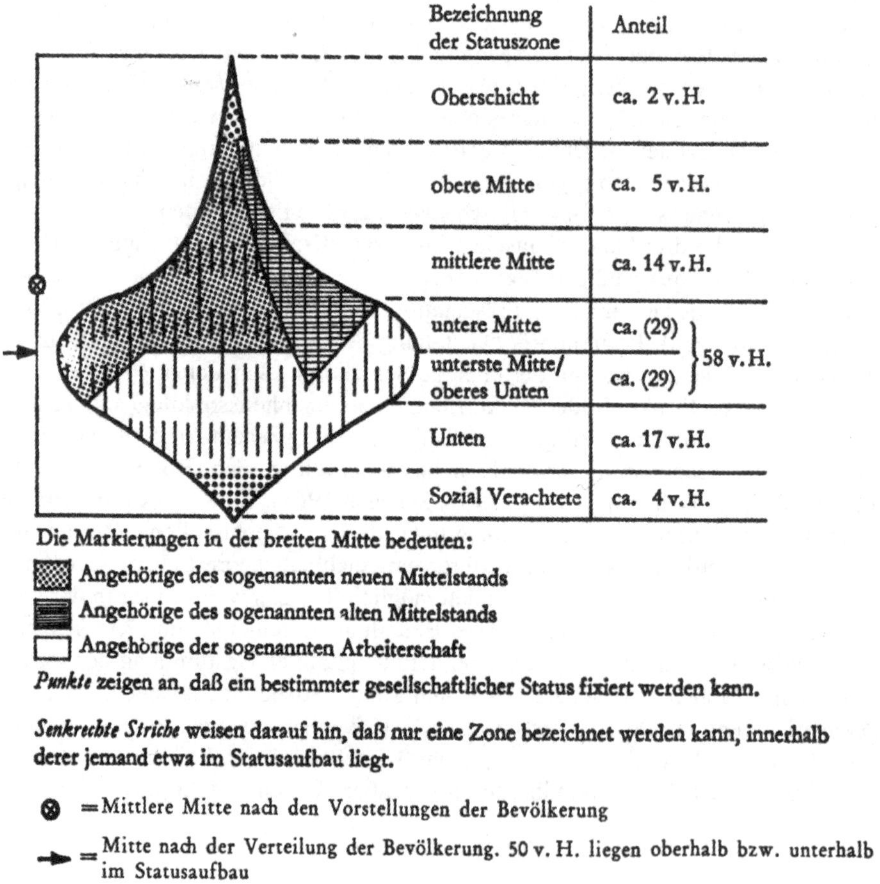

Quelle: Bolte (1966: 148).

Abbildung 3: Ralf Dahrendorfs Modell der sozialen Schichtung (1960er Jahre)

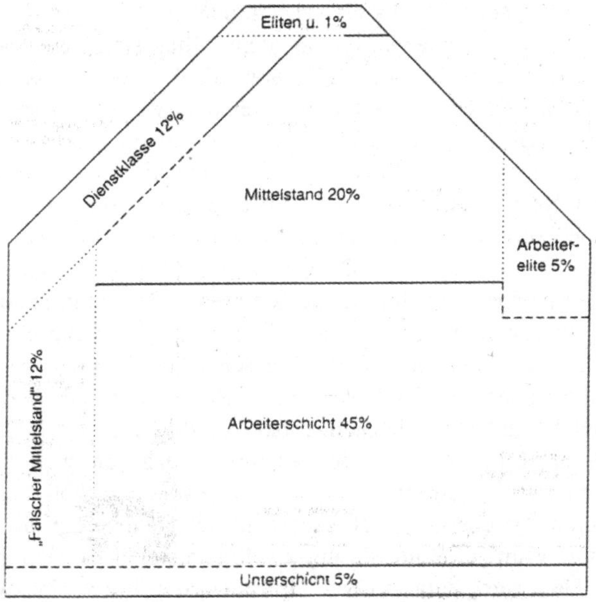

Quelle: Dahrendorf (1971: 97).

Abbildung 4: Erwin Scheuchs Modell der Prestige-Schichtung (1960er Jahre)

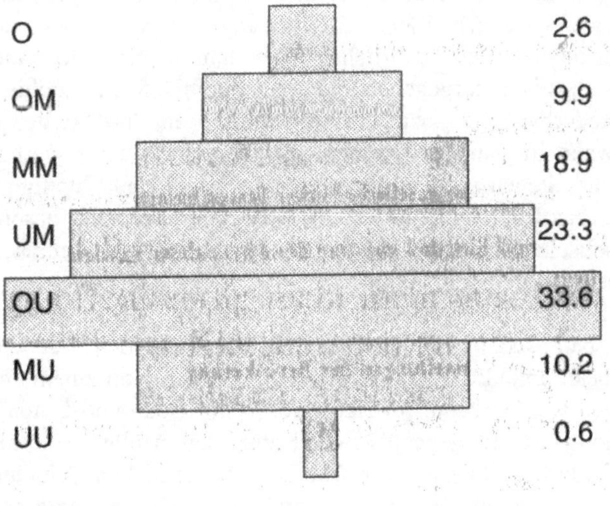

Quelle: Scheuch (1961: 79).

Zunächst fällt auf, dass die drei Soziologen sehr unterschiedliche Grundfiguren verwendet haben, um die Sozialstruktur zu verbildlichen: Bolte eine Zwiebel, Dahrendorf ein Haus und Scheuch nichts Gegenständliches. Bolte und Dahrendorf haben sich für Grundfiguren entschieden, die aus dem Alltag stammen, aber dem Phänomen der Ungleichheit doch fern sind. Mit ihrer Wahl – die Sozialstruktur als Zwiebel oder Haus zu präsentieren – haben sie jeweils ein weites Assoziationsfeld angesprochen. Scheuch hat dies – aus welchen Gründen auch immer – vermieden. Bolte hat sich dagegen ganz bewusst für die Zwiebel entschieden. So erläuterte er seine Graphik mit dem Satz: „Der Prestigeaufbau der deutschen Bevölkerung der Bundesrepublik hat eine Form, die etwa einer Zwiebel ähnlich sieht.“ (Bolte/Hradil 1988: 218, zitiert nach Hradil 1999: 353) Die Wahl der Zwiebel begründete er weiterhin damit, dass diese „keine ‘künstlichen’ Schichtgrenzen“ enthält, sondern „ein Oben und Unten“ veranschaulicht, „in dem Überlappungen von Gruppierungen und unscharfe Zonen des individuellen Status vorherrschen“ (ebd.: 352).

Dies gilt aber ebenso für den Kohlrabi, das Radieschen und viele andere Gemüsearten. Die Zwiebel unterscheidet sich jedoch von diesen dadurch, dass sie aus vielen einzelnen Schalen besteht, die eine Gesamtform ergeben, weil sie in Form und Größe eng aufeinander abgestimmt sind. Die Ringe sind materiell nicht verschieden: Die Zwiebel schmeckt überall gleich scharf. In der Natur prägt sie allerdings drei Dimensionen aus, während Bolte sie nur zweidimensional gezeichnet hat. Erst dadurch wird die Unterscheidung in oben und unten, die ihm wichtig war, überhaupt zu einem wichtigen Gestaltungsprinzip. Die sozialen Statusgruppen sind mit Übergangsbereichen in die Grundfigur der Zwiebel eingetragen. Die Übergangsbereiche sollen die sozialen Auf- und Abstiege symbolisieren und veranschaulichen, wie durch sie eine strikte hierarchische Anordnung durchbrochen wird. Über die sozialen Differenzierungsprinzipien schweigt das Symbol, denn die Zwiebel ist oben wie unten, innen wie außen überall gleich. Alles in allem entsteht auf diese Weise ein Bild der festen gesellschaftlichen Zusammengehörigkeit. Noch wichtiger ist jedoch, dass die Zwiebel aus der natürlichen Welt stammt: ihre Form, ihr Aufbau, ihr Geschmack – alles ist naturgegeben und die Naturabläufe sind nicht ohne massive Eingriffe veränderbar. Die Sozialstruktur ist dagegen Produkt des gesellschaftlichen Wirkens, wandelbar und bis zu einem gewissen Grad auch steuerbar. Ihr Aufbau und die darin enthaltenen sozialen Bevorzugungen und Benachteiligungen sind deshalb auch gesellschaftlich zu verantworten. Ob ein Naturprodukt besonders gut geeignet ist, ein gesellschaftliches Produkt wie die Sozialstruktur zu repräsentieren, ist sicherlich eine berechtigte Frage.

Anders das Dahrendorf'sche Haus: Es ist von Menschen entworfen und Stein für Stein erbaut. Jedem Teil des Hauses – dem Dach, den Wänden, der Bodenplatte – ist eine bestimmte Funktion zugewiesen, die nicht von einem anderen Bestandteil übernommen werden kann. Im Haus gibt es ein Oben und Unten, aber um die Gesamtfunktion – Schutz gegenüber der Natur – zu erfüllen, sind alle Teile gleichermaßen erforderlich. In das Haus hat Dahrendorf sieben Schichten eingezeichnet, wobei nahezu jede Schicht einen Bestandteil des Hauses repräsentiert: die „Eliten“ das Dach, die „Dienstklasse“ eine Dachschräge, der „Mittelstand“ den Dachraum, die „Arbeiterelite“ eine Dachluke, die „Arbeiterschicht“ und der „falsche Mittelstand“ zwei Wände und die „Unterschicht“ die Bodenplatte (vgl. Dahrendorf 1971: 97). Dahrendorf hat die Hausaufteilung folgendermaßen kommentiert: „Das Gebäude der sozialen Schichtung hat mehr als die sieben (...) beschriebenen Zimmer. Zumindest kennt jedes der Zimmer Ecken und Nischen, die für sich beschrieben werden können, weil sie eigene Mentalitätszüge haben. Auch die Wände zwischen den Zimmern sind nicht nur verstellbar, sondern zum Teil durchlässig.“ (ebd.: 106) Eine soziale Gruppe hat in dem Haus keinen Platz gefunden: die Intellektuellen. Sie lassen sich „nur mühsam im Haus der sozialen Schichtung unterbringen. Aber dass eine Beschreibung wie die hier gegebene nicht umfassend und endgültig sein kann, bedarf kaum der Betonung.“ (ebd.)

Wie kann man die graphische Präsentation der Sozialstruktur als Haus interpretieren? Da jedes Teil des Hauses eine bestimmte Funktion erfüllt, drängt sich die Vermutung auf, dass sich jede soziale Schicht von den anderen durch ihre spezielle gesellschaftliche Funktion abhebt, die Sozialstruktur insgesamt einer gemeinsamen Funktion nachkommt und just durch diese die ganze Gesellschaft zusammengehalten wird. Das Haus der Sozialstruktur würde somit mehr eine Form der funktionalen denn der sozialen Differenzierung symbolisieren. Dies widerspricht allerdings der Dahrendorf'schen Ungleichheitssoziologie grundsätzlich, weil diese für ihn durch Herrschaftsverhältnisse charakterisiert ist (Dahrendorf 1978).[43] Dahrendorf wollte die Darstellung als Ordnungs- und nicht als Funktionsschema verstanden wissen. Er hat das „gezeichnete Bild“ der „deutschen Gesellschaft“ als das „Gehäuse sozialer Schichtung“ bezeichnet (Dahrendorf 1971: 106). Auch wenn die obigen Erläuterungen nicht mehr als eine mögliche Lesart der graphischen Präsentation anbieten, so doch eine, die auf der Hand liegt und sich in einem latenten Widerspruch zu seiner Theorie befindet. Wie auch immer – das Haus erweist sich als nur bedingt geeignet, die ungleichheitstheoretische Botschaft von sozialen Konflikten und Herrschaftsverhältnissen zu transportieren. Zugespitzt: Die Regeln des Repräsentierens wurden bei der Versinnbildlichung kaum beachtet.[44]

Bei Scheuchs Modell lassen sich derartige Gedankengänge nur sehr vermittelt anstellen. Im Unterschied zur „Bolte-Zwiebel“ und zum Dahrendorf'schen Haus handelt es sich um eine sehr abstrakte Darstellung, die weder einen natürlichen noch einen kulturellen Gegenstand zitiert. Es gibt auch kein zeichnerisches Element, das einen gesellschaftlichen Zusammenhalt oder die ungleichheitsrelevanten Differenzierungsprinzipien darstellt. Die Balken, welche die unterschiedlichen Schichten repräsentieren sollen, sind übereinander angeordnet, nichts verbindet sie, Überlappungen oder Übergänge fehlen völlig. Ohne die Gesamtfigur zu entstellen oder

43 Sozialer Wandel wird nach Dahrendorf durch soziale Konflikte in Gang gesetzt. Die Sozialstruktur ist durch Herrschaftsbeziehungen geprägt, aus diesen entstehen die sozialen Konflikte (Dahrendorf 1978).

44 Was mit dem „Haus“ als Symbol üblicherweise gemeint ist, kann man an dem Bild „Das Haus Europa“ gut ablesen: Alle europäischen Länder gehören zusammen, bieten sich gegenseitig Schutz und Unterstützung.

grundlegend zu verändern, könnte der oberste und/oder unterste Balken entfernt werden. Durch diese Verbildlichung wird weder deutlich, ob es ein gesellschaftliches Band gibt, wie die verschiedenen Gruppen miteinander verbunden sind oder ob es soziale Mobilität gibt. Es ist eine sehr distanzierete und nur wenige Inhalte transportierende Veranschaulichung, genau genommen nicht wesentlich mehr als ein Balkendiagramm.

Eine so gestaltete graphische Repräsentation ist weit davon entfernt, den Eindruck zu erzeugen, als würde es sich um eine realitätsgemäße Darstellung handeln. Im Gegenteil: Der Modellcharakter des theoretisch hergeleiteten Sozialstrukturmodells wird nachdrücklich bewahrt. So liegt dem Modell ein Schichtbegriff mit einer nominalen Grenzziehung zugrunde. Dies meint, dass das Ziel der Sozialstrukturanalyse nicht ist, die „real vorhandenen" Grenzen zwischen den Schichten zu identifizieren. Vielmehr legt „der Forscher nach Gutdünken Ordnungslinien im Statusgefüge" fest (Hradil 1999: 351). So bestimmt er beispielsweise die Ordnungslinien, welche „die Unterschicht von der Mittelschicht trennen, auch dann, wenn in der Wirklichkeit nur kontinuierliche Abstufungen bestehen" (ebd.). Das so entstehende Strukturbild gibt diese „reinen Ordnungsgrenzen" wieder. Wären andere Grenzen bestimmt worden, würde sich das Strukturbild entsprechend verändern. Dies bedeutet eine gewisse „Beliebigkeit der Darstellung", sofern man die „realen Verhältnisse" zum Maßstab nimmt. Aber es legt klar und deutlich dar, dass jedes theoretische wie graphische Sozialstrukturbild Ergebnis von Repräsentationsarbeit ist. Die Regeln des Repräsentierens bleiben nicht im Hintergrund verborgen, sondern werden explizit gemacht und zur Debatte gestellt.

Eine über diese erläuternde Beschreibung hinausgehende Interpretation soll hier nicht vorgenommen werden, weil mit jeder weiteren Kommentierung die Autorin einzig Auskunft über ihre eigenen ungleichheitssoziologischen Annahmen geben würde. Das liefe aber der Intention, die vier Sozialstrukturbilder vorzustellen, zuwider. Beabsichtigt war, die Leserinnen und Leser zu motivieren, selbst die graphischen Darstellungen zu interpretieren. Gewiss wird dies auch ohne Kenntnisse der Art der Datenerhebung oder der den Graphiken zugrunde liegenden Ungleichheitstheorien leicht gefallen sein. Dies zeigt – was das Ziel war –, dass die Bilderstatistik ohne Vorkenntnisse und großes Nachdenken verstanden werden kann, obwohl es sich um hoch abstrakte und theoretisch verdichtete Produkte handelt. Die graphischen Repräsentationen scheinen diese Kenntnisse geradezu überflüssig zu machen; sie helfen über den Schritt der intellektuellen Aneignung hinweg, weil sie sogleich die Ergebnisse auf eine leicht verständliche Weise präsentieren. Die graphischen Repräsentationen werden in Beziehung zu anderen Darstellungen und zu alltäglichen Erfahrungen gesetzt. Vor diesen haben sie ihre Stimmigkeit und Angemessenheit zu bewähren, nicht vor konkurrierenden Theorien und empirischen Untersuchungen. Damit sind sie laientauglich, was für die ungleichheitssoziologischen Schriften nur bedingt gilt.

Dies ist der Vorzug der sinnlichen Präsentation, ihr Nachteil ist, dass sie eine eigene Botschaft enthält und die graphische Darstellung, welche vornehmlich den Regeln des Repräsentierens zu folgen hat, vielfach von den Inhalten wegführt. So beinhaltet die Art der Präsentation mehr als eine bloße Visualisierung der Daten unter Berücksichtigung der jeweils herangezogenen ungleichheitssoziologischen Theorie. Sie fußt auf Regeln der Präsentation – wie Sachverhalte graphisch zu veranschaulichen sind. Diese können es mit sich bringen, dass die graphische Präsentation eine Sichtweise nahe legt, welche den ungleichheitstheoretischen Annahmen teilweise widerspricht. Beispiele dafür wurden anhand der vier erläuterten Sozialstrukturbilder vorgestellt. Es sind Bilder und keine Abbilder der Sozialstruktur, „visuell realisierte theoretische Modelle bzw. Datenverdichtungen“ und „keine realitätsgetreuen Wiedergaben“ der Ungleichheitsverhältnisse (Heintz/Huber 2001: 9). Ob es sich tatsächlich um visuell realisierte theoretische Modelle handelt oder ob nicht die theoretischen Annahmen von der Macht der Bilder und Symbole überrumpelt werden, ist jedoch zu prüfen. Die graphische Präsentation hat eigene Regeln, auch die graphische Gestaltung der Sozialstrukturbilder. Und diese Regeln transportieren auch Inhalte, manchmal nicht intendierte. Allerdings tragen die graphischen Regeln wesentlich dazu bei, dass graphische Repräsentationen „überzeugen“ und so an der Bildung von Common Sense mitwirken.

5.3 Common Sense durch Bilder

Bei den graphischen Repräsentationen – ihrer Gestaltung wie ihrer Rezeption – ist viel Unbewusstes im Spiel. Man kann begründet davon ausgehen, dass jene Repräsentationen als besonders schlüssig beurteilt werden, die an eingeübte Schemata der Wahrnehmung anknüpfen und deshalb zumeist ohne bewusste Vergegenwärtigung oder intellektuelle Auseinandersetzung registriert werden. Indem sie geläufige Symbole, Formen und Zeichen verwenden, um wissenschaftliche Resultate anschaulich zu machen, schließen sie an den habituell eingeübten sinnlichen Orientierungen, Wahrnehmungsweisen und Erfahrungen an. Sie setzen allgemein bekannte Isotype ein, wodurch unbekannte Bilderstatistiken vertraut wirken, etwa Babys für die Geburtenrate und Särge für die Sterberate, Männer in Hosen und Frauen in Röcken etc. Bei der Gestaltung der graphischen Repräsentationen sind wie bei allen Repräsentationen zwei Regelsysteme zu unterscheiden, in diesem Fall graphische Gestaltungsregeln und soziale Regeln. Selbstverständlich – wie vorne ausgeführt – lassen sich die Regeln nicht eindeutig der einen oder der anderen Seite zurechnen, weil sie stets miteinander verwoben sind. Aber trotzdem kann diese eher theoretische Unterscheidung in graphisch und sozial für die Schilderung der Regeln hilfreich sein.

5.3.1 Graphische Gestaltungsregeln

Einige Regeln der Repräsentation wurden bereits in dem Abschnitt über Neurath kurz benannt. Diese sind um eine Reihe weiterer zu ergänzen, die wegen des Umfangs, aber auch aus einem weiteren Grund nicht alle vorgestellt werden können: Es handelt sich nämlich zumeist um „ungeschriebene Gesetze“ (Liebig 1999). Sie ermöglichen, dass abstrakte, theoretisch verdichtete Ergebnisse auf eine sinnliche Art und Weise dargestellt, die Ergebnisse ohne Kenntnisse der Theorie gelesen und verstanden werden können. Es handelt sich somit weniger um ausdrücklich formulierte Vorschriften als vielmehr um Konventionen, kulturelle Erfahrungswerte und Gepflogenheiten.[45] Zu den Konventionen gehört, dass gemäß der memorierten räumlichen Orientierungsweise in den Bilderstatistiken oben einzutragen ist, was als wichtig und machtvoll gilt, und unten, was sich als unwichtig und machtlos herausstellt. So sind bei den vier Sozialstrukturbildern die sozialen Schichten und Gruppen mit dem höchsten Einkommen und dem größten Machtpotenzial oben und umgekehrt die ärmsten und machtschwächsten unten abgebildet. Dies ist so unbestritten, dass es bei der Erläuterung der Bilder nicht einmal erwähnenswert erscheint. Eine weitere graphische Gestaltungsregel ist, dass helle Flächen und Schraffierungen für eine geringe und dunkle für starke Ausprägungen von sozialen Problemen oder Risiken stehen.

Die verschiedenen Einzelregeln der graphischen Repräsentation lassen sich unter zwei Hauptregeln fassen:[46]

(1) Ästhetisierung

Die graphischen Darstellungen entbehren nicht einer gewissen Ästhetik. Zumeist orientieren sie sich an „populären ästhetischen Codes“ (Heintz/Hager 2001: 23). Die Proportionen, die Farben und Formen, alle zeichnerischen Elemente sind beinahe harmonisch darauf abgestimmt, ein ästhetisches Bild zu schaffen. Der Geschmack und die Fähigkeiten, sich zeichnerisch auszudrücken, variieren. Vielfach besitzen die Graphiken eine große Virtuosität des Ausdrucks (Pinto 1987). Daraus kann sich jedoch ergeben, dass sich die Ästhetisierung auf die dargestellten gesellschaftlichen Prozesse und Zusammenhänge überträgt: Soziale Konflikte, Benachteiligungen, Machtkämpfe, Ungleichheitsverteilungen – alles wird ausgesprochen harmonisch präsentiert. In diesen Fällen gewinnen die ästhetischen Ambitionen Überhand über die sozialen Inhalte.

(2) Konventionalität

Auf diesen Aspekt wurde bereits hingewiesen. In der großen Mehrzahl greifen die graphischen Repräsentationen eingefahrene Sichtweisen und Interpretationen auf und verstärken sie. Auf diese Weise tradieren sie kulturelle und soziale Selbstverständlichkeiten. Sie sind auf eingeübte Wahrnehmungsweisen angewiesen, weil sie ansonsten nicht so schnell und leicht rezipiert werden könnten. Damit ist jedoch von der Bilderstatistik nicht zu erwarten, dass diese neue, alternative oder kritisch-distanzierende Gesellschaftsbilder erzeugt und popularisiert. Im Gegenteil, die meis-

45 Professionell wird dies von der Infographik behandelt.

46 Es gibt eine ganze Reihe von Lehrbüchern über Infographik und graphische Visualisierungen; in diesen werden die Regeln der graphischen Repräsentation gelehrt (z.B. Bertin 1967; Bonin 1989; Liebig 1999; Regnier 1989).

ten Bilderstatistiken wirken eher umgekehrt: Sie bestärken die gängigen Annahmen und Vorstellungen, indem sie auf vorhandene Wahrnehmungsmuster und Erfahrungshorizonte abstellen.

Die graphischen Gestaltungsregeln garantieren, dass die Bilder ohne zusätzliche Dechiffrierleistung sofort verständlich sind. Dies gelingt, weil sie die Tastatur der unbewussten, habituell eingeübten Impressionen nutzen und damit vorreflexiv registriert werden. Wenn dies der Fall ist, dann ist jedoch fraglich, ob sie wirklich so stark zur Aufklärung beitragen und so viel zum Wandel der gesellschaftlichen Sichtweise beisteuern können, wie Neurath es anstrebte. Wahrscheinlich hat – langfristig gesehen – selbst Neurath, der mit der Bilderstatistik die Hoffnung der Aufklärung verband, durch seine praktische Arbeit eher dazu beitragen, die existierenden Sichtweisen zu verstärken, und zwar auch solche, in denen die von ihm kritisierten Macht- und Herrschaftsverhältnisse zu Bildern geronnen waren. Dies erklärt, warum graphische Repräsentationen „self-evident" wirken und selten kritisch hinterfragt werden.

Damit die Isotype und die Bilderstatistiken schnell und eindeutig verstanden werden, ist es nötig, auf kulturelle und soziale Gewohnheiten und auf gesellschaftliche Vorprägungen der Wahrnehmung bzw. des Sehens zurückzugreifen. Genau diese Verankerung in den Konventionen der Wahrnehmung ist aber eine wichtige Quelle für die Überzeugungs- und Benennungsmacht der sinnlich-ästhetischen Präsentationen. Durch Visualisierung werden unausgewiesene Subtexte, es müsste eigentlich heißen Subbilder, popularisiert. Ihnen gegenüber Distanzierungspotenziale oder Kritik zu entwickeln ist weitaus diffiziler als gegenüber Texten, die Satz für Satz gelesen und damit bewusst aufgenommen werden.

5.3.2 Soziale Repräsentationsregeln

Genau genommen gibt es keine sozialen Gestaltungsregeln für graphische Repräsentationen. Aber aus der graphischen Gestaltung ergibt sich, wie soziale Zusammenhänge und Prozesse präsentiert werden: übersichtlich, in sich stimmig, ästhetisch, evident, sich selbst erklärend etc. Dies bleibt nicht ohne Folgen für die Präsentation der Gesellschaft – insofern kann doch von sozialen Repräsentationsregeln gesprochen werden. Drei sollen kurz vorgestellt werden.[47]

(1) Begrenzung der Sicht- und Erklärungsweisen

Bevor die Graphiken, Diagramme und Bilder gezeichnet werden können, ist festzulegen, in welcher Weise die vorliegenden Sozialstatistiken interpretiert werden. Soll

47 Boehm zählt am Schluss seines Aufsatzes „Zwischen Hand und Auge" spezifische Leistungen und Defizite wissenschaftlicher Bilder auf. Einige davon werden in den drei Punkten benannt. Allerdings beschreibt Boehm sie so, als besäßen sie eine Eigenschaft der bildnerischen Darstellung. Dass die Leistungen und Defizite auch soziale Qualität besitzen, übersieht er (Boehm 2001: 52-54).

die Arbeitslosenquote als bundesländerspezifisch, als sektorspezifisch oder als Ost-West-Differenz etc. dargestellt werden? Diese Frage setzt ein theoretisches Erklärungsmodell voraus, so wie die Präsentation eines Sozialstrukturbildes ein Ungleichheitsmodell erfordert.[48] Das heißt: „Le chercheur travaille sur l'organisation des données, découvre des relations entre les objets et les caractères, (...) reconstruit une image pour définir des groupements homogènes." (Dumont 1992)[49] Damit findet die Bildgenerierung nicht erst in einem zweiten Schritt statt, sondern die Herstellung eines Bildes und die Interpretation der sozialen Prozesse greifen ineinander und durchdringen sich wechselseitig (vgl. Heintz/Hager 2001: 22).

Außergewöhnlich ist jedoch, dass die in die Graphik eingegangene soziologische Interpretation, der das Bild unterliegt, nicht eigens akzentuiert wird. Dies hat zur Folge, dass die graphischen Repräsentationen den Eindruck vermitteln, als wäre die Interpretation in die Hand der Leserinnen und Leser gelegt. Sie lesen die Darstellung und meinen, diese weitgehend selbst zu explizieren, weil sie für sich die gezeichneten Inhalte in Worte übersetzen. Diese „Täuschung" resultiert daraus, dass die Bilderstatistiken wie „objektive Darstellungen" auftreten, die sich jeglicher Kommentierung der Daten enthalten und vermeintlich mehrere Interpretationen zulassen. Tatsächlich ist der theoretische Gehalt nur verdeckter als bei einem ausformulierten Text. So suggeriert das Symbol einer Waage, dass ein Gleichgewicht anzustreben sei, ohne dass dies erklärt werden muss. Darin sind unausgesprochene und nicht extra rechtfertigungsbedürftige Vorstellungen von Gleichheit und Gerechtigkeit enthalten.

Somit strukturieren die Graphiken und Bilder die Wahrnehmungs- und Bewertungsweise mehr, als ihnen auf den ersten Blick anzusehen ist. Sie legen eine bestimmte Sichtweise nahe, ohne dass diese artikuliert oder begründet wird. Damit begrenzen sie auch die als legitim angesehenen Fragen und Argumente. Als angebracht werden zumeist nur solche bewertet, die sich auf die Darstellung beziehen, ohne sie grundsätzlich in Frage zu stellen. Auf diese Weise sind sie im Vergleich zu Texten mit einem „privilège argumentative" (Pinto 1987) ausgestattet, weil die darin enthaltene Interpretation einer kritischen Auseinandersetzung weitgehend entzogen ist.

48 Es sei denn, dass eine Nichtübereinstimmung von soziologischem Erklärungsmodell und graphischer Präsentation als unproblematisch angesehen wird. Dies heißt jedoch nicht, dass in der Praxis in allen Fällen zunächst ein Ungleichheitsmodell entwickelt und danach die graphische Repräsentation erstellt wird. Viele Lebensstilmodelle der 1990er Jahre sind zuerst graphisch dargestellt und erst anschließend „theoretisiert" worden. Vermutlich erklärt sich diese Vorgehensweise aus der damaligen ungleichheitstheoretischen Unsicherheit, aus der heraus die Lebensstilanalyse einen hohen Plausibilitätsvorschuss bezog. Gewiss dokumentiert sich in der umgekehrten Schrittfolge das später kritisierte Theoriedefizit der Lebensstilanalyse.

49 Der Forscher arbeitet über die Organisation der Gegebenheiten, deckt die Beziehungen zwischen den Objekten und den Zeichen auf, (...) rekonstruiert ein Bild, um homogene Gruppen definieren zu können (eigene Übersetzung).

(2) „Objektivierungsmethode“

Graphiken und statistische Bilder zeigen soziale Phänomene, die bekanntlich vielfältig, widersprüchlich und kontingent sind, mit einer extremen Präzision und beeindruckenden Eindeutigkeit. Im Alltag zunächst willkürlich erscheinende soziale Phänomene werden mittels der Instrumente der Statistik und der bildlichen Darstellung in einen rational begründeten Zusammenhang gebracht, weshalb sie so präsentiert werden können, als bedürften sie keiner weiteren Erklärung. Graphische Repräsentationen „beabsichtigen Eindeutigkeit. Ihr Interpretationsspiel geht im Idealfall gegen null“ (Boehm 2001: 53). Dies gelingt, indem soziale Verhältnisse, Prozesse und Beziehungen in die Sprache der Mathematik, der Algebra und der Geometrie übersetzt werden.

Die graphische Visualisierung tendiert dazu, die Dinge so zu präsentieren, als würden sie sich in eine totale Logik einfügen (vgl. Pinto 1987). Sie lässt alle Beziehungen und Verhältnisse als rational eingerichtet erscheinen, was sich aus der Verbindung von mathematischen Verfahren (der Anteil der Statistik) und räumlichen Darstellungsverfahren ergibt. Beide verwenden genaue Messtechniken, rationale Kalkulationen und garantieren damit eine extreme Präzision. Alles Überflüssige, Unklare oder Undeutliche wird weggeschnitten, um eine schnelle und eindeutige Rezeption zu befördern. Damit beanspruchen sie eine enorme Erklärungskraft. Heintz/Hager sehen genau darin eine Funktion der Graphiken, nämlich durch die von ihnen „behauptete Bildevidenz der Legitimation der Wissenschaften zu dienen“ (Heintz/Hager 2001: 29). Demgemäß können Relativierungen, welche in manchen schriftlichen Darlegungen unerlässlich sind, bei graphischen Repräsentationen gestrichen werden – zumal wenn sie nicht ins Bild passen. Es entsteht ein Gesellschaftsbild, das aus leicht verständlichen Prozessen, überschaubaren Zusammenhängen und einfach aufgebauten Verhältnissen besteht: Das gesellschaftliche Ganze scheint erklärbar und problemlos steuerbar. Dies leitet über zur dritten Eigenart.

(3) Handlungsbezug

Die graphischen Darstellungen sind so aufgebaut, dass sie den Eindruck evozieren, als ließe sich daraus sogleich herleiten, welche Handlungsbedarfe bestehen, welche Eingriffe und Steuerungen erfolgreich sein werden. Sie präsentieren sich so, als beinhalteten sie „praktische Rezepte“. Die Graphik illustriert ein direkt verwendbares Wissen: Es ist sofort verständlich und kann deshalb sogleich in praktische Anleitungen übersetzt werden (vgl. ebd.). Werden die unterschiedlich hohen Einkommen von Frauen und Männern bei gleicher Arbeit dargestellt, ist klar, dass diese Ungleichheit zu reduzieren ist, und dies scheint ganz einfach. Die graphisch aufgearbeiteten Ergebnisse der PISA-Studie vermitteln den Anschein, dass die neue deutsche Bildungskatastrophe unverzüglich beendet wäre, wenn das finnische Bildungssystem übernommen würde. Auf den Punkt gebracht: „Sie sind vollzugsorientiert.“ (Boehm 2001: 53)

5.4 Die Macht der Bilder

Die soziale Macht der Bilder und Graphiken besteht darin, dass sie die Ansichten und Vorstellungen über gesellschaftliche Zusammenhänge und Verhältnisse prägen und damit indirekt auch das soziale Handeln in bestimmte Bahnen lenken. Diese Eigenschaften sind den graphischen Darstellungen und Bildern deshalb inhärent, weil diese als wissenschaftlich fundiert auftreten und wahrgenommen werden, also gemäß der Rolle von Wissenschaft in unserer Gesellschaft als objektive, neutrale und unabhängige Beschreibungen akzeptiert werden – kurz: als Objektivierungsmethode.

Die Redensart, dass ein Bild mehr als tausend Worte sagt, ist nicht widerlegt, aber eben in dieser Endgültigkeit auch nicht bewiesen; trotzdem spricht einiges dafür. Unbestritten ist, dass nur ein Bild auf einem so kleinen Platz so viele Daten zusammenfassen und in einen systematischen Zusammenhang bringen kann. Die bildnerischen Darstellungen können zwar die Sprache nicht ersetzen, aber sie bilden eine „übergeordnete Instanz, weil sie das Gedächtnis der Menschen“ beherrschen, denn mit Bildern haben die Menschen weitaus unmittelbarer zu tun als mit Texten (Bredekamp 2001: 19). Dies hat Bredekamp in seiner Analyse der Darstellungen des Leviathan gezeigt. Gerade sehr abstrakte Graphiken wie die Bevölkerungspyramide oder die graphische Darstellung der Sozialstruktur sind mit sinnlich-ästhetischen Qualitäten ausgestattet. Sie generieren eine eigene sinnliche Welt und dringen intensiver in die Wahrnehmungsmuster und Denkmodelle ein als ausschließlich sprachliche Beschreibungen. Allerdings bringt die Bilderstatistik im Vergleich mit den anderen Repräsentationsformen ein Problem mit sich. Soll die Macht der Gesellschaftsbilder Akteuren zugeordnet werden, dann ist das bei der Statistik, speziell der amtlichen, einfach: Es ist der Staat. Ähnliches gilt für die meisten Berichte, die einen Herausgeber haben. Für die graphischen Repräsentationen ist dies schwieriger nachzuvollziehen. Ihre Macht resultiert insbesondere daraus, dass sie auf herkömmlichen Wahrnehmungs- und Denkweisen aufbauen und ihre Wirkungsweise zumeist im Vorreflexiven bleibt, wie anhand der vier Sozialstrukturbilder demonstriert wurde. Sie werden selten versprachlicht und damit einer soziologischen Analyse zugänglich gemacht.[50]

Das Charakteristische der graphischen Darstellungen ist, dass sinnliche Wahrnehmung und abstrakte wissenschaftliche Analyse auf das Engste miteinander vermittelt sind. Auch ohne empirische Belege spricht einiges für die Vermutung, dass gerade die Verbindung von Sinnlichkeit und Sinnhaftigkeit diese Bilder als besonders schlüssig und in sich kohärent erscheinen lässt. Besonders, wenn sie an eingeübte Schemata der Wahrnehmung und des Denkens anknüpfen und deshalb ohne bewusste Vergegenwärtigung oder intellektuelle Auseinandersetzung registriert werden, besitzen sie vermutlich eine große Plausibilität im Alltag. Derartige Repräsentationen

50 Um die Wirkungsweise der graphischen Repräsentationen in ihrer Gesamtheit zu verstehen, sind Kenntnisse etwa der Wahrnehmungspsychologie und der Soziologie der Sinne notwendig (vgl. Barlösius 2000b).

sentationen schreiben sich rasch und tief in die Sichtweisen und Denkstile ein und tragen zu einer Abstimmung der Wahrnehmungs- und Bewertungsweisen bei, die auf diese Weise Grundlagen für Common Sense legt.

Die Bilderstatistik hat einen großen Anteil daran, dass eine topographische Vorstellung der Gesellschaft entwickelt wurde, also die Gesellschaft als zwei- oder dreidimensionales räumlich geordnetes Gebilde – als sozialer Raum (Bourdieu) – gedacht wird. Durch graphische Repräsentationen entstehen „mental maps“: Landkarten der Gesellschaft (vgl. Liebig 1999: 229). Für die Verständigung und Bewertung sozialer Verhältnisse und Prozesse sind sie außerordentlich einflussreich, weil sie eine weitgehend einheitliche Sichtweise garantieren. Über eine bloße Veranschaulichung reicht die graphische Repräsentation in der großen Mehrzahl hinaus, da ihre Mitteilung zumeist nicht von ihrer Präsentation zu trennen ist. Die graphischen Modelle – mitsamt der in ihnen enthaltenen impliziten Annahmen – haben fraglos etliches zur gesellschaftlichen Selbstbeschreibung beigesteuert. Sie prägen die Wahrnehmungsweisen und -muster, also welches Bild sich Menschen von der sozialen Welt machen und welchen Platz sie sich und den anderen zuordnen.

Für die Aushandlungsprozesse über legitime und illegitime Ungleichheiten reichen Bilder allein nicht aus; es bedarf zusätzlich sprachlicher Mittel. Kategorien und Klassifikationen sind ein wichtiger Referenzpunkt für diese Auseinandersetzungen. Auch bei den Kategorien und Klassifikationen handelt es sich um Repräsentationen und, sofern sie gesetzlich verankert sind, sogar um „legitime Repräsentationen“.

6 Kategorien und Klassifikationen

Nur wenn es eine Vorstellung von Armut gibt, existiert auch eine über Reichtum, soziale Ungleichheit wird dort konstatiert, wo Forderungen nach sozialer Gleichheit aufgestellt wurden, und soziale Ungerechtigkeit kann erst dann skandalisiert werden, wenn Vorstellungen von sozialer Gerechtigkeit vorliegen. Arm und reich, ungleich und gleich, ungerecht und gerecht sind Kategorien, mit denen sich die soziale Welt nach Benachteiligungen und Bevorzugungen ordnen lässt und die eine Vergleichbarkeit über Einzelfälle hinweg ermöglichen.[51] Jeweils werden verschiedenste Personen, Phänomene, Dinge oder Ideale unter einer Kategorie zusammengefasst und damit ihre Zugehörigkeit zu der einen und ihre Nichtzugehörigkeit zu der anderen Kategorie bestimmt. Wer arm ist, kann nicht reich sein, was als ungleich definiert ist, kann nicht als gleich beurteilt werden, was als ungerecht wahrgenommen wird, nicht als gerecht bewertet werden. Kategorien inkludieren oder exkludieren. Sie tun dies, indem sie die Vielfalt und Verschiedenartigkeit in eine überschaubare Anzahl von Gattungen, Arten oder Gruppen einteilen. Diese sind durch klare Grenzen – „differentia specifica" – ohne direkten Übergang voneinander geschieden.[52]

Um festzulegen, was sie voneinander trennt, sind sie jedoch „in einem idealen Raum zu vereinen", um sie „dann als Gattungen und Arten zu bezeichnen" (Durkheim/Mauss 1993: 176). Dafür ist zunächst der Geltungshorizont der Kategorien zu bestimmen: Bezieht sich die Unterscheidung zwischen arm und reich auf die ganze Menschheit, auf die Bevölkerung in einem Land, auf die Staatsbürger etc.? Und welche sozialen Unterschiede zwischen den Menschen besitzen überhaupt den Charakter von sozialen Ungleichheiten und sind aus diesem Grund zu berücksichtigen? Gilt dies für alle Differenzen oder nur die unterschiedliche Ressourcenausstattung

51 Es versteht sich von selbst, dass hier von sozialen Kategorien und Klassifikationen die Rede ist und von solchen, die soziale Ungleichheiten markieren. Genauso werden nur solche Prozesse der Kategorisierung und Klassifizierung betrachtet, die bewusst oder, noch eingeschränkter, in irgendeiner Weise wissenschaftlich fundiert sind. Dies impliziert eine starke Verengung, denn alles menschliche Wissen basiert auf Kategorisierungs- und Klassifizierungsprozessen, die zumeist jedoch vorbewusst ablaufen (vgl. Jenkins 2000: 8).

52 Die soziale Klassifizierung ähnelt der des Geschmacks. Er trennt Gleiches von Ungleichem, indem er eine Zuordnung zu wesensgleichen Gruppen vornimmt. Genau dies charakterisiert seine Wahrnehmungsweise. Der Geschmack subsumiert den Einzelfall unter eine allgemeine Regel oder ein Prinzip. Im Gegensatz zu wissenschaftlichen Kategorien und Klassifikationen, die begründungsbedürftig sind, entziehen sich geschmackliche Neigungen und Ablehnungen dieser Auflage. Sie brauchen nicht von ausgewiesenen Kriterien hergleitet oder mit diesen gerechtfertigt werden. Die Redewendung „Über Geschmack kann man nicht streiten" drückt genau dies aus. Geschmackliche Vorlieben anderer kann man verschmähen, aber die Ablehnung kann nicht rational, sondern wiederum nur geschmacklich begründet werden (vgl. Barlösius 2000b).

(z.B. Einkommen, Bildung, Gesundheit), sind formale Chancengleichheit und subjektive Zufriedenheit einzubeziehen oder ist noch etwas anderes zu beachten? Ähnliche Fragen gelten für die Kategorie der „sozialen Gerechtigkeit". Erst wenn der Bezugsrahmen geklärt ist, können die „differentia specifica" bestimmt werden, da je nach Geltung andere Unterscheidungsmerkmale bedeutungsvoll werden. Um reich und arm kategorial zu bestimmen, also die Unterscheidungsmerkmale zu definieren, muss vorher der Geltungsraum feststehen: Deutschland, die EU oder die Weltgesellschaft. Ansonsten werden die Kategorien als nicht aussagekräftig verworfen.

Den Unterscheidungsmerkmalen auf kategorialer Ebene entsprechen auf der Ebene der Sozialstrukturanalyse die Gliederungs- bzw. Differenzierungsachsen. Darunter werden jene Regularien oder Mechanismen verstanden, nach denen die gesellschaftliche Zuteilung von Ressourcen und Positionen erfolgt. Auch bei der Feststellung der Gliederungs- bzw. Differenzierungsachsen geht die Ungleichheitssoziologie davon aus, dass die vielfältigen Zuweisungsprozesse auf einige grundlegende Strukturprinzipien zurückgeführt werden können, und weiterhin, dass diese Prinzipien für alle bedeutsamen ungleichheitsträchtigen Ressourcen und Positionen gleichermaßen gelten. Wenn Ungleichheitsverhältnisse als Ergebnis von Machtunterschieden interpretiert werden und damit Macht zum dominanten Strukturprinzip erklärt wird, dann sind Unterscheidungsmerkmale so festzulegen, dass sie geeignet sind, Machtdifferenzen zu erfassen.

Kategorien subsumieren Personen, Phänomene, Dinge oder Ideale auf besondere Weise, nämlich relational. Es sind Beziehungsbegriffe. So kann Armut nur vor dem Hintergrund von Reichtum und umgekehrt bestimmt werden, jede Definition von sozialer Ungleichheit legt Maßstäbe für Gleichheit fest und wer soziale Ungerechtigkeit skandalisiert, der äußert gleichzeitig seine Vorstellungen von sozialer Gerechtigkeit. Kategorien konstituieren nicht nur Gruppen, sondern setzen diese zugleich zueinander in Beziehung. Dies bedeutet, dass die Kategorien immer auch ein gesellschaftliches Verhältnis ausdrücken. Aus dem relationalen Charakter der Kategorien ergibt sich, dass diese in wohl definierten Beziehungen zueinander stehen und in ihrer Gesamtheit ein Kategoriensystem bilden. In diesem System nehmen die verschiedenen Kategorien feste Plätze ein: reich ganz oben, arm ganz unten, höhere, mittlere und untere soziale Positionen in dieser Reihenfolge dazwischen, progressiv links und konservativ rechts etc. Selbstverständlich ist dies zu schlicht konzipiert, aber es wird deutlich, dass sich auf diese Weise ein Raum aufspannt: eine Topographie des Sozialen.

Sind die Beziehungen zwischen den Kategorien bzw. Kategoriensystemen nicht oder nicht nur logisch (kognitiv) begründet, sondern implizieren zugleich eine Bewertung und damit verbunden eine räumliche Hierarchisierung – wie gerade ausgeführt: der Reiche steht über dem Armen –, dann verwandeln sich die Kategorien in Klassifikationen.[53] Unter Kategorien sollen sprachliche Verdichtungen entlang von

53 Dies lässt sich anhand von Skalen veranschaulichen: Kategorisierung entspricht einer Nominalskala und Klassifizierung einer Ordinalskala.

Unterscheidungsmerkmalen verstanden werden, Klassifikationen enthalten dagegen zusätzlich eine Bewertung und stehen untereinander in genau festgelegten hierarchischen Beziehungen. Die kategoriale Unterscheidung in weiblich und männlich wirkt klassifizierend, sofern daran Bewertungen geknüpft sind, die soziale Bevorzugungen oder Benachteiligungen nach sich ziehen. Die Bewertungen können sich auf verschiedenste Begründungen berufen. So gibt es kulturelle, ethnische, ökonomische, ästhetische und eine Vielzahl weiterer Argumente für die Höherbewertung bzw. Abwertung aufgrund von Unterschieden. Für die Soziologie besteht die Herausforderung darin, sie auf eine Ursache oder zumindest eine handhabbare Anzahl zurückzuführen, um sie als Ergebnis und Ausdruck ein und desselben Phänomens, nämlich der sozialen Ordnung, zu interpretieren. So steht für Durkheim fest: „Jede Klassifikation impliziert eine hierarchische Ordnung“ und diese ist dem Modell der gesellschaftlichen Ordnung nachgebildet (Durkheim/Mauss 1993: 176). Aus diesem Grund reproduziert die „Klassifikation der Dinge ... die Klassifikation der Menschen“ (ebd.: 179). Welche soziologischen Probleme aus dieser Sicht resultieren, wurde bereits dargelegt.

6.1 Die Suche nach Substantialität

Die Frage nach der Ordnung der Kategorien und Klassifikationen soll an dieser Stelle nochmals, aber auf andere Weise als vorne angesprochen werden. Die Fragen,

- ob und wie soziale Wirklichkeit – bei Durkheim: gesellschaftliche Ordnung – und Klassifikationen miteinander korrespondieren,
- ob sich die Kategorien und Klassifikationen auf etwas „Zugrundeliegendes“[54] beziehen,
- ob es sich bei Kategorien und Klassifikationen um sprachliche Verdichtungen handelt, um sich der sozialen Wirklichkeit zu versichern,

variieren Problemstellungen, die schon im zweiten, dritten und im vierten Kapitel behandelt wurden. Sie sollen hier nicht weiter theoretisch vertieft werden. Stattdessen wird die Praxis des Kategorisierens und Klassifizierens genauer betrachtet. Dies ist unerlässlich, weil gerade die Ungleichheitssoziologie einen großen Teil ihrer Forschungsanstrengungen dafür aufwendet, Kategorien zu definieren, Klassifikationen zu entwickeln, die Abstände zwischen Klassen und sozialen Gruppen zu bestimmen etc. Für die Sozialstrukturanalyse sind die Definitionen und Festlegungen zwingend erforderlich; ansonsten ist es nicht möglich, ein Sozialstrukturbild zu entwerfen.

54 Den Begriff „Zugrundeliegendes“ verwendet Aristoteles in seiner Schrift über die „Kategorie“. Die Kategorie nimmt etwas „Zugrundeliegendes als Ausgangspunkt“ und bringt es in eine „statische Form“. Den Übergang vom Ausdruck über den Begriff zur Kategorie qualifiziert Aristoteles als Stufen der Fixierung, als Stufen der sprachlichen Verdichtung (Aristoteles, zitiert nach Rath 1998).

Zumeist erfüllt sie diese Aufgabe, ohne eigens die damit verbundenen theoretischen Fragen zu wälzen. Wenn umgekehrt diese Fragen ausführlich theoretisch behandelt werden, dann in der Regel ohne sich der Herausforderung einer empirischen Untersuchung der Sozialstruktur zu stellen.

Für die Sozialstrukturanalyse ist es unausweichlich, davon auszugehen oder zumindest danach zu streben, dass den Kategorien und Klassifikation etwas zugrunde liegt, sie sich also auf Reales beziehen. Dies ist für die Ungleichheitssoziologie, sofern sie sich nicht im vorhinein vom Bezug auf soziale Wirklichkeit suspendieren will, unerlässlich. Gäbe sie diesen Anspruch auf, wäre dies heikel, da sie nicht nur mit wissenschaftlich konstruierten Beobachtungskategorien und -klassifikationen operiert, sondern auch solche verwendet, die Grundlage politischer Eingriffe und Steuerungen sind – z.B. Arbeitslosigkeit, Sozialhilfebedürftigkeit, Einkommenssteuerpflicht etc. Indem sie auf diese zurückgreift, bekräftigt sie die darin enthaltenen gesellschaftlichen Auffassungen, staatlichen Regulierungen und politisch verantworteten sozialstrukturellen Brüche. Zudem beteiligt sie sich an Prozessen der Generierung von Kategorisierungen und Klassifizierungen, die unmittelbar in den gesellschaftlichen und politischen Diskurs einmünden, wie Gleichstellung, Chancengleichheit, soziale Ausgrenzung, Lebenslage usw.

Wenn Kategorien und Klassifikationen primär relational einander zugeordnet sind, dann ist die Gewinnung von Substantialität stets durch dieses Vorzeichen beschränkt. Jegliche Bestimmung substanzieller Eigenschaften und Charakteristika reagiert auf die berechtigte, ja notwendige Absicht, die Kategorien und Klassifikationen in der sozialen Wirklichkeit zu verankern, mit Substanz zu füllen und darin reale Unterschiede zur Geltung zu bringen. Dieses Streben – mit Pierre Bourdieu könnte man von einer „illusio“ sprechen – kann die Ungleichheitssoziologie nicht ablegen, schließlich basiert darauf ihr wissenschaftliches Grundverständnis. Sie muss daran festhalten, dass zwischen den Kategorien und Klassifikationen auf der einen Seite und der sozialen Wirklichkeit auf der anderen Seite eine wie auch immer geartete Korrespondenz besteht, wenn auch keine direkte Entsprechung.[55] Arm und reich, sozial ungleich und gleich, gerecht und ungerecht – diese und andere Kategorien fassen soziale Verhältnisse nur unter einem Begriff zusammen; sie entstammen diesen aber keineswegs. Zwar handelt es sich um begriffliche Konstruktionen, nichtsdestotrotz rekurrieren sie auf reale Differenzen und wirken auf diese auch wieder zurück.

Was bedeutet es aber, die relationale Bestimmung der Kategorie substanziell zu fundieren? Es heißt, „arm“ nicht mehr nur in Relation zu „reich“ zu definieren, sondern auf reale, substanzielle Eigenschaften von Not zu verweisen, dafür Indikatoren zu entwickeln und diese Merkmalsbestimmungen in den Kategorien und Klassifikationen zu verankern. Eine Merkmalsbestimmung ist beispielsweise: Arm ist, wer nicht genügend zu essen und kein Obdach hat, schlecht ausgebildet ist und von kei-

55 Eine lockere Koordinierung (vgl. Kapitel 4) genügt den wissenschaftlichen Ansprüchen sicherlich nicht.

nen sozialen Netzwerken aufgefangen wird; eine andere lautet: Arm ist, wer weniger als 50 Prozent des durchschnittlichen Haushaltsnettoeinkommens zur Verfügung hat. Erst durch solche Substantialisierungen wird es überhaupt möglich, Armut im realen Geschehen empirisch zu erfassen, zu messen und ein Strukturbild der Armut zu zeichnen, und zwar ohne das relational bestimmte Gegenüber – den Reichtum – gleichzeitig zu analysieren. Solange Kategorien ausschließlich relational aufeinander abgestimmt sind, müsste eigentlich jede Armutsuntersuchung zugleich eine Reichtumsstudie sein. Dies ist bekanntlich nicht der Fall. Es gibt viele sozialwissenschaftliche Studien über die Gruppe der Armen, im Vergleich dazu kaum Untersuchungen über die Gruppe der Vermögenden.

Indem in der oben skizzierten Weise Kategorien und Klassifikation substantialisiert werden, gelingt es, die einzelnen Kategorien und Klassifikationen jeweils für sich zu erforschen. Allerdings ist aus den Substantialisierungen nicht jegliche Relationalität gelöscht. Um festzusetzen, was genügend Nahrung, eine angemessene Behausung, eine ausreichende Bildung und stabile soziale Netzwerke meint, bedarf es der Bemessungsgrundlagen. Diese können allerdings nicht absolut, sondern nur relational festgelegt werden. Was meint denn genügend Nahrung? Eine ausreichende Menge an Kalorien, Nährstoffen, Vitaminen und Mineralstoffen. Sollte die Nahrung nicht auch hygienisch einwandfrei sein? Besteht eine ausreichende Ernährung, wenn es sich um Nahrungsmittel handelt, die zwar physiologisch essbar sind, aber kulturell als ungenießbar gelten? Der Maßstab „genügend Nahrung“, welcher auf den ersten Blick als substantiell eindeutig bestimmt erscheint, bringt auf den zweiten Blick viele Bewertungsfragen mit sich, die relationale Beurteilungen in sich tragen.

Die Substantialisierung löst das Problem der Relationalität nicht prinzipiell auf, sondern verschiebt es nur: Nun ist festzusetzen, was unter „genügend“ zu verstehen ist. Dies kann nur unter Einbeziehung gesellschaftlicher Vorstellungen von Mindestmaßen vonstatten gehen. Die Beziehung der Armen zur Gesamtgesellschaft, dieses relationale Geschehen, wird in einen distributiven Ausdruck übersetzt. Aus der Perspektive der Gesamtgesellschaft wird der Maßstab für Verarmung festgelegt, der einen Common Sense darüber beinhalten soll, was in der Gesellschaft als notwendig gilt, um dieser zuzugehören. Damit treten durch die Hintertür wieder relationale Maße ein, diesmal jedoch nicht mit Bezug auf das kategoriale Gegenüber – den Reichtum –, sondern als gesamtgesellschaftliche Bestimmung einer genügenden Versorgung. Daraus kann man ersehen, dass in jeder Form der Substantialisierung ein gesellschaftliches Verhältnis kodiert ist. Allerdings wird es selten offen als solches dargestellt, stattdessen zumeist hinter scheinbar objektiven Maßen verborgen. So wird kaum wahrgenommen, dass die substantiellen Bestimmungen nicht nur soziale Merkmale benennen, sondern auch ein gesellschaftliches Verhältnis beinhalten.

Zusammenfassend kann man sagen, dass soziale Kategorien und Klassifikationen per se relational aufgebaut sind, weshalb sie nicht nur zuordnen und eingruppieren, sondern immer auch eine gesellschaftliche Beziehung charakterisieren. Es ist der empirischen Sozialstrukturanalyse inhärent, Kategorien und Klassifikationen zu substantialisieren, um darzulegen, welche realen Unterschiede ihnen zugrunde liegen. Der relationale Charakter geht dabei nicht völlig verloren, allerdings zumeist der Bezug auf das kategoriale Gegenüber. An dessen Stelle tritt gewöhnlich ein gesamtgesellschaftlich anerkanntes Maß, in welchem oft ein Common Sense über die soziale Welt kodiert ist. Diese Art der Kategorisierung und Klassifizierung scheint für die Sozialstrukturanalyse ohne Alternative.

Für die Analyse der Repräsentationen sozialer Ungleichheit jedoch ergibt sich daraus der Auftrag, soziale Kategorien und Klassifikationen als Ergebnis gesellschaftlicher Auseinandersetzungen und historischer Prozesse zu betrachten. Hierbei ist just deren relationaler Charakter zu analysieren, weil sich darin die Sichtweisen der gesellschaftlichen Verhältnisse widerspiegeln. Forschungsgegenstand ist zu zeigen, welche Sichtweisen von Gleichheit und Ungleichheit, Gerechtigkeit und Ungerechtigkeit in diesen inkorporiert sind und welche sozialen Akteure ihre Sichtweisen gesellschaftlich und politisch durchsetzen können. Besteht nur dann Armut, wenn das zum Überleben Notwendige nicht mehr gesichert ist, oder bereits dann, wenn die gesellschaftliche Teilhabe an den wichtigsten Lebensbereichen nicht mehr möglich ist? Es ist deshalb verkürzt, Kategorien und Klassifikationen nur als Ungleichheitssemantik aufzufassen, weil damit der Eindruck vermittelt wird, es handele sich nur um Bezeichnungen von ungleichheitsrelevanten Merkmalen. Tatsächlich transportieren die Kategorien und Klassifikationen eine bestimmte Auffassung der Ungleichheitsverhältnisse. Zudem sind sie mit einer hohen Evidenz ausgestattet, sowohl in der alltäglichen Wahrnehmung als auch bei der wissenschaftlichen Beobachtung und nicht zuletzt bei politischen Entscheidungsprozessen (vgl. Lenoir 1987).

6.2 Einige Eigenarten der Kategorisierung und Klassifizierung am Beispiel der Erwerbsarbeit

Kategorien und Klassifikationen schreiben bestimmte Unterscheidungsmerkmale fest. Dies gehört zu ihrer Eigenart und kann deshalb nicht ohne Weiteres aufgegeben werden. So ist es beispielsweise üblich, die Erwerbsarbeit nach Wirtschaftsbereichen, z.B. Land- und Forstwirtschaft, Fischerei, Produzierendes Gewerbe, Handel, Gastgewerbe und Verkehr, sonstigen Dienstleistungen, sowie nach der Stellung im Beruf – dies sind Selbstständige, mithelfende Familienangehörige, Beamte, Angestellte, Arbeiter – zu gliedern.[56] Dies ist gängig und teilweise rechtlich verbindlich, obwohl diese beiden Unterscheidungsmerkmale nur bedingt geeignet sind, aktuelle Entwicklungen darzustellen. Für das Festhalten an ihnen spricht, dass sie seit 1882 in den staatlichen Berufsstatistiken verwendet werden und deshalb lange Zeitreihen ermöglichen, allerdings auf Kosten einer präzisen Analyse der Gegenwart. Aber schon damals – vor über 120 Jahren – war diese Kategorisierung und Klassifizierung

56 In der Klassifizierung der Berufe von 1992 wurden folgende Sektoren unterschieden: „Berufe in der Land-, Tier, Forstwirtschaft und im Gartenbau“, „Bergleute, Mineralgewinner“, „Fertigungsberufe“, „Technische Berufe“, „Dienstleistungsberufe“ und „sonstige Arbeitskräfte“ (Statistisches Bundesamt 1992).

der Berufs- und Wirtschaftszweige kaum geeignet, zeitnah den enormen Wandel der Arbeitsstrukturen und Berufstätigkeiten zu erfassen. In den ersten Berufsstatistiken in Deutschland wurde noch von einer landwirtschaftlich und handwerklich dominierten Erwerbsstruktur ausgegangen, obwohl die Beschäftigung in beiden Bereichen bereits stark rückläufig war. Die Zunahme und Differenzierung der industriellen Tätigkeiten, der Beschäftigungen in der sich modernisierenden Infrastruktur – Telegraphie, Eisenbahn etc. – und in den neuen Büroberufen konnten damit nur sehr unzulänglich erfasst werden (Barlösius 1997).

Eine Eigenart von Kategorien und Klassifikationen ist somit, dass allein durch ihre Festlegung eine gewisse gesellschaftliche Stabilität unterstellt und teilweise auch erzeugt wird. Denn in den gesellschaftlichen und politischen Auseinandersetzungen über die Erwerbsarbeit wird auf diese Kategorien und Klassifikationen zurückgegriffen, auch wenn mittlerweile andere Unterscheidungsmerkmale aussagekräftiger geworden sind. Die Unterscheidungsmerkmale, nach denen die Kategorien und Klassifikationen gebildet werden, beziehen sich jedoch auf mehr denn nur auf fachspezifische Kriterien – wie in diesem Fall die Kriterien Berufe und Erwerbsformen zu unterscheiden. Sie enthalten auch Annahmen darüber, welche Differenzierungsachsen für eine Gesellschaft charakteristisch sind, teilweise sogar ein bestimmtes Gesellschaftsbild.[57] Eine Berufsstatistik, welche der Land- und Forstwirtschaft und dem Gartenbau einen so großen Platz einräumt, obwohl dort nur wenige Menschen erwerbstätig sind, hängt noch immer am Modell einer agrarisch geprägten Gesellschaft. Bereits Ende des 19. Jahrhunderts war diese Berufsstatistik nicht mehr angemessen. Die Berufsstatistiker der damaligen Zeit standen eigentlich vor der Aufgabe, die Folgen des massiven industriellen Strukturwandels zu erfassen und Kategorien für die Veränderungen in den technischen und den Büroberufen zu entwickeln. Und die heute gültige Berufsklassifizierung des Statistischen Bundesamtes lässt sich noch immer vom Modell der Industriegesellschaft leiten, obwohl es ihre Aufgabe wäre, die Dienstleistungs- und Wissensgesellschaft statistisch fassbar zu machen.

Wenn in der gegenwärtigen Statistik der Erwerbstätigkeit die größte Gruppe mit beinahe 40 Prozent – nach Wirtschaftsbereichen differenziert – in der Sparte der „sonstigen Dienstleistungen“ anzutreffen ist und nur etwa sechs Prozent der Menschen in der Landwirtschaft beschäftigt sind, dann zeigt dies, dass diese Einteilung der Zeit vor der Dienstleistungsgesellschaft entspringt, kaum der Industriegesellschaft angemessen ist und am ehesten doch das Ende der Agrargesellschaft darstellen kann (www.destatis.de vom 18.10.2002). Ähnliches gilt für die Einteilung nach der „Stellung im Beruf“. Dort umfasst die Gruppe der Angestellten die Hälfte aller Erwerbstätigen, während die „mithelfenden Familienmitglieder“ weniger als ein Prozent ausmachen. Die Einteilung nach der Stellung im Beruf fußt auf einem ver-

57 Desrosières geht so weit, zu behaupten, dass in den Kategorien und Klassifikationen „des principes fondamentaux de constitution d'un ordre social“ enthalten sind (vgl. Desrosières/Thévenot 1988). Dies ist eine ziemlich weit reichende Behauptung.

gangenen ständischen Gliederungsprinzip, welches kaum geeignet ist, Unterschiede im beruflichen Status zu erfassen. Allerdings sind beide Unterscheidungsmerkmale im alltäglichen Sprachgebrauch üblich und werden ohne große Relativierungen zur beruflichen Klassifizierung benutzt. Dem Wandel der Gesellschaft folgt somit keineswegs unmittelbar ein Wandel der kategorialen Repräsentationen. Dies macht nochmals deutlich, dass es zu kurz gegriffen ist, die soziale Wirklichkeit und deren Repräsentation in einem homologen Verhältnis zueinander zu sehen. Bei der Klassifizierung der Erwerbstätigkeit wird auf ein Gesellschaftsmodell Bezug genommen, dass von den praktischen Erfahrungen wie auch von vielen Zeitdiagnosen weit entfernt ist. Dies erklärt sich daraus, dass den Kategorisierungen und Klassifizierungen eine gewisse Statik inhärent ist und sie gesellschaftliche Immobilität stärker fokussieren als gesellschaftlichen Wandel.

Sind die statistisch gebräuchlichen Kategorien und Klassifikationen zu weit von denen entfernt, die bestimmte gesellschaftliche Gruppen zur Selbstklassifizierung verwenden, dann gelangt man zu inkonsistenten Ergebnissen. Dies geschieht beispielsweise, wenn die eingeführten Kategorien und Klassifikationen soziale Zuschreibungen und Sichtweisen transportieren, von denen sich die klassifizierten Gruppen in ihrem Selbstverständnis emanzipiert haben. Auf so einen Fall ist Peter A. Berger bei einer genaueren Analyse des Sozioökonomischen Panels (SOEP) gestoßen (Berger 2001). Dort wird u. a. der Erwerbsstatus erhoben. Es handelt sich um eine geschlossene Frage, die Mehrfachantworten zulässt, um so die Übergänge von einem Status in einen anderen zu erfassen. Der Erwerbsstatus wird monatlich in so genannten „Erwerbskalendarien" erfasst. Bei der Analyse stieß er auf das irritierende Phänomen, dass etliche Frauen nicht nur für die einzelnen Monate, wie es der Logik der Fragebogenkonstrukteure entspricht, mehrfache Angaben zum Erwerbsstatus machten, sondern über alle Monate hinweg. Diese Frauen geben an, Hausfrau und voll erwerbstätig zu sein, was der Tradition der Statuszuordnung, die von einem entweder/oder ausgeht, widerspricht.

Die Mehrfachangaben verweisen auf soziale „Unschärfen" oder „Ambivalenzen" in der Statusselbstzuschreibung. „Mehrfachnennungen bedeuten ..., dass die Befragten die Vorgaben nicht als einander ausschließende Zustände verstehen konnten oder wollten, sondern sich mehr oder weniger bewusst für eine doppelte Angabe entschieden haben, die ihrer Lebenswirklichkeit, ihrer Eigenwahrnehmung bzw. ihrer Selbstbeschreibung möglicherweise besser entspricht." (ebd.: 216) Dieser Befund war typisch für westdeutsche Frauen, nicht aber für ostdeutsche, was angesichts der hohen Erwerbsbeteiligung letzterer als Indiz dafür zu werten ist, dass unter den „westdeutschen Frauen der öffentliche Diskurs über 'Doppelbelastungen' im Beruf und im Haushalt zu einigen Unklarheiten darüber beigetragen [hat], was nun 'eigentlich' den Status einer erwerbstätigen Frau 'in letzter Instanz' ausmacht" (ebd.). Es zeigte sich weiterhin, dass es sich vor allem um einen Kohorteneffekt handelt. Es sind die jüngeren westdeutschen Frauen, die mit der traditionellen Klassifikation in erwerbstätig oder Hausfrau brechen und damit signalisieren, dass diese Einteilung immer weniger geeignet ist, die gegenwärtige soziale Wirklichkeit zu beschreiben.

Dieses Beispiel demonstriert, dass die Kategorisierungen und Klassifikationen, wenn sie nicht mehr als kohärent und konsistent wahrgenommen werden, ihre Evidenz und Überzeugungskraft einbüßen. Noch etwas ganz anderes wird deutlich. Um kohärente und konsistente Kategorien und Klassifikationen zu bilden, bedarf es oftmals eines langen Prozesses des Arbeitens an den Kategorien und Klassifikationen, bis diese so entwickelt und voneinander abgegrenzt sind, dass sie sich in der Praxis bewähren. Es ist eine große Herausforderung an die Repräsentationsarbeit, die Kategorien und Klassifikationen neu zu gestalten. Diese haben drei Anforderungen zu genügen: der Statusselbstbeschreibung in der jüngeren westdeutschen Frauengeneration zu entsprechen, dem Selbstverständnis der älteren und ostdeutschen Frauengeneration gerecht zu werden und zudem noch common-sense-fähige Beschreibungen zu erhalten. Dies leitet zu einer weiteren Eigenart von Kategorien und Klassifikationen über.

Bei der Kategorisierungs- und Klassifizierungsarbeit handelt es sich nicht nur um einen sozialen, sondern auch um einen intellektuellen Prozess, schlicht um kognitive Arbeit. Oftmals erscheint es erst im Nachhinein ganz nahe liegend und schlüssig, wie bestimmte Dinge zu kategorisieren und zu klassifizieren und welche Unterscheidungen sinnvoll sind. Ist man jedoch vor die Aufgabe gestellt, beispielsweise für Beschäftigungsverhältnisse und Lebensgemeinschaften die bestimmenden Unterscheidungsmerkmale festzulegen, dann bemerkt man recht schnell, was dabei alles zu bedenken ist und dass es sich um eine intellektuelle Herausforderung handelt. Ein solcher Prozess des Arbeitens an den Klassifikationen – den sozioprofessionellen Kategorien – soll nun kurz exemplarisch dargelegt werden. Da es kaum deutsche Studien zu diesem Thema gibt, wird eine französische Untersuchung vorgestellt. Desrosières/Thevenot unterscheiden in ihrem Buch „Les catégories socio-professionelles“ (1988) drei Phasen der Herausbildung beruflicher Klassifizierungen. Die erste war geprägt von der Erfassung der verschiedensten handwerklichen Berufe, und zwar entlang deren zunftmäßiger Organisation im Ancien Régime. Es wurden drei große Erwerbsklassen unterschieden: diejenigen, die auf dem Land und von der Landwirtschaft leben, diejenigen, die beim Staat beschäftigt sind, und jene, die von ihrer Hände Arbeit leben, wozu die Handwerker ebenso wie die „liberalen bzw. freien Berufe“ zählten, sprich Anwälte, Ärzte etc. Diese beschreibende Kategorisierung fußte im Wesentlichen auf dem Unterscheidungsmerkmal, ob man von der Ressource Boden oder von Hand- bzw. Kopfarbeit lebte. Damit lieferte sie gleichzeitig ein Bild über die ländliche und die städtische Bevölkerung. Die „Staatsdiener“, die weniger als ein Prozent ausmachten, wurden in einer Extragruppe zusammengefasst, weil sie nicht dem Zunftrecht unterlagen. Bemerkenswert ist, dass die liberalen bzw. freien Berufe nicht als eigenständige Kategorie erfasst wurden.

In der Mitte des 19. Jahrhunderts rückte die Unterscheidung in bezahlte und nichtbezahlte Tätigkeiten ins Zentrum der Kategorisierungs- und Klassifizierungsarbeit. Die Marktorientierung wurde nun – in der zweiten Phase – zum grundlegenden Unterscheidungsmerkmal von Arbeit angesehen. Dieser Wandel folgte direkt der Kapitalisierung und Industrialisierung der Produktion, durch welche ein Arbeitsmarkt entstanden war. Es stellte sich aber als äußerst schwierig heraus, stimmige

Unterscheidungsmerkmale festzulegen. Nahm man den Arbeitsmarkt zum Ausgangspunkt und damit Entlohnung oder Nichtentlohnung zum Unterscheidungsmerkmal, tauchte das Problem auf, dass mithelfende Familienangehörige, Hausfrauen, Rentner und Pensionäre, Arbeitslose und nicht in den Arbeitsmarkt integrierbare Personen in einer Gruppe zusammengefasst wurden.[58] Es widersprach aber auch der eingeübten Wahrnehmung der sozialen Welt, Beamte, Landarbeiter, Industriearbeiter, Handwerker und Tagelöhner unter dem Dach einer Kategorie zu vereinigen, nur weil sie für ihre Arbeit entlohnt werden. Die marktorientierte Definition von Erwerbsarbeit erbrachte Ergebnisse, die nicht zur vertikalen Gliederung der Sozialstruktur passten. Die Entwicklung statistischer Kategorien, welche geeignet waren, die Auswirkungen der Industrialisierung und Kapitalisierung auf die Erwerbsstruktur zu erfassen, musste das Problem lösen, dass „in ordinary social life there was no common meaning that could enable people to think of a noble-man or man of independent means, a doctor or a senior civil servant, a worker with a craft, a manual laborer with no speciality, and a household servant as falling under the same generic concept“ (Topalov 2001: 83).[59] In einem zweiten Schritt wurde die Marktorientierung mit dem sozialen Status verbunden – sprich die sozialstrukturelle Hierarchisierung in die Berufskategorien integriert. Damit gelang es, eine Nomenklatur aufzubauen, in der Widersprüche zwischen sozialem Status und Beschäftigung, Sozialstruktur und Markt weitgehend behoben waren und die eine Klassifikation vornahm, welche den gängigen Bildern von der Gesellschaft entsprach. Die doppelte Systematik findet sich noch heute in den deutschen Berufsklassifikationen nach Wirtschaftsbereichen und der Stellung im Beruf, worin noch berufsständische Elemente – also Statusgruppen – enthalten sind.

In Frankreich schloss sich in den 30er Jahren des 20. Jahrhunderts eine dritte Phase der Weiterentwicklung der sozioprofessionellen Kategorien an. Dabei wurde die soziale Hierarchisierung bei den entlohnten Erwerbstätigkeiten enger mit den erreichten Bildungsabschlüssen verkoppelt (Desrosières/Thévenot 1988: 10). Darin wollte man zum Ausdruck bringen, dass Bildungsabschlüsse zu einem zentralen Strukturelement geworden waren. Am wichtigsten und nachhaltigsten war jedoch die Generierung der völlig neuen Kategorie „Cadre“.[60] Die Initiative, eine solche neue Kategorie einzuführen, ging von den „Grandes Écoles“ im Bereich der Ingenieurwissenschaften aus. Ihre Absolventen sollten mit einer neuen Berufsidentität ausgestattet werden (ebd.: 44). Die Interessenvertretung der Ingenieure und die Ge-

58 Diese Aufzählung stammt aus unserer Zeit, sie herauszubilden war genau die Aufgabe, die es zu lösen galt.

59 „Constructing an entire nomenclature around a single feature, the link to the market, implied a revolution in statistical representations of the social order ... The strictly individualistic and market-oriented formalization of occupational activity and of people, however, also implied a revolution in common representations of world and society.“ (Topalov 2001: 104) Siehe auch die Arbeiten von Thévenot (1990) und Gribaudi/Blum (1990) zu diesem Thema.

60 Die Gruppe der „Cadre“ besteht aus vorwiegend akademisch gebildeten, leitenden Angestellten und höheren Beamten, also aus abhängig Beschäftigten mit privilegierten Titeln und Stellen (vgl. Schultheis et al. 1996: 46).

werkschaft, in welcher vorwiegend die mittleren sozialen Klassen organisiert waren, nahmen diese Initiative auf. Das Ergebnis war eine berufliche Kategorie, die technische Kompetenz als Prinzip der modernen Effektivität und persönliches Berufsethos – das Traditionsprinzip der korporativistischen Gewerkschaftsbewegung – in sich vereinigte. Sozialstrukturell können die oppositionellen Prinzipien auf das Distinktionspotenzial einer bürgerlichen Elite, welche die Gruppenrepräsentation „Cadre“ kontrollierte, und des Kleinbürgertums, welches die Bataillone stellte, zurückgeführt werden (ebd.). Die Verbindung von moderner Technik und paternalistischen Traditionen hat die Kategorie, welche noch in den 1930er Jahren in die offizielle Berufsstatistik aufgenommen wurde, zu einem dauerhaften Erfolg gemacht. Der „Cadre“ ist zu einer festen kategorialen Institution geworden, zu einer populären sozialstrukturellen Selbst- und Fremdbeschreibung.[61]

Ein vergleichbarer Prozess – nämlich die Neugruppierung beruflicher Tätigkeiten in der offiziellen Statistik – unter stärkerer Berücksichtigung von Bildungsabschlüssen hat in Deutschland nicht stattgefunden. Aus diesem Grund ist es in der deutschen Soziologie geradezu eine Redewendung geworden, dass es für den französischen „Cadre“ in Deutschland keine Entsprechung gebe (siehe z.B. Krais 1989). Dies ist selbstverständlich nicht richtig, denn das Fehlen einer entsprechenden Kategorie bedeutet nicht, dass die entsprechenden Berufstätigkeiten und Erwerbstätigen nicht existieren. Es bedeutet nur, dass die sozialen Prozesse, die zur Schaffung und Verbreitung der Kategorie notwendig waren und die sie zu einem Common Sense werden ließen, nicht stattgefunden haben. Und selbstverständlich existieren auch nicht die Nachwirkungen dieses Kategorienbildungsprozesses, etwa spezielle tarifliche Regelungen, gemeinsame berufliche Interessenverbände etc.

Wenn bestimmte Repräsentationen fehlen bzw. bestimmte Gruppen nicht in einer eigenen Kategorie repräsentiert sind, dann ist es voreilig, daraus auf die soziale Praxis zu schließen. Aber es ist berechtigt, daran die Frage zu knüpfen, warum diese Phänomene und Gruppen nicht repräsentiert sind: aus mangelndem Einfluss auf die Repräsentationsarbeit, oder besteht ein geringeres Interesse an offiziellen Repräsentationen etc.? Diese Fragen spielen auf den Geltungsraum der Kategorien und Klassifikationen an. Dieser ist – trotz Internationalisierung, Transnationalisierung und Globalisierung – noch immer weitgehend national bestimmt. Während die Wirtschafts- und Erwerbsstrukturen und die Organisation der Arbeit – Landwirtschaft, Industrie und Dienstleistung – vornehmlich historisch gebunden sind, bleiben die Kategorien und Klassifikationen primär raumbezogen, vom Gebiet ihrer Geltung geprägt. Damit ist die Vergleichbarkeit der Kategorien und Klassifikationen über nationale Grenzen hinweg stets in Frage gestellt. Es gibt somit in Deutschland die gleichen Berufstätigkeiten und vergleichbare Beschäftigungsverhältnisse, wie sie für die „Cadre“ in Frankreich bestehen. Aber die Vergleichbarkeit ist eingeschränkt, weil alle Prozesse, welche sich aus der Kategorisierung der „Cadre“ ergeben, in Deutschland in dieser Art nicht existieren.

61 Dies macht die Kategorie für soziologische Forschungen so interessant.

Um die Übersetzbarkeit einer nationalen Berufsklassifizierung in die eines anderen Landes zu erleichtern, wurde nach dem Zweiten Weltkrieg damit begonnen, ein internationales Standardklassifizierungssystem zu entwickeln (Statistisches Bundesamt 1975). 1958 wurde die erste Ausgabe der „International Classification of Occupations" vorgestellt (Statistisches Bundesamt 1968). Dort sind die Berufe vorrangig nach Tätigkeitsbereich, Bildungsabschluss und beruflicher Qualifikation klassifiziert.[62] Die sozialen Hierarchisierungen – z.B. nach ständischen Elementen, Selbstbestimmung oder Berufsethos – bleiben weitgehend unberücksichtigt. Nur so kann überhaupt eine Vergleichbarkeit erreicht werden, da – wie am Beispiel der „Cadre" gesehen – die soziale Organisation von Arbeit in den verschiedenen Ländern sehr unterschiedlich ist. In der „International Classification of Occupations" bilden die Berufshauptgruppen das oberste Ordnungsprinzip. Diese sind nach Tätigkeitsfeldern geordnet: Wissenschaftler, technische und verwandte Fachkräfte, leitende Tätigkeiten im Öffentlichen Dienst und in der Wirtschaft, Bürokräfte und verwandte Berufe, Handelsberufe, Dienstleistungsberufe, Berufe des Pflanzenbaus, der Tier-, Forst- und Fischwirtschaft sowie der Jagd, Güter erzeugende und verwandte Berufstätigkeiten, Bedienung von Transportmitteln und Handlangertätigkeiten, beruflich nicht näher klassifizierbare Arbeitskräfte sowie Wehrberufe und Wehrdienst (ebd.).

Im Vergleich zur deutschen Klassifizierung der Berufe fällt zunächst auf, dass hier weniger nach Wirtschaftsbereichen, dafür verstärkt nach beruflichen Tätigkeiten, aber insbesondere nach Ausbildung und beruflicher Qualifikation differenziert wird. Bildung und Ausbildung werden als zentrale Unterscheidungsmerkmale eingesetzt. Weiterhin ist bemerkenswert, dass sich die berufliche Kategorisierung nicht an der Unterscheidung agrarischer und industrieller Berufe orientiert, sondern stattdessen die Differenzierung in anweisende bzw. weisungsgebundene Tätigkeiten zentral ist. Dies ergibt sich allein daraus, dass auf internationaler Ebene agrarisch, industriell und von Dienstleistungen geprägte Gesellschaften nebeneinander existieren, weshalb die Orientierung auf eine Wirtschaftsweise die Vergleichbarkeit vermindern würde. In dem Berufsverzeichnis sind die Tätigkeiten genauestens beschrieben, auch die von Soziologen. Der Soziologe ist in der Berufshauptgruppe 1 (Wissenschaftler, technische und verwandte Fachkräfte) aufgeführt. Diese Gruppe besteht aus beruflichen Beschäftigungen, welche eine hohe Bildung und Ausbildung verlangen – entweder wissenschaftliche Qualifikation oder persönliches Talent wie bei Künstlern. Die Berufsarbeit von Soziologen wird dort folgendermaßen charakterisiert:

> Der Soziologe (1-92.20) „untersucht Ursprung, Entwicklung, Struktur und Sozialmodelle und Wechselbeziehungen der menschlichen Gesellschaft: Erkundet und untersucht Sozialphänomene wie Familie und Gemeinschaft oder soziologische Aspekte der Erziehung und menschliche Verhaltensweise auf solchen Gebieten wie der wirtschaftlichen Beziehungen, der Kriminalität und der Po-

62 Ähnlich war die „Systematik der Berufe" der DDR aufgebaut, die ebenfalls vornehmlich nach Qualifikationsstufen ausgerichtet war: Facharbeiter, Meister, Techniker, Fachschul- und Fachhochschulberufe (Statistisches Bundesamt 1992: 9).

> litik; analysiert und erläutert die ermittelten Feststellungen und bringt die Ergebnisse mit Untersuchungen derselben oder eines verwandten Gebiets in Beziehung; ordnet die Daten und Schlußfolgerungen und stellt sie in einer für Regierung, Wirtschaft, Wohlfahrtsorganisationen und andere interessierte Stellen geeigneten Form dar. Kann Methoden für die Erhebung und Analyse soziologischer Daten ausarbeiten, kann auf einen bestimmten Zweig der Soziologie spezialisiert sein und entsprechend bezeichnet werden.“ (ebd.: 68)

Kehren wir am Schluss nochmals zur deutschen Klassifizierung der Berufe, die dem Statistischen Bundesamt obliegt, zurück. 1961, 1975 und 1992 sind die Klassifikationen jeweils überarbeitet worden. Grundsätzliche Veränderungen wurden jedoch nicht vorgenommen. So blieben die beiden zentralen Gliederungsprinzipien „Wirtschaftsbereich“ und „Stellung im Beruf“ weitgehend unverändert. Nur auf tieferen Gliederungsebenen wurden Modifikationen wie Streichung oder Neuaufnahme von Berufen oder Neuzusammenfassung von Berufsgruppen vorgenommen. Von einer Anpassung an die Gegenwart kann nicht die Rede sein, obwohl die Erwerbs- und Berufsstatistik bereits 1955 von Wissenschaftlern als veraltet kritisiert wurde (vgl. Schultheis et al. 1996). In der Einführung zur „Klassifizierung der Berufe“, herausgegeben vom Statistischen Bundesamt (1992), findet sich eine Begründung für die zurückhaltende Erneuerung der Klassifikationen.[63] Dort heißt es: „Die inhaltliche Konzeption eines berufssystematischen Revisionsprojekts sieht sich regelmäßig zwei ausgesprochen gegensätzlichen Forderungen gegenüber: Einerseits gilt es, berufsstrukturellen Entwicklungen im revidierten Gliederungssystem möglichst weitgehend Rechnung zu tragen. Andererseits ist die Forderung nach einem reibungslosen statistischen Zeitvergleich angemessen zu berücksichtigen.“ (Statistisches Bundesamt 1992: 7) Mehr als ein Kompromiss zwischen Aktualität und Kontinuität sei deshalb nicht möglich.

1992 wurden 369 Berufsordnungen unterschieden, darin sind ihrem Wesen und ihrer Aufgabe nach gleichartige Berufe zusammengefasst. Ein Drittel aller Erwerbstätigen konzentriert sich auf nur zehn Berufsordnungen – also 33 Prozent aller Erwerbstätigen quetschen sich anteilig auf weniger als vier Prozent der verzeichneten Berufsordnungen. Schlimmer noch: In einer einzigen Berufsordnung – Bürofachkräfte – sind allein 13 Prozent der Erwerbstätigen vertreten (ebd.). Andererseits sind manche Berufsordnungen kaum besetzt und werden noch Berufsnennungen aufgeführt, die statistisch nicht mehr nachweisbar sind.[64] Diese Fakten belegen, dass das Beharrungsvermögen alle Bemühungen der Aktualisierung dominiert und dafür in Kauf genommen wird, an einer Berufsstatistik festzuhalten, deren Aussagewert sehr begrenzt ist. Die angestaubten amtlichen Kategorisierungen und Klassifikationen tragen dazu bei, dass die Welt der Arbeit und Berufe auf eine Weise systematisiert, beschrieben und sicherlich auch wahrgenommen wird, welche die aktuellen Ent-

63 Eine Anpassung kann von den amtlichen Statistikern nicht nach eigener Fachkenntnis und eigenem Gutdünken durchgeführt werden, da dazu ein gesetzliches Verfahren notwendig ist (siehe den nächsten Abschnitt).

64 Dies wird vermutlich für 20 Prozent der Berufsnennungen der Fall sein, wie man aufgrund historischer Erfahrungen weiß (vgl. Statistisches Bundesamt 1992: 8).

wicklungen nur unzureichend einbezieht und deshalb neue Formen der sozialen Bevorzugung und Benachteiligung kaum erfasst.

Dies bleibt nicht ohne Einfluss auf die gesellschaftlichen und politischen Auseinandersetzungen über neue Entwicklungen der Berufs- und Erwerbsstruktur. Und sicherlich wird sich die Tradierung überholter Klassifikationssysteme eher vorteilhaft für rückläufige Berufssparten auswirken, weil diese an prominenter Stelle wieder ins Gedächtnis gerufen werden. In der geringen Aufmerksamkeit, welcher man der Weiterentwicklung und Anpassung amtlicher Kategorien und Klassifikationen widmet, zeigt sich jedoch noch etwas anderes: Die Macht der Benennung der offiziellen Kategorisierungs- und Klassifikationsarbeit wird in Deutschland kaum wahrgenommen. Die Folge ist ein geringes Interesse daran, die Generierung der Kategorien und Klassifikationen zu kontrollieren oder in diesen Prozess einzugreifen.[65] Dies gilt auch für weite Teile der Soziologie, wenn sie die Genese neuer Kategorien und Klassifikationen vernachlässigt und stattdessen die alten mit den darin inkorporierten gesellschaftlichen Annahmen etc. nicht reflektiert, sondern schlicht übernimmt – und damit auch deren Sichtweise.

6.3 Institutionalisierte Kategorien und Klassifikationen

Bislang wurde die Kategorisierungs- und Klassifizierungsarbeit als anonyme Tätigkeit dargestellt. Dies ist selbstverständlich so nicht richtig. Es gibt eine ganze Reihe von Experten, die damit beschäftigt sind, Kategorien und Klassifikationen zu entwickeln. Sie alle – auch wenn sie nicht selbst forschend tätig sind – beziehen sich auf wissenschaftliche Kriterien und müssen sich vor diesen verantworten. Es sind Soziologen, empirische Sozialwissenschaftler aller Fachrichtungen, Statistiker, Administratoren etc., welche die Kategorisierungs- und Klassifizierungsarbeit professionell betreiben. Die überwiegende Mehrzahl von ihnen ist in der staatlichen Administration, speziell der amtlichen Statistik, im sozialstaatlichen Sicherungssystem tätig oder in wissenschaftlichen Einrichtungen beschäftigt, die den Interessenverbänden oder den freien Wohlfahrtsverbänden verpflichtet sind.[66] Ihre „objektivierten Repräsentationen der sozialen Welt" sind entscheidend dafür, ob und wie soziale Ungleichheiten gesellschaftlich registriert und welche politischen Eingriffe gefordert und welche zurückgewiesen werden. Die obige Aneinanderreihung sollte keineswegs als Gleichsetzung missverstanden werden. Selbstverständlich unterscheiden sich die von den einzelnen Akteuren geschaffenen kategorialen und klassifikatorischen Repräsentationen sozialer Ungleichheit auf vielfältige Weise, z.B. durch ihre Nähe oder Distanz zur staatlichen Beschreibung, durch die verwendeten Unterscheidungs-

65 Dies wird in Abschnitt 6.4.3 exemplarisch ausgeführt.

66 Selbstverständlich leistet auch die Wissenschaft, institutionalisiert an Universitäten und Forschungsinstituten, Kategorisierungs- und Klassifikationsarbeit. Allerdings stehen hier meist Forschungs- und weniger politische Interessen im Vordergrund. In Fällen, in denen Wissenschaftler in Beratungsgremien tätig werden, vermischen sich tendenziell die beiden Anliegen.

merkmale etc. Aber gemeinsam ist ihnen, dass sie sich auf den „Stand der Wissenschaft" berufen. Damit beziehen sie sich auf jene Objektivierungsmethode, die in modernen Gesellschaften als einzig legitime anerkannt ist, weshalb sie ihre Kategorien und Klassifikationen als „objektiv" hinstellen und darauf ihren Anspruch gründen, eine gesellschaftlich konsensfähige Repräsentation des Ungleichheitsgeschehens zu liefern.

Dass Kategorisierungs- und Klassifizierungsarbeit vorwiegend darin besteht, ausschließlich nach wissenschaftlichen Kriterien begründete Begriffsbestimmungen zu entwickeln, trifft aber nur für den „Idealfall" zu. In der Praxis sozialwissenschaftlichen Forschens ist dagegen zu beobachten, dass institutionalisierte Taxonomien und rechtliche Kategorien- und Klassifikationssysteme, etwa Bildungsabschlüsse, tarifrechtliche Begriffe und Unterscheidungen oder sozialrechtliche Termini, in den wissenschaftlichen Studien und Untersuchungen schlicht übernommen werden. Dadurch wird der Blick so auf die sozialen Phänomene gelenkt, wie dies durch die institutionalisierten Kategorien und Klassifikationen vorbestimmt ist. Auf diese Weise werden institutionalisierte Taxonomien wie die Berufsbezeichnungen und -abschlüsse, rechtliche Definitionen wie im Sozialversicherungs-, Staatbürgerschafts- oder Steuerrecht und die von der amtlichen Statistik verwendeten Begriffe und Bezeichnungen, z.B. Familien- und Haushaltsformen oder Wohnraumbeschreibungen, gestärkt und weiter festgeschrieben. Eine distanzierte sozialwissenschaftliche Beschreibung kann so kaum gelingen.

In der Mehrzahl der Fälle stimmen die politisch-praktischen und staatlich-administrativen Kategorien und Klassifikationen überein. Häufig handelt es sich sogar um juristische, sprich rechtlich abgesicherte Termini und Nomenklaturen. Zwischen den institutionalisierten staatlichen Kategorien und Klassifikationen und den praktischen politischen Interventionen besteht durchweg ein direkter Zusammenhang. Die große Korrespondenz der Kategorien mit den staatlichen Strukturen erklärt, weshalb die offiziellen Bezeichnungen und Unterscheidungen zumeist zum Common Sense gehören (Boltanski/Thévenot 1991: 13). Besonders trifft dies auf moderne Staaten zu: „Policy-making is critically dependent on official classification, a definitive practice of the modern state." (Jenkins 2000: 19) In dem Themenheft „The Sociological Conundrum of the Category" (2000) von „Current Sociology" schreibt Patel in der Einleitung, dass Staaten immer häufiger soziologische Kategorien verwenden, um die Gesellschaft zu modernisieren (Patel 2000: 2). Wenn heutzutage die politischen Parteien in Deutschland Familie nicht mehr traditionell definieren, sondern sagen, dass „Familie ist, wo Kinder sind", dann greifen sie eine sozialwissenschaftliche Sichtweise auf.

Kategorisieren und Regieren sind eng miteinander verbunden, denn mit common-sense-fähigen Kategorien kann staatliches Handeln legitimiert werden. Deren Generierung und Durchsetzung gehören zur Herausbildung des staatlichen Selbst- und Fremdverständnisses dazu, weil durch sie u. a. Regeln des Regierens etabliert werden. Auf diese Weise erhält der Staat die Herrschaft über die Repräsentationen der Vergangenheit, Gegenwart und Zukunft (vgl. ebd.). Auch die politischen und gesellschaftlichen Kontroversen werden so in staatlich vorbestimmte Richtungen gelenkt. Wer Steuerungerechtigkeit anklagt, die soziale Benachteiligung von Familien skandalisiert oder die Auflösung des Generationenvertrags konstatiert, der wird nur Gehör finden und Zustimmung erhalten, sofern er sich auf die staatlichen Kategorien beruft.

Kategorisieren und Regieren sind auch aus der Perspektive der Regierten direkt miteinander verzahnt. So hängen die Art und das Ausmaß staatlicher Unterstützungsprogramme unmittelbar davon ab, welche Kategorien und Klassifikationen verwendet werden. Sie bestimmen, wer in welchem Umfang unterstützungsberechtigt ist. „The formulation and implementation of social policy of all kinds, by states, supra-national bodies and non-governmental organizations, contributes in general to social categorization." (Jenkins 2000: 19) Die Kategorisierungen dienen aber nicht nur dazu, unterstützungsberechtigte Personen zu identifizieren, sondern genauso dazu, nicht unterstützenswerte Gruppen zu klassifizieren: Illegale, abgewiesene Asylbewerber, Sozialflüchtlinge etc. In den offiziellen Kategorien und Klassifikationen ist somit die staatliche Verfasstheit sozialer Ungleichheit kodiert. Dies gilt für die Repräsentationen sozialer Ungleichheit, weil in diesen die offiziellen Bewertungen darüber, was als gleich bzw. ungleich angesehen wird, enthalten sind. Es trifft ebenso auf sozialpolitische Eingriffe zu wie finanzielle Zuwendungen oder Abgaben, aber auch auf soziale Anrechte und Pflichten, weil diese direkt von den offiziellen Kategorien und Klassifikationen hergeleitet werden. Damit stehen sie im Zentrum der Kontroversen um soziale Gerechtigkeit.

Desrosières hat in seinen Arbeiten über offizielle Kategorien und Klassifikationen dargelegt, dass es ein staatliches Interesse gibt, diese zu popularisieren und in den verbindlichen Sprachgebrauch zu überführen (Desrosières 1993). Auf diese Weise kann die Unangreifbarkeit, Geltung und Legitimität politischer Eingriffe und Steuerungen (policy-making) gesichert werden. Zu den Verbreitungsmitteln zählen u. a. Rechtstexte, Gerichtsverfahren, die Statistik und nicht zuletzt der Schulunterricht, in welchem diese vermittelt werden.[67] Die Bekanntmachung und Verbreitung der Kategorien und Klassifikationen setzt eine Abstimmung und Angleichung der Sichtweisen und Bewertungen in Gang. Auf diese Weise wird – wie vielfach in der Literatur zu lesen ist – die Generierung kollektiver Identitäten unterstützt. So schreibt beispielsweise Patel: „Categories and identities emerged hand in hand." (Patel 2000: 4) Der Satz klingt überzeugend, aber so einfach läuft dieser Prozess erfahrungsgemäß nicht ab. Es lässt sich jedoch festhalten, dass die offiziellen Kategorien und Klassifikationen als Referenzsystem für kollektive Identitäten dienen, sowohl bejahend als auch verneinend. Aber es erfordert eine gewisse Benennungsmacht, sich überhaupt mit den offiziellen Kategorien und Klassifikationen auseinander zu setzen. In öffentlichen Debatten und Kontroversen werden diese bevorzugt verwendet, selbst wenn sie kritisch gesehen werden, weil sie eine präzise und problemlose Verständigung garantieren. Man muss nicht erst einen Konsens darüber erzielen, was unter Arbeitslosigkeit, Sozialhilfebedürftigkeit oder geringfügiger Be-

67 Dies haben Desrosieres/Thevenot sehr ausführlich dargestellt (1988: 25ff.).

schäftigung zu verstehen ist, sondern kann sogleich in die Diskussion einsteigen. Damit werden offizielle Kategorien und Klassifikationen zumindest vorübergehend als konsensual akzeptiert.

6.4 Common Sense, Auseinandersetzung oder Ungeläufigkeit

Alle Kategorien und Klassifikationen sind Ergebnis gesellschaftlicher und politischer Aushandlungsprozesse und somit Ausdruck vergangener und gegenwärtiger Kräfte- und Machtverhältnisse (vgl. Berger 1988, 1988/89). Offizielle Kategorisierungs- und Klassifikationssysteme sind deshalb oft Gegenstand heftiger Auseinandersetzung, bevor sie in Common Sense übergehen oder Konsensfähigkeit erlangen. Die common-sense-fähigen Systeme unterscheiden sich von den konsensualen dadurch, dass sie nicht als „natürlich“ und selbstverständlich angesehen, sondern als Aushandlungsergebnis wahrgenommen werden. Daraus ergibt sich, dass sie schneller wieder Gegenstand gesellschaftlicher und politischer Kontroversen werden können. Dies ist für ihre jeweilige Macht und die Eingriffsstärke entscheidend. Es sagt aber auch darüber etwas aus,

- ob Repräsentationen als Produkt gesellschaftlicher und politischer Auseinandersetzung präsent sind, ob öffentlich über sie gestritten und dieser Streit als ein Teil der Ungleichheitsdebatte verstanden wird;
- ob die Generierung offizieller Kategorien und Klassifikationen als Unterfangen aufgefasst wird, nicht nur staatliche, sondern zugleich gesellschaftliche Repräsentationen zu schaffen, d.h. Repräsentationen zu entwickeln, die im gesellschaftlichen Diskurs benutzt werden und sich auch dort als common-sense- bzw. konsensfähig erweisen;
- ob offizielle Kategorien und Klassifikationen zwar Grundlage staatlichen Handelns sind und in politischen und wissenschaftlichen Expertenkreisen diskutiert werden, aber selten in den gesellschaftlichen Diskurs übergehen.

Für die drei Varianten soll jeweils ein Beispiel vorgestellt werden, in dem es um kategoriale und klassifikatorische Repräsentationen sozialer Ungleichheiten geht. Sie stammen aus drei Ländern – USA, Frankreich und Deutschland – und geben tendenziell wieder, wie offizielle Kategorien und Klassifikationen generiert und durchgesetzt werden – ob sie gesellschaftlich präsent bzw. nicht präsent, umstritten bzw. einmütig anerkannt sind.

6.4.1 Der Kampf um ethnische und rassische Kategorien

Ein anschauliches Beispiel für den gesellschaftlichen Kampf um Kategorien und Klassifikationen, in dem Machtverhältnisse festgeschrieben und soziale Vorrechte und Benachteiligungen zementiert werden, sind die in der US-amerikanischen Volkszählung eingesetzten rassischen und ethnischen Kategorien. Sie werden anlässlich jeder Volkszählung, die alle zehn Jahre stattfindet, neu ausgehandelt.[68] Auch wenige Jahre vor der letzten Zählung im Jahr 2000 fand eine Debatte über die Modifizierung der rassischen und ethnischen Kategorien statt. Diesmal ging der Disput vornehmlich darüber, ob die Kategorien der Volkszählung von 1990 um eine „multiracial box" erweitert werden sollten. In diese neue Kategorie sollten sich Personen eingruppieren, deren Eltern zwei verschiedenen gesellschaftlich anerkannten, sprich im Zensus unterschiedenen rassischen Gruppen angehören (vgl. Wright 1996: 62). Dies alarmierte die Interessenvertreter von Rassengruppen, die bis dahin jeweils mit einer eigenen Kategorie im Zensus vertreten waren. Sie wiesen das Ansinnen, eine „multiracial box" aufzunehmen, zurück, weil damit das ganze etablierte rassische Klassifikationssystem in Frage gestellt würde. Schließlich könnten sich dieser neuen Kategorie 75 bis 90 Prozent aller Schwarzen zuordnen. Wenn dies nur zehn Prozent täten, würde das ganze „Civil Rights Regulatory Program" zurückgefahren werden, das Unterstützungsprogramme speziell für Schwarze bei Wohnung, Erwerbstätigkeit und Bildungseinrichtungen enthält (ebd.: 59).

Gefürchtet wurden nicht neue rassische Stigmatisierungen, sondern finanzielle Nachteile, da die staatlichen Mittel zur Unterstützung der verschiedenen ethnischen und rassischen Gruppen proportional zu ihrem Anteil an der Gesamtbevölkerung zugeteilt werden – „the numbers drive dollars" (ebd.: 58). Die Sorge, dass viele Personen, die beim letzten Mal die Kategorie „schwarz" angekreuzt hatten, diesmal die neue Kategorie „multiracial" wählen könnten, leitete sich von Erfahrungen mit den vorangegangenen Volkszählungen her. So hatten sich 1980 etwas mehr als eine halbe Million Menschen der Gruppe der „American Indians" zugeordnet, aber zehn Jahre später gaben fast zwei Millionen an, indianische Vorfahren zu haben: ein Zuwachs um 225 Prozent, der demographisch nicht zu erklären ist. Diejenigen gesellschaftlichen Gruppen, die für die Einführung einer „multiracial box" kämpften, wollten den Personen, die sich nicht einer Rasse zugehörig fühlen, sondern eine Mehrfachidentität in sich tragen, gesellschaftliche und politische Anerkennung verschaffen. Diese Mehrfachidentität war bislang nicht offiziell repräsentiert. Insbesondere kritisierten sie den Grundsatz, dass jeder, der nur „one drop black blood" in sich trage, der Gruppe der Afroamerikaner angehöre. Damit nahmen sie einen gesellschaftlichen Wandel zu mehr „multi- or interracial identities" auf, der sich kulturell auf verschiedenste Weise ausdrückt, in speziellen Zeitschriften, Friseursalons, Lokalen und anderen Vergnügungsangeboten etc. Sie konnten ihr Anliegen nicht durchsetzen. Die rassischen und ethnischen Kategorien von 1990 wurden mit kleinen Veränderungen für den Zensus 2000 übernommen.

68 Dieser „offizielle" Kategorienbildungsprozess unterscheidet sich von der Art und Weise, wie die ethnischen und rassischen Gruppen sich gegenseitig beschreiben und klassifizieren. Hierfür hat Andreas Wimmer eine Studie über gegenseitige Kategorisierungen in schweizerischen Immigrantenquartieren vorgelegt (Wimmer 2002).

Die Kategorien im Zensus sind Produkt öffentlicher gesellschaftlicher Auseinandersetzungen. Sie sind ein Instrument, soziale Benachteiligungen zu skandalisieren, gesellschaftlichen Gruppen Anerkennung zu verschaffen. Mit ihnen ist eine „Politik der Wiedergutmachung" sozialer, ökonomischer und rechtlicher Ungerechtigkeiten verbunden, weil die „civil right laws" und Aktionspläne unmittelbar auf die Volkszählungsergebnisse reagieren. Indem beispielsweise in den 1970er Jahren die „native Americans" in einer Extrakategorie aufgeführt wurden, waren sie als eigenständige Gruppe repräsentiert und konnten damit immer weniger aus den politischen Repräsentationen verdrängt werden. Kategoriale Repräsentation, insbesondere in den offiziellen Statistiken, und politische Repräsentation sind eng miteinander verkoppelt. Zusammengefasst: „The current functions of the classification are defined in the policy: namely to provide a common language for uniformity and comparability in the collection and use of data on race and ethnicity by Federal agencies." (Anderson/Fienberg 2000: 93)

Das US-amerikanische Beispiel belegt nicht nur, dass staatliche Kategorien und Klassifikationen besonders machtvoll, weil politisch gestaltungswirksam sind. Es demonstriert auch, dass Kategorien und Klassifikationen im praktischen Gebrauch umgedeutet und neu definiert werden können: Bezeichnungen, die ursprünglich zur Abwertung eingesetzt wurden, können im Kampf um soziale Anerkennung und Gleichberechtigung umgedeutet werden. Denn die Kategorien „schwarz" und „indianisch" waren anfänglich einführt worden, um „freie" von „unfreien" Amerikanern im Zensus zu diskriminieren. Nicht nur die Kategorien waren umstritten, auch ihre Gewichtung war umkämpft. So war es zwischen den Nord- und Südstaaten der USA bis zum Sezessionskrieg umstritten, ob ein „Sklave" bei der Volkszählung genauso viel zählen sollte wie ein „Weißer". Um es nicht zu einem Eklat kommen zu lassen, einigte man sich darauf, dass ein Sklave mit drei Fünfteln eines „freien Mannes" zu gewichten ist (Desrosières 1993: 233f.).

In unserem Zusammenhang ist interessant, dass in den sozialwissenschaftlichen Darstellungen zur Geschichte des amerikanischen Zensus das Augenmerk einzig auf die rassisch und ethnisch diskriminierenden Kategorien gelegt wird. Dies ist unbestritten ein besonders hässlicher Aspekt der amerikanischen Geschichte. Aber die Vernachlässigung aller anderen Aspekte gibt auch Auskunft darüber, wie heutzutage der politische Kampf um die rassischen und ethnischen Kategorien geführt wird. In der gegenwärtigen historischen und sozialwissenschaftlichen Literatur wird der Eindruck vermittelt, als wäre dieser diskriminierende Zensus ausschließlich dazu genutzt worden, um sich ein Bild von der Bevölkerungszahl und -zusammensetzung zu machen. Ursprünglich hatte der Zensus primär einen anderen Zweck – einen, der noch heute wichtig ist: die Ermöglichung einer demokratischen Repräsentation. Dass alle zehn Jahre eine Volkszählung stattzufinden hat, wurde in der Verfassung der USA von 1787 verankert. Dadurch sollte bei den Wahlen die Gleichgewichtung der Stimmen garantiert werden. Da die Anzahl der Abgeordneten für den Kongress für alle Zeiten auf 233 Personen festgelegt wurde und in bestimmten Regionen der USA eine enorme Bevölkerungszunahme zu beobachten war, während andere dünn besiedelt blieben, sollte durch den Zensus überprüft werden, ob in den Wahlkreisen tatsächlich die gleiche Anzahl stimmberechtigter Personen lebt (vgl. Vos/Kennedy 1861: 15ff.). Der Zensus kann somit auch als Teil der politischen Repräsentation aufgefasst werden.

Stimmberechtigt waren in den ersten Jahrzehnten einzig weiße Männer. Frauen und auch Sklaven sollten aber nicht völlig unberücksichtigt bleiben. Man entschied sich dafür, Frauen und andere „freie Personen" mit „1" und Sklaven mit „3/5" zu zählen.[69] Dieser Anteil ging auf die Stimmberechtigten über; d.h. über je mehr Sklaven ein Weißer herrschte, umso größer war sein Stimmengewicht. Indianer – heute als „native Americans" kategorisiert – wurden überhaupt nicht erfasst: „Indians not taxed would be excluded for purposes of Congressional apportionment." (Anderson/Fienberg 2000: 87) Zweck des Zensus war somit eine Gleichgewichtung der Stimmen – allerdings eine sehr „ungleiche Gleichheit". Interessant in unserem Zusammenhang – dem unterschiedlichen politischen und gesellschaftlichen Gebrauch der offiziellen Kategorien und Klassifikationen – ist, wie dieser sich im Laufe der Geschichte gewandelt hat und dass auch die historische und sozialwissenschaftliche Literatur an diesem Umdeutungsprozess beteiligt ist. Dies ist ein überzeugender Beleg dafür, wie stark die Wissenschaft in den Repräsentationsprozess involviert ist.

Die kategoriale und gleichberechtigte Erfassung war immer politisch umstritten und ist es noch heute. Die Repräsentation durch eine eigene rassische oder ethnische Kategorie im Zensus kann als Schritt der politischen Emanzipation interpretiert werden. Vier Jahre vor jeder Volkszählung setzen große Forschungsaktivitäten darüber ein, welche Kategorien bei dem anstehenden Zensus eingesetzt werden sollten. Es werden Berichte erstellt, Empfehlungen formuliert, die sowohl in der Fachöffentlichkeit diskutiert wie auch von Interessenvertretern kommentiert werden. Abschließend macht das Statistische Büro der USA einen Vorschlag zur Kategorisierung, der vom Kongress verabschiedet und in der „Statistical Directive 15" bekannt gegeben wird.[70] „Although not everyone agreed on the final result, virtually all of those involved agreed that some revision was required and that the ultimate authority lay with OMB [Office of Management and Budget]." (ebd.: 107) Obwohl die Kategorien alle zehn Jahre neu ausgehandelt werden, hat dies die Anerkennung und Legitimität der Ergebnisse nicht beschädigt. Kommt man zu einem Ergebnis, dann wird dieses als verbindlich akzeptiert (vgl. ebd.: 88).[71]

Wie diese Kontroversen zeigen, ist zumindest anlässlich der Volkszählung die politische Macht von Kategorisierungs- und Klassifizierungsprozessen weiten Teilen der Öffentlichkeit präsent. Die rassischen und ethnischen Kategorien werden zum Gegenstand sozialer und politischer Auseinandersetzungen gemacht und auf diese Weise wird ein Teil der Kampfes um die offizielle Repräsentation sozialer Ungleichheiten ausgetragen. Dabei wird nicht davon ausgegangen, dass es möglich

69 Dieser historische Zusammenhang wird in der neueren Literatur nicht geschildert. Ausführlich dargestellt ist er bei Vos/Kennedy (1861).

70 „Statistical Directive 15 ... defines the official categories and methods to be used to classify race and ethnicity for the federal system." (Anderson/Fienberg 2000: 91)

71 Ein genauer Ablaufplan ist in Governement Statisticians' Collective (1993) dargestellt.

wäre, Repräsentationen zu entwickeln und rechtlich durchzusetzen, die gemeinsam geteilten Vorstellungen von sozialer Gerechtigkeit entsprechen. Es wird nur ein vorübergehender Konsens angestrebt. Dass vier Jahre vor der nächsten Volkszählung die Auseinandersetzungen von Neuem beginnen, ist gewiss. Diese Kontroverse setzt nicht ein, weil sich die sozialen Benachteiligungen verändert haben, sondern weil die Machtverhältnisse, die dafür verantwortlich sind, welche sozialen Gruppen sich an der Repräsentationsarbeit beteiligen können, andere geworden sind.[72]

6.4.2 Die offiziellen Kategorien als kollektive Repräsentationen

Wie in dem Kapitel über Repräsentationen dargelegt, existiert in Frankreich eine lange Tradition, soziale Repräsentationen als „Kollektivbewusstsein" im Sinne von Durkheim aufzufassen. Entsprechend wird die staatlich-administrative Generierung von Kategorien und Klassifikationen durch die amtliche Statistik als Beitrag verstanden, kollektive Repräsentationen zu schaffen. Kollektive Repräsentationen sind solche, die gesellschaftlich geteilt werden, in Common Sense übergehen und von der Bevölkerung genutzt werden, ihre soziale Lage zu beschreiben. Dieser enge Konnex von staatlichen und gesellschaftlichen Repräsentationen geht noch einen Schritt weiter: nämlich hinein in die politische Repräsentation. Nur jene sozialen Gruppen, die in den statistischen Beschreibungen angemessen repräsentiert sind, werden auch politisch gebührend vertreten. Der enge Zusammenhang von statistischer und politischer Repräsentation soll am Beispiel der französischen Debatte über „exclusion sociale" (soziale Ausgrenzung) dargestellt werden.

„Exclusion sociale" ist stets in Bezug auf das gesellschaftliche Ganze gemeint, mit dem die Exkludierten nicht mehr fest verbunden sind, von dem sie mehr und mehr entkoppelt leben. Die Entkopplung manifestiert sich hauptsächlich auf zweifache Weise: erstens als Nichteingliederung in das Berufsleben und zweitens als Nichtvorkommen in den kollektiven Repräsentationen, sprich hauptsächlich in der offiziellen Statistik und den politischen Argumentationen. Die erste Ursache interessiert an dieser Stelle nicht. Das Nichtvorkommen in den kollektiven Repräsentationen, worunter in erster Linie die offiziellen staatlichen Repräsentationsformen verstanden werden, wird in Anlehnung an Durkheim interpretiert. So findet sich in dem Bericht „Exclus et Exclusions" des Commissariat Général du Plan von 1992 eine Kritik an den damaligen „répresentations collectives". Im Gegensatz zum Wissen der soziologischen Gründerväter, dass „chaque forme du lien social nécessite d'être relayée par un système de pensée adéquat" (Commissariat 1992: 21), um mit der Gesamtgesellschaft verbunden zu sein, habe in den letzten Jahrzehnten ein Modernisierungsprozess stattgefunden, der nicht in den kollektiven Repräsentationen reflek-

72 Ein ähnlicher Umgang mit sozialen Repräsentationen ist allgemein zu beobachten, beispielsweise in den Auseinandersetzungen über Armut – was Armut ist und welche Ursachen Armut hat (vgl. Barlösius 2001a).

tiert werde, wodurch große Teile der Bevölkerung als außerhalb der Norm zu leben scheinen und damit als exkludiert kategorisiert werden. Diese Analyse knüpft an klassische Traditionen soziologischen Denkens an und stellt das enge Verhältnis von sozialwissenschaftlicher Forschung und offiziellen staatlichen Repräsentationen wie Statistik und Berichtsformen heraus (z.B. Boltanski/Thévenot 1991; Desrosières 1993; Schultheis et al. 1996). Soziale Exklusion manifestiert sich auf der Ebene der Repräsentation darüber, dass die Exkludierten in erster Linie durch die Pannen in ihren Lebensverläufen und durch Misslingen der üblichen gesellschaftlichen Flugbahn statistisch erfasst werden, z.B. abgebrochene Schulausbildung, ohne festen Wohnsitz, arbeitslos, krank. Sie werden somit vorwiegend durch Negationen klassifiziert. So erscheinen sie individualisiert, sozial entgrenzt und einzig auf ihr individuelles Schicksal zurückgeworfen, obwohl ihr gesellschaftliches Verhältnis keineswegs nur Ergebnis eines Individualisierungsprozesses ist. Vielmehr drückt sich darin aus, dass die bisherigen Kategorien nicht mehr greifen und angemessene neue noch nicht geschaffen wurden. Jene Gruppen, die unangemessen oder gar nicht in den offiziellen Statistiken und politischen Argumentationen repräsentiert werden, fallen jedoch aus den kollektiven Bildern und Vorstellungen heraus und geraten damit in die Gefahr, nicht mehr politisch repräsentiert zu werden. Beide Formen der Repräsentation, die kategoriale und die politische, werden somit in einem gegenseitigen Bedingungsverhältnis gesehen: „hors du lien social, hors des représentations collectives positives“ (Xiberras 2000: 202).

Rosanvallon geht in seinem Buch „La nouvelle question sociale“ (1995) mit seiner Kritik an den bisherigen soziologischen und staatlich-offiziellen Kategorien noch einen Schritt weiter: Die soziologisch beschriebene steigende „soziale Unordnung“, für die in der deutschen Soziologie die Begriffe Unübersichtlichkeit oder Individualisierung beinahe äquivalent verwendet werden, ist eigentlich eher eine Unordnung in den Sozialwissenschaften denn eine in der gesellschaftlichen Wirklichkeit. Sie entsteht daraus, dass in den Sozialwissenschaften noch immer mit veralteten Kategorien und Klassifikationen gearbeitet wird, wo längst neue notwendig wären, um die neu entstehende soziale Ordnung erkennen zu können (Rosanvallon 1995: 209).

Dass die offiziellen statistischen Kategorien in der französischen Gesellschaft tatsächlich im Alltag benutzt werden, haben Desrosières/Thévenot in einer empirischen Studie gezeigt (vgl. Schultheis et al. 1996). Am Beispiel der berufsstatistischen Kategorien konnte er demonstrieren, dass die Probanden diese durchaus weitgehend kennen und zur alltäglichen Kategorisierung und Klassifizierung nutzen. Dies beweist, dass die offiziellen Repräsentationen zum Common Sense gehören. Die gemeinsamen sozialen Repräsentationen speisen das „Kollektivbewusstsein“ und garantieren so eine soziale Integration über gemeinsame Wahrnehmungen und Sichtweisen. Entsprechend wird die Generierung offizieller Kategorien und Klassifikationen als Beitrag angesehen, den Common Sense zu fördern und den sozialen Zusammenhalt zu stärken. Dabei ist es als selbstverständlich anerkannt, dass es das Vorrecht des Staates und der wissenschaftlichen Experten ist, Kategorien und Klassifikationen zu entwickeln und den gesellschaftlichen Veränderungen anzupassen.

Damit sind die offiziellen Kategorien und Klassifikationen im Vergleich zu den USA weniger Gegenstand öffentlicher Auseinandersetzungen als vielmehr Objekt der permanenten Bestätigung des gesellschaftlichen Ganzen (le tout social) und des staatlichen Primats, die legitimen Repräsentationen der sozialen Welt zu schaffen. Es besteht aber auch eine staatliche Pflicht, für eine angemessene kategoriale Repräsentation zu sorgen.

6.4.3 Distanz zu den und Unkenntnis der offiziellen Kategorien

In Deutschland scheint dies anders zu sein. So selten wie Repräsentationen sozialer Ungleichheit in der Soziologie thematisiert werden, so veraltet wie die statistischen Berufskategorien sind, so wenig scheinen die offiziellen Kategorien in der Bevölkerung bekannt zu sein bzw. von ihr verwendet zu werden. Schultheis et al. haben die oben erwähnte Studie von Desrosières/Thévenot mit einer Gruppe deutscher Probanden durchgeführt (Schultheis et al. 1996). Dabei zeigte sich, dass die deutschen Teilnehmer die offiziellen Kategorien kaum benutzten. Sie entwickelten im Gespräch eigene Kategorien und Klassifikationen, die offiziellen bzw. die statistisch-administrativen besaßen für sie keine besondere Bedeutung. Auch bei der sozialstrukturellen Hierarchisierung orientierten sie sich nicht im Geringsten an kodifizierten Repräsentationssystemen, sondern verständigten sich entlang eigener Kriterien. Trotzdem „handelt es sich bei ihren noch so 'subjektiv' oder 'willkürlich' erscheinenden Namensgebungen durchaus um gesellschaftlich strukturierte, jedoch nicht um 'kodifizierte' Repräsentationen des Sozialraums" (ebd.: 60). So kreierten sie beispielsweise folgende Berufsgruppen: „Buckler", „Ausbeuter", „Bürohengste", „trockene Berufe" etc. (ebd.: 59).

Die staatlich-administrativen, aber auch die in der Soziologie gebräuchlichen Kategorien und Klassifikationen werden als mögliche Varianten der Sozialstrukturbeschreibung wahrgenommen. Sie besitzen keine besondere Verbindlichkeit und auch keine besonders herausragende Überzeugungskraft. Obwohl sie in der rechtlichen, politischen und gesellschaftlichen Praxis tief verankert sind, ist die gesellschaftliche Anerkennung als legitime Kategorien und Klassifikationen nicht gesichert. Schultheis problematisiert dies: „Mangels offizieller 'Atlanten des Sozialraums' mit verbindlichen Ortsbestimmungen bleiben die intuitiv ertasteten Gebilde 'terra incognita', d.h. ohne kollektiv repräsentierte legitime 'soziale Identität'" (ebd.). Damit unterstellt er, dass soziale Gruppen, welche nicht die von den Experten erarbeiteten kohärenten Kategorisierungs- und Klassifizierungssysteme in der alltäglichen Praxis benutzen, in die Gefahr geraten, sich im Dschungel sozialer Ungleichheiten zu verlieren und diesen ausgeliefert zu sein. Das mag sein. Die Zurückweisung der offiziellen Sichtweisen kann man aber auch als Delegitimierung der staatlich-administrativen Kategorien und Klassifikationen und damit sogar als Widerstand gegen die Dominanz wissenschaftlich erzeugter und staatlich legitimierter Kategorien und Klassifikationen interpretieren.

Man sollte die kleine empirische Studie nicht überbewerten. Addiert man aber die soziologische Distanz gegenüber diesem Thema, die geringe politische Aufmerksamkeit gegenüber den kaum mehr ihre Repräsentationsaufgaben erfüllenden amtlichen Kategorien und Klassifikationen und deren weitgehende Unkenntnis in der Bevölkerung, dann ergibt sich ein bemerkenswert stimmiges Bild: Obwohl die Kategorien und Klassifikationen in der praktischen Politik genauso machtvoll sind wie in Frankreich und den USA, werden sie kaum öffentlich debattiert, kontrovers diskutiert und ausgehandelt. Anstatt über die Kategorien und Klassifikationen zu streiten und darüber politische Auseinandersetzungen über soziale Ungleichheiten zu führen, scheint in Deutschland Misstrauen und Ablehnung gegenüber dem Anspruch allgemein gültiger Repräsentationen vorzuherrschen, insbesondere gegenüber der Dominanz von Wissenschaft und Staat bei der Kategorisierungs- und Klassifizierungsarbeit. Dies mag zum Teil den Erfolg der Individualisierungsthese in Deutschland erklären. Es mag auch erklären, dass Volkszählungen nach gesellschaftlichem Widerstand verschoben werden, obwohl mit der alten Datenbasis keine realitätsnahe Beschreibung gesellschaftlicher Verhältnisse mehr möglich ist.

Unzweifelhaft ist, dass jene Kategorien und Klassifikationen am machtvollsten sind, die ohne Auseinandersetzung erkannt und anerkannt werden, weil sie Unterschiede und Unterscheidungen beinhalten, die so fest in den Wahrnehmungsmustern und Denkstilen eingegraben sind, dass sie überhaupt nicht als diskutabel oder bestreitbar angesehen werden. Die darin eingeschlossenen ungleichheitsgenerierenden und -legitimierenden Potenziale wirken subtiler und folgenschwerer als jene, die einen Prozess der Konsensfindung hinter sich gebracht haben. Sie bedürfen nicht einmal einer Rechtfertigung, weshalb sich daran anschließende Benachteiligungen oder Bevorzugungen einer kritischen Diskussion entziehen und zum festen Bestand des Common Sense gehören.[73] Es spricht einiges für die Vermutung, dass die amtlich-administrativen Kategorien und Klassifikationen in Deutschland vielfach genau so wirken.

Die amtlich-administrativen Kategorien und Klassifikationen werden, wie bereits an vielen Stellen angedeutet, vornehmlich in der Statistik eingesetzt. Im nächsten Kapitel soll deshalb die Statistik als eigene Repräsentationsform ausführlich dargestellt werden.

73 Am deutlichsten wird dies bei Unterscheidungen, die funktional begründet werden, hinter denen sich aber oft soziale Differenzierungen verbergen. So etwas findet sich besonders häufig bei hierarchisch angeordneten Berufsschneidungen.

7 Statistik – Primat der Politik oder der Wirtschaft

Sozialwissenschaftler nutzen routinemäßig offizielle Statistiken zur Analyse gesellschaftlicher Zusammenhänge, sozialen Wandels und sozialer Ungleichheiten. Selten machen sie jedoch die Statistik selbst zum Forschungsobjekt. Dies gilt nicht für alle Länder und auch nicht für alle sozialwissenschaftlichen Disziplinen. In Frankreich und den USA sind die Statistik, die von ihr transportierten Repräsentationen der sozialen Welt und ihr Beitrag zur Schaffung eines nationalstaatlichen Selbstbildes wichtige soziologische Forschungsthemen. Besonders hervorzuheben sind die großen Studien von William Alonso und Paul Starr „The politics of numbers" (1983), von Alain Desrosières „La politique des grands nombres. Histoire de la raison statistique" (1993) und von Theodore Porter „Trust in numbers. The pursuit of objectivity in science and public life" (1995) sowie das Themenheft „Numbers" der Zeitschrift „Social Research" (2001). Eine vergleichbare deutsche Arbeit fehlt bislang. Allerdings hat die Geschichtswissenschaft in den späten 1980er Jahren die „Grundlagen der historischen Statistik von Deutschland" (Fischer/Kunz 1991) erforscht. Aber insgesamt ist festzustellen, dass die Statistik als sozialwissenschaftliche Objektivierungsmethode zumeist direkt angewendet wird, ohne sie zu reflektieren. Dies befremdet, da das „Vertrauen in Zahlen" und die „Politik mit Zahlen" sicherlich zu den bemerkenswertesten und zugleich widersprüchlichsten gesellschaftlichen Phänomenen unserer Zeit gehört. Einerseits empfiehlt das alltagssprachliche Repertoire: „Traue keiner Statistik, die Du nicht selbst gefälscht hast", andererseits besteht eine ausgeprägte „Zahlengläubigkeit". Wird ein Tatbestand als statistisch belegt präsentiert, gilt hartnäckiges Nachfragen als unangebracht.

Es kann keinen Zweifel darüber geben, dass die Statistik die Wahrnehmungsweisen und Denkstile tief greifend und grundlegend geformt hat: Keine Diskussionsrunde, keine Presseerklärung, kein Gesetzgebungsprozess und kaum ein Zeitungsbericht kommt ohne ihre argumentative Unterstützung aus. Man mag noch so gute Argumente vortragen, noch so rhetorisch überzeugend wirken, sofern zur letztendlichen Abstützung nicht auf statistisch erhobene Zusammenhänge verwiesen wird, lässt sich die einsichtigste und glaubwürdigste Darlegung mit dem Zitat der allerneusten Statistik oder den jüngsten Umfragedaten schnell aushebeln. Aussagen über Ausmaß und Verbreitung sozialer Phänomene und Probleme, die nicht oder nur unzulänglich statistisch erfasst sind, werden zügig als empirisch unbelegte und unbegründete Spekulationen zurückgewiesen, selbst wenn deren Existenz oder Zunahme im Alltag zu beobachten sind. Die Wahrnehmung und Bewertung der sozialen Welt ist somit „immer auch eine Frage der offiziellen statistischen Erfassung" (Coser 1992: 39) und entsprechend ist das Engagement für die statistische Repräsentation immer auch ein Streit um vermehrte gesellschaftliche Aufmerksamkeit und Zuwendung, denn mit Statistiken wird Politik gemacht. Dass immer mehr Informationen in der „Form von Zahlen angeboten werden", hat nach Luhmann „beträchtliche Konsequenzen" (Luhmann 1996). Eine der wichtigsten ist, dass sie mit der „Illusion der Eindeutigkeit der Zahlen" verbreitet werden.

Gerade moderne Staaten nutzen Statistiken, um die Notwendigkeit von Interventionen herzuleiten oder die Nichtdurchführung von sozialstaatlichen Maßnahmen zu begründen. Die statistische Erfassung gesellschaftlicher Zusammenhänge – also die Darstellung sozialer Phänomene in Zahlen – ist eine bevorzugte Objektivierungsmethode. Peter Miller schlägt dementsprechend vor, amtliche statistische Erhebungen als „technologies of government" zu analysieren – als Verfahren, Regierungsprogramme zu artikulieren und praktisch umsetzbar zu machen (vgl. Miller: 2001: 379). Der Rückgriff des modernen Staates auf die Statistik wird damit gerechtfertigt, dass mit keiner anderen Objektivierungsmethode die Gesellschaft ähnlich „transparent" wird. Nur statistisch-wissenschaftliche Informationen „erlauben es, künftige Entwicklungen zu antizipieren, und sind eine wesentliche Voraussetzung für die sozialverträgliche Anpassung der Gesellschaft an die Veränderungen der Zeit", so ein aktuelles Plädoyer zur Verbesserung der staatlich-administrativen Statistik (KVI 2001: 45). Weiterhin setzen moderne Staaten die Statistik dazu ein, um über die Gesellschaft Bericht zu erstatten. Der alle zwei Jahre erscheinende „Datenreport", herausgeben vom Statistischen Bundesamt, WZB und ZUMA,[74] und ebenso das französische Pendant „Données sociales" werden in großen Auflagen verbreitet. Die Darstellungen und Ergebnisse der beiden Reports haben Eingang in die Schulbücher gefunden und tragen dazu bei, dass die von ihnen erstellten „Zahlen und Bilder der Gesellschaft" breit popularisiert werden. Statistiken sind „Linsen", durch welche wir die Gesellschaft sehen und die unsere Gesellschaftsbilder formen, so Alonso und Starr in ihrem Vorwort zu „The politics of numbers" (Alonso/Starr 1983: 3).

Nationale Bilder zu erzeugen, von denen eine einheitsstiftende Kraft ausgeht, war von Anfang an ein staatliches Interesse an der Statistik. So wurde das statistische Büro Frankreichs nach der Revolution von 1789 beauftragt, so viele Daten wie möglich über die neue Nation zu sammeln. Alles wurde gezählt und vermessen: Äcker, Viehbestände, Ernten, handwerkliche Erzeugnisse, Lebensmittel etc., und zu einer nationalen Gesamtzahl addiert, aber auch regional ausgezählt. Das Ziel der großen Schätzung war es, nationale und regionale Karten zu erstellen, aus denen jedermann leicht und schnell ablesen konnte, was alles zu Frankreich gehört, um sich zu vergewissern, in einer wahrhaftig „grande nation" zu leben. Durch das Sammeln und Zusammenfassen zu großen Massendaten wollte man das nationale Einheitsgefühl festigen und eine gemeinsame Sichtweise auf die Nation befördern (vgl. Porter 1995: 35). Diese Absicht gab es nicht nur in Frankreich, beinahe alle moder-

74 Bis 1982 hieß er „Gesellschaftliche Daten", herausgegeben von der Bundesregierung.

nen Staaten haben sie verfolgt.[75] Alonso und Starr stellen deshalb fest: „Today, our national self-perceptions are regularly confirmed or challenged by statistics on such fundamental matters as the condition of the nuclear family [allegedly still eroding] (...) our industrial productivity and military strength relative to other countries." (Alonso/Starr 1983: 3)

Die Geburt und Entwicklung der Statistik ist eng mit der Herausbildung der modernen Staaten und ihrer Verwaltung verbunden. Die Statistik beginnt mit der Demographie – jedenfalls steht die Demographie im Zentrum. Es bildet sich ein „pensée démographique" (Lenoir 1987, 1995) heraus, weil die demographische Kategorisierung und Klassifikation die staatlich gebräuchliche Art wird, die Bevölkerung zu erfassen und darzustellen. Alles was staatlicherseits an der Bevölkerung als wissenswert beurteilt wird, Geschlecht, Geburtstag und -ort, Familienstand, Beruf etc., wird nach und nach statistisch erhoben. Anfänglich standen Bevölkerungsangaben und Wirtschaftsdaten im Mittelpunkt des Interesses. Im Laufe des 19. Jahrhunderts und verstärkt im 20. Jahrhundert wurden zunehmend Sozialstatistiken eingerichtet. Zu den ersten Sozialstatistiken gehört die Kriminalstatistik, die in der ersten Hälfte des 19. Jahrhunderts eingeführt wurde. Mit ihr entstand ein völlig neuer Blick auf Kriminalität: weg vom Einzelereignis und hin zum gesellschaftlichen Phänomen. Um 1900 wurde die Arbeitslosenstatistik eingerichtet. Sie trug dazu bei, dass Arbeitslosigkeit nicht mehr als Einzelschicksal, sondern als gesellschaftliches Problem wahrgenommen wurde. Die statistische Repräsentation kann daran mitwirken, dass für gesellschaftliche Phänomene und Probleme eine kollektive Verantwortung anerkannt und Zuständigkeit übernommen wird (vgl. Porter 1995: 37).

Ein weiteres, sicherlich von Anfang an wichtiges und heutzutage das dominante Interesse von Nationalstaaten an einer amtlichen Statistik ist es, gesellschaftliche und wirtschaftliche Abläufe zu beobachten, zu kontrollieren und präzise steuernd in diese eingreifen zu können. Statistisches Zusammenhangswissen dient somit der Erhaltung und Vergrößerung staatlicher Steuerungskapazitäten. Damit ist eine zusätzliche Intention eng verbunden: die Legimitierung staatlicher Eingriffe ebenso wie deren Vorenthaltung. Steuerung und Rechtfertigung begründen die primären staatlichen Interessen an einer amtlichen Statistik. Fast alle staatlichen Planungen beruhen auf statistischen Daten. Sie sind unerlässlich für die staatliche Regulierung von Märkten wie für alle verteilungspolitisch motivierten Eingriffe des Staates. Die Statistiken liefern die Grundlagen für eine gesellschaftliche Dauerbeobachtung. Die Einrichtung neuer Statistiken erfolgt oftmals direkt aus Veränderungen der Gesetzgebung oder aus neuen gesellschaftlichen Problemlagen. So ist der Beginn der amtlichen Berufszählung 1882 eng mit der Einführung der Sozialversicherungen und der politischen Auseinandersetzung über die „soziale Frage" verknüpft und die Einführung der Arbeitsstatistik 1892 mit den neuen Arbeitszeitregelungen in der Ge-

75 Die nationalen Statistiken informieren nicht in allen Staaten auf der Basis der realen Erhebungen; oftmals werden die Zahlen so „geschönt", wie es dem idealisierten Selbstbild des Staates entspricht, oder gar nicht erst veröffentlicht.

werbeordnung und den Enquêten über die Lebenssituation der Arbeiter (Hölder/Ehling 1991: 21). Amtliche Statistik und praktische Politik sind somit häufig miteinander verzahnt, was erklärt, dass der größte Teil der Statistiken nach politisch-pragmatischen Kriterien, Definitionen und Messeinheiten gestaltet ist – weniger nach wissenschaftlichen Grundsätzen (vgl. Blumer 2001: 462).

Im Weiteren soll der Schwerpunkt auf der amtlichen, der staatlich-administrativen Statistik liegen. Dies hat verschiedene Gründe. Erstens hat die amtliche Statistik quasi offiziellen Status, weil ihre Erhebungen und Ergebnisse als unabhängig und neutral gelten. Daraus begründet sich zweitens, dass sie einflussreicher und machtvoller ist als alle sonstigen Massendaten. Drittens werden auch andere umfangreiche und regelmäßige sozialstatistische Erhebungen, z.B das SOEP und der Wohlfahrtssurvey, aus öffentlichen Mitteln finanziert. Allerdings sind sie ausschließlich nach wissenschaftlichen Kriterien gestaltet, während für die amtliche Statistik ein Primat der Politik gilt, weshalb politische Ansprüche und wissenschaftliche Anforderungen miteinander konkurrieren. Gerade aus dieser Konkurrenz politischer und wissenschaftlicher Ansprüche – kritisch betrachtet – oder der Verschmelzung beider Referenzsysteme – ins Positive gewendet – bezieht die amtliche Statistik ihre besondere Legitimation und davon abgeleitet ihre große Kapazität, Prozesse der Common-Sense-Bildung zu fördern und die Konsensfähigkeit zu steigern.

7.1 „Fakten und Zahlen“

Ursprünglich war mit Statistik Staatskunde gemeint, also die systematische Darstellung aller den Staat betreffenden Fakten (siehe Desrosières 1993; Fischer/Kunz 1991; Litz/Lipowatz 1986; Alonso/Starr 1983). Heute wird dagegen unter Statistik eine wissenschaftliche Objektivierungsmethode verstanden, mit welcher Massenerscheinungen erfasst und dargestellt werden. Dies wird im Englischen als „fact-finding“ bezeichnet, d.h. was statistisch bestimmt ist, nimmt den Charakter von „Tatsachen“ an, wird zu einem „fait social“ im Durkheim'schen Sinn. Bereits eine 1861 von Vos und Kennedy in einem Vortrag vor der American Geographical & Statistical Society vorgestellte Definition ist auf den Tatsachencharakter zentriert: „Statistics have been termed the science of social facts expressed by numerical terms.“ (Vos/Kennedy 1861: 4) Dass die Statistik Soziales nicht einfach erfasst, sondern durch die statistischen Verfahren soziale Phänomene erst zu Tatsachen werden – diesen Entstehungskontext streifen die statistischen Fakten jedoch ab. Die Statistiken treten als unmittelbare Wiedergaben sozialer Wirklichkeit auf. Desrosières spricht von einem „metrological realism“ (Desrosières 2001).

Aus diesem Grund wird gerade in den neueren Arbeiten zur Statistik, die sich konstruktivistischen Theorien anschließen, vielfach darauf hingewiesen, dass es sich bei den statistischen Ergebnissen um „bloße Konstruktionen“ handelt. In diese Auseinandersetzung einzutreten ist wenig ergiebig, wie hier bereits an einigen Stellen begründet wurde. Wie immer man sich in der Debatte über den Realitätsgehalt und den Konstruktionscharakter von Statistiken positioniert, dem zusammenfassenden Satz von Porter werden beide Seiten weitgehend zustimmen können: „Public statistics are able to describe social reality partly because they help to define it." (Porter 1995: 43) Definitionsmacht besitzen auch andere wissenschaftliche Objektivierungsmethoden; die statistische weist jedoch eine Besonderheit auf. Durch die Nutzung mathematischer Methoden strahlt deren Objektivierungs- und Abstrahierungskraft auf die Sozialstatistik aus. Schließlich gilt die Mathematik, weil sie nur ihren eigenen Regeln folgt, als „höchste Ausprägung von Objektivität und Abstrahierung" und die Statistik „appears to be set apart from political interests and disputes, above the world of intrigue, and beyond debate" (Miller 2001: 382).

Die abstrahierende Qualität der Statistik ermöglicht einen sehr distanzierten Blick auf die Gesellschaft, der von allen sozialen Eigenarten entlastet ist, die in der jeweiligen Erhebung nicht betrachtet werden sollen. Soziales zu quantifizieren ist deshalb als eine Distanzierungstechnik zu begreifen, die hilft, über die Vielfalt und Komplexität der registrierten sozialen Prozesse hinwegzuschauen. Aber auch die Kommunikation wird durch statistische Ergebnisse erleichtert. Mittels Zahlen lassen sich soziale Barrieren, kulturelle Eigenarten, nationale Grenzen und historische Ungleichzeitigkeiten leichter überwinden, als dies mit detaillierten Beschreibungen und Erklärungen möglich ist. Überdies ist die Quantifizierung ähnlich wie die graphische Darstellung eine Methode, theoretische Annahmen einzufügen und Interpretationen vorzunehmen, ohne dass dies jeweils expliziert wird. Dies gilt beispielsweise für die Zentrierung auf Mittelwerte, die durchschnittliche Ausprägungen quasi zum Normalfall erheben.

Die objektivierende Wirkung begünstigt die Verbindung statistisch begründeter Maßnahmen mit der Forderung nach Unvoreingenommenheit und Gerechtigkeit, weil die „Messung" ganz allgemein als eine Methode zur unparteiischen und sachlichen Analyse anerkannt ist.[76] „A decision made by numbers has at least the appearance of being fair and impersonal." (Patel 2000: 8) Dies erklärt, dass die Statistik zur Einlösung der moralischen und politischen Forderung nach Unparteilichkeit und Gerechtigkeit genutzt und akzeptiert wird. Die mathematischen Regeln gelten als „Garant der Objektivität", die bei der Statistik sowohl entlang eines wissenschaftlichen Ideals als auch eines politischen Ideals verwirklicht zu sein scheint.

Anknüpfend an die Objektivierungs- und Abstrahierungskraft hat Porter eine Arbeitshypothese vorgeschlagen, um die große gesellschaftliche und politische Akzeptanz statistischer Repräsentationen und davon abgeleiteter Begründungen für Eingriffe und Steuerungen bzw. deren Verweigerung zu erklären. Sie lautet: Das Besondere der Statistik gegenüber anderen Repräsentationsformen besteht darin, dass sie so wahrgenommen wird, als enthalte sie sich jeden Urteils, als sei sie gegenüber normativen Bewertungen immun und fungiere wie ein Abwehrschirm gegen subjektive, ideen- oder interessengebundene Sichtweisen. Diese Arbeitshypothese liefert aber nicht mehr als eine Beschreibung, wie statistische Repräsentati-

76 So schreibt Patel: „Measurement is central to ideas of fairness and justice." (Patel 2000: 4)

onen im Allgemeinen gesellschaftlich und politisch begutachtet werden. Genau genommen gibt sie nur die gesellschaftliche und politische Anerkennung wieder und bleibt damit auf der Rezeptionsseite. Nicht erklären kann sie, warum ausgerechnet der Statistik „Neutralität“, „Unabhängigkeit“ und „Wertfreiheit“ attestiert wird – abgesehen davon, dass dies mehr oder weniger für alle hier vorgestellten Repräsentationsformen zutrifft und genau dies sie zu Repräsentationsformen macht. Will man verstehen, was die Statistik von anderen Repräsentationsformen unterscheidet, muss man die Regeln des Repräsentierens analysieren.

Bei der Statistik sind zwei Regelsysteme miteinander kombiniert: Wissenschaft und Recht. Wissenschaftlichen Regeln unterliegen alle vorgestellten Repräsentationsformen, zumal nur wissenschaftsgenerierte hier überhaupt vorgestellt werden. Die wissenschaftlichen Regeln sollen nur grob skizziert werden, da sie hinlänglich bekannt sind. Für die rechtlichen Regeln gilt dies im Allgemeinen nicht. Außerdem erhalten gerade durch sie die statistischen Repräsentationsregeln gegenüber denen der Bilderstatistik, der Kategorien und Klassifikationen eine gesteigerte Verbindlichkeit und größere Gültigkeit. Zwar unterliegen auch einige Berichte und Berichtssysteme, die im nachfolgenden Kapitel behandelt werden, rechtlichen Regelungen, aber nicht so verdichtet und auch nicht so umfassend wie die amtliche Statistik. Die Kombination von wissenschaftlichen und rechtlichen Regeln ist keine deutsche Besonderheit; in den meisten modernen Staaten ist die Statistik in ähnlicher Art und Weise institutionalisiert.

7.2 Statistik als Wissenschaft

Seit der ersten Hälfte des 19. Jahrhunderts wurde die Statistik als eigenständiger wissenschaftlicher Zweig konzipiert, um so größere Unabhängigkeit gegenüber den direkten staatlichen Eingriffen und Einflussnahmen zu gewinnen. In der Methodik sollten ausschließlich wissenschaftliche Gütekriterien gelten, damit die Statistik als „objektive“ Wissenschaft und ihre Resultate als wissenschaftlich „wahr“ anerkannt werden. Dies diente nicht zuletzt dazu, den von statistischen Ämtern eingesetzten „juristisch verbürgten sozialen Klassifizierungen“ den „Anschein wissenschaftlicher Neutralität“ zu verleihen (Bourdieu 1992: 107). Für die Entwicklung zu einer eigenständigen Wissenschaft und die Durchsetzung dieses Anspruchs, insbesondere gegenüber der staatlichen Inanspruchnahme, war der wichtigste Schritt, die statistischen Verfahren und Werkzeuge so auszuarbeiten, dass die methodische Selbstständigkeit der Statistik außer Frage stand und damit – zumindest was ihre methodischen Grundlagen anbelangt – der Vorwurf der staatlichen Vorherrschaft als unbegründet zurückgewiesen werden konnte.

Durch die Weiterentwicklung der statistischen Werkzeuge und Verfahren wurde es möglich, die soziale Wirklichkeit immer präziser zu beschreiben, aus Stichproben auf die Gesamtheit zu schließen, Wahrscheinlichkeiten zu berechnen, Prognosen abzugeben etc. Das statistische Repertoire und, sich daraus ergebend, die Fähigkeiten, gesellschaftliche und wirtschaftliche Prozesse zu erfassen und zahlenmäßig zu repräsentieren, wuchs gewaltig an. Wie bei den anderen Repräsentationsformen wurde jeder Schritt einer exakteren statistischen Repräsentation durch einen Verlust an Komplexität erkauft. Es gehört zur Eigenart der statistischen Repräsentation, dass sie immer weiter von der sozialen Wirklichkeit abstrahieren muss, um ein verallgemeinerbares und anschauliches Bild von der sozialen Welt zeichnen zu können.

Entscheidend in Bezug auf die Common-Sense- bzw. Konsensfähigkeit statistischer Repräsentation ist, dass in der Statistik Werkzeuge und Verfahren entwickelt wurden, die weitestgehend als wissenschaftliche Objektivierungsmethoden anerkannt sind. Bis auf kleinere methodische Fragen, die zumeist nur für einen eng gefassten Expertenkreis von Interesse sind, wird nicht bezweifelt, dass die Verfahren der Statistik wissenschaftlich fundiert und geeignet sind, „allgemein gültiges" und „objektives" Wissen zu generieren. Daraus schöpft die Statistik ihre Anerkennung als wissenschaftliche Objektivierungsmethode. Dass die Nutzer der Statistik trauen, hängt jedoch weniger von den statistischen Methoden ab, die ihnen sowieso selten bekannt sind, als vielmehr davon, dass ihnen die Ergebnisse konsistent und plausibel erscheinen. Dies ist die Voraussetzung dafür, dass sie in die Argumentationen einfließen und diese stützen. Werden die Ergebnisse als nicht plausibel oder inkonsistent wahrgenommen, d.h. sie entsprechen nicht dem allgemeinen Eindruck über die gesellschaftlichen Verhältnisse, werden sie schnell als wissenschaftlich verstiegen oder nicht realitätshaltig zurückgewiesen.[77]

Diese Prüfung durch den „gesunden Menschenverstand" hebt die Statistik nicht von anderen Objektivierungsmethoden ab. Ausschlaggebend für die hohe Common-Sense-Fähigkeit und das Vermögen der Konsensgenerierung ist, dass ihre Verfahren und Werkzeuge speziell darauf ausgerichtet sind, Repräsentativität herzustellen und repräsentative Ergebnisse sicherzustellen. Damit wirkt nicht nur die Wissenschaftlichkeit der Statistik als Garant von Allgemeingültigkeit und Objektivität sowie als Instrument, Repräsentativität zu erzeugen, auch die wissenschaftlichen Werkzeuge und Verfahren selbst zielen auf Repräsentativität. Die Statistik wird gesellschaftlich wie politisch als jene Wissenschaft anerkannt, deren Fachspezifität es ist, Repräsentativität zu garantieren. Dies begründet, warum sie unter den sozialwissenschaftlich erzeugten Repräsentationen als Königsweg gilt, unangreifbare und unhinterfragbare Repräsentationen der sozialen Welt zu liefern.

Es gibt hauptsächlich drei von der Statistik verwendete Varianten von Repräsentativität.[78] Von repräsentativ wird einmal im Sinne von Durchschnittlichkeit gesprochen und davon ausgehend konstruiert, was als „normal" anzusehen ist, welche Erwartungen und Normen allgemein anzustreben sind. Dazu gehört die Kategorie des „mittleren Manns" (l'homme moyen), welcher durch die Kalkulation der Mit-

77 „The reality test is provided by the consistency of the results and constructions issued from the data set." (Desrosières 2001: 349)

78 Im nachfolgenden Absatz werden die statistischen Verfahren aus einer anderen Perspektive dargestellt als in den Lehrbüchern der Statistik. Hier interessiert lediglich, dass die Statistik als Methode, repräsentative Ergebnisse zu produzieren, breit anerkannt ist.

telwerte entsteht: eine Kunstfigur, die aber zum Maßstab gesellschaftlicher Auseinandersetzungen und häufig zum Ausgangspunkt von Normsetzungen gemacht wurde. Weiterhin wird Repräsentativität in dem Sinne verwendet, dass eine Stichprobe die Struktur der Grundgesamtheit in bestimmten Hinsichten wirklichkeitsgetreu widerspiegelt, was Aussagen über die Gesamtgesellschaft ermöglicht. Man kann – auch wenn dies ungebräuchlich ist – eine dritte Form von Repräsentativität vermerken. Durch die Erhebung von Massendaten werden konkrete Phänomene und Einzelfälle in einer Kategorie zusammengefasst und auf ein abstraktes, verallgemeinertes Niveau gehoben, beispielsweise Arbeitslose zu Arbeitslosigkeit, Verbrechen zu Kriminalität, Arme zu Armut. Diese hoch verdichteten Kategorien werden als repräsentative Zusammenfassungen der vielfältigen und sehr unterschiedlichen Einzelschicksale verwendet. Die wissenschaftlichen Regeln, aus denen sich die Überzeugungskraft statistisch begründeter Argumente speist, sind vornehmlich jene, die auf verschiedenste Weise Repräsentativität verbürgen.

7.3 Regeln besonderer Art – rechtliche Verfasstheit

Es ist ein legales staatliches Monopol, große Datenmengen zu sammeln und auszuwerten. Keine andere Institution führt so umfangreiche Massenerhebungen durch, hat so starke Zugriffsmöglichkeiten auf Verwaltungsdaten und verfügt über die Machtmittel, die Befragten zur Teilnahme zu zwingen, wie die amtliche Statistik. An der Datensammlung sind eine Vielzahl von Ämtern und Einrichtungen beteiligt. An erster Stelle sind das Statistische Bundesamt, die Statistischen Landesämter und die kommunalstatistischen Ämter zu nennen. Aber auch die Ministerien und die den Ministerien nachgeordneten Forschungsinstitute und Ämter sammeln Daten. Nicht zu unterschätzen sind die parastaatlichen Einrichtungen wie Sozialversicherungen, welche im Rahmen ihrer Verwaltungsabläufe prozessproduzierte Daten liefern.

Alles in allem ergeben sich riesige Datenberge. Aus der Datenmenge sollte aber nicht auf die Aussagefähigkeit der staatlich-administrativen Statistik geschlossen werden. Über viele gesellschaftlich wichtige Themen, insbesondere ungleichheitsrelevante Fragen, liegen keine aussagekräftigen Statistiken vor, beispielsweise über Vermögenseinkünfte, über Erbschaften, über den Konsum privater Haushalte etc. Dies liegt nicht an der amtlichen Statistik, der Zuverlässigkeit der erhobenen Daten oder anderen die Statistik betreffenden Aspekten. Der wesentliche Grund ist, dass die amtliche Statistik nicht selbst darüber entscheidet, was, wie, wie oft und von wem erhoben wird.[79] Dies ist eine politische Angelegenheit, die gesetzlich geregelt ist. Für die Bundesrepublik Deutschland ist sie im Bundesstatistikgesetz, in Frankreich in den „Textes de référence rélatitifs à la statistique“ und auf EU-Ebene in der

79 Auch für das Sozio-ökonomische Panel (SOEP), das zur Wissenschaftsgemeinschaft Gottfried Wilhelm Leibniz e.V. (WGL) gehört, existieren rechtliche Verfahrensregeln, allerdings nur solche, die eine Nutzung zu Forschungszwecken garantieren sollen.

„Verordnung über die Gemeinschaftsstatistiken"[80] rechtlich geregelt. Vergleichbare Regelungen existieren in allen modernen Staaten. Die amtliche Statistik unterliegt somit einem politischen Primat. Es dominiert alle anderen Kriterien, auch die wissenschaftlichen.

Die Statistikgesetze und Verordnungen enthalten präzise formulierte Vorschriften, was, wie, wann zu erheben ist, mit welchen Kategorien und Klassifikationen zu arbeiten ist und wie und zu welchen Zwecken die Daten auszuwerten sind. Sie legen den Rahmen fest, auf welche Art die Statistiken über gesellschaftliche und wirtschaftliche Zusammenhänge informieren und über welche. Jede Änderung der statistischen Erhebung bedarf einer rechtlichen Grundlage; deshalb finden nur solche Sachverhalte Eingang in die amtliche Statistik, über die politischer Konsens hergestellt wurde, dass und wie sie zu erfassen sind. Es ist deshalb ein langwieriges und häufig nie abzuschließendes Unternehmen, die amtliche Statistik dem wirtschaftlichen und sozialen Wandel anzupassen. Ein nicht unerheblicher Teil der Statistiken schreibt einmal getroffene parlamentarische Entscheidungen fort, auch wenn mit ihnen viele gesellschaftliche Entwicklungen nicht mehr dargestellt werden können. Dies trifft auf viele Statistiken zu, beispielsweise für die Einkommens- und Verbrauchsstichprobe (EVS), deren drei genau definierte Haushaltstypen sich am traditionalistischen familienpolitischen Leitbild (Mutter, Vater und zwei Kinder) orientieren. Die Ergebnisse der EVS sind für lediglich fünf Prozent aller Haushalte repräsentativ (Münnich 2000: 102).[81] Es gilt ähnlich für die Ehe- und Geburtenstatistik, die alle in eheähnlichen, aber nicht standesamtlich besiegelten Beziehungen geborenen Kinder als „nichteheliche Geburten" und die Mutter als allein erziehend zählt. Die rasant wachsende Anzahl der statistisch erfassten Alleinerziehenden sagt somit wenig über die realen Verhältnisse aus, in denen Kinder aufwachsen. Sie sagt aber umso mehr darüber aus, dass das politische Primat der amtlichen Statistik keinen geringen Anteil daran hat, dass diese vielfach Artefakte produziert.

Für jede Änderung der Bundesstatistik, etwa die Einführung einer neuen Statistik, neuer Kategorien und Klassifikationen oder eines anderen Erhebungsrhythmus, ist eine spezielle rechtliche Ermächtigung notwendig. In der Bundesrepublik liegt die Entscheidung, welche Statistiken geführt werden, beim Gesetzgeber. Die amtliche Statistik ist bis ins kleinste Detail gesetzlich geregelt. Den Praktikern in der amtlichen Statistik verbleibt kein Spielraum, Änderungen, Streichungen oder Neueinführungen vorzunehmen. Da gesetzliche Veränderungen politisch nur schwer durchzusetzen sind, manchmal auch unerwünschte Ergebnisse erbringen und so ungewollt

80 Siehe die EU-Verordnung Nr. 322/97 vom 17. Februar 1997. Zur Durchführung bzw. der Zusammenführung der nationalen Statistiken auf EU-Ebene wurde Eurostat – die europäische Behörde für Statistik – eingerichtet. Die wichtigste Aufgabe von Eurostat ist die Aufarbeitung und Veröffentlichung vergleichbarer Ergebnisse. Ein Ziel ist, eine gemeinsame statistische Sprache zu entwickeln, d.h. eine Angleichung der Kategorien und Klassifikationen, der Erhebungsmethoden etc. Bereits heute sind 40 bis 60 Prozent des gesamten Erhebungsprogramms der Bundesstatistik durch verbindliche Vorgaben der EU festgelegt (vgl. KVI 2001: 140).

81 Zur wissenschaftlichen Kritik der Arbeitslosenstatistik siehe Schupp et al. (1998).

politischen Handlungsbedarf evozieren könnten, bleibt bei der amtlichen Statistik zumeist alles beim Alten und Bekannten. Dies erklärt, weshalb die deutsche Statistik im Allgemeinen wenig zeitgemäß und innovativ ist. Initiativen für Gesetzesänderungen werden zumeist vom zuständigen Bundesressort entwickelt und verfolgen somit politische Motive. Seltener werden Anstöße aus der Wissenschaft aufgenommen, zumal diese in der amtlichen Statistik nur sehr schwach vertreten ist.

In vielen modernen westlichen Staaten sind dagegen die Regierungen, spezielle Kommissionen und Beiräte oder die Statistikämter selbst für Veränderungen und Neuaufnahmen verantwortlich. Dort sind, wie bereits in dem Abschnitt über Kategorien und Klassifikationen am Beispiel von Frankreich und den USA exemplarisch ausgeführt, die statistischen Repräsentationen weit mehr auf den gesellschaftlichen und politischen Wandel abgestimmt, sowohl auf strukturelle Veränderungen als auch auf Verschiebungen der gesellschaftlichen und politischen Machtverhältnisse. In Frankreich hat die amtliche Statistik ein wesentlich stärker ausgeprägtes Profil als in Deutschland. Neben dem „Institut national de la statistique et des études économiques" (INSEE), dem offiziellen staatlichen Statistikinstitut, existieren zwei wissenschaftliche Hochschulen für Statistik, die „École nationale de la statistique et de l'administration économique" und die „École nationale de la statistique et de l'analyse de l'information", sowie weitere Forschungsinstitute. Die Statistik ist damit institutionell zu einem eigenen wissenschaftlichen Feld ausgebaut. Dies begründet, dass die Statistik mit der wissenschaftlichen Forschung eng assoziiert ist, was wiederum der Grund dafür ist, dass eine Beschäftigung in der Statistik eine hohe wissenschaftliche Reputation garantiert – ganz anders als in Deutschland. Dies wirkt sich positiv auf die gesellschaftliche Anerkennung der amtlichen Statistik als intellektuelle Leistung und als zuzustimmender Repräsentationsarbeit aus.[82]

An einem weiteren Punkt wird deutlich, dass die amtliche Statistik nicht primär wissenschaftlichen Kriterien verpflichtet ist. Sowohl beim Statistischen Bundesamt als auch dem INSEE gibt es einen Beirat. Die Zusammensetzung der beiden Beiräte orientiert sich an der Vertretungsrepräsentation (vgl. Hofmann 1998). In dem deutschen Beirat, der nur beratende Funktionen ausübt, sind mehr als 50 Prozent der berufenen Mitglieder Vertreter staatlicher Institutionen wie Bund, Länder und Kommunen. Die andere Hälfte besteht aus Repräsentanten ökonomischer Interessen – aus Arbeitgeberverbänden, Gewerkschaften, Handwerk, Landwirtschaft etc. Es gibt auch einige wenige Vertreter der Wissenschaft in diesem Gremium. Wissenschaftler sind nur als Vertreter des Partikularinteresses Forschung repräsentiert und nicht in der von ihnen ansonsten beanspruchten gesellschaftlichen Verantwortung, stellvertretend für die Gesamtheit der Interessen und Perspektiven eine „objektive" und „allgemein gültige" Sichtweise zu generieren. Insofern beklagen sich die Vertreter der Wissenschaft nicht zu Unrecht, dass die statistischen Basisdaten praktisch ohne ihre Beteiligung erhoben und ausgewertet werden. Die Kontroverse zwischen amtli-

82 Damit hängt eng zusammen, dass den statistischen Repräsentationen sozialintegrative Fähigkeiten zugetraut werden.

cher Statistik und Wissenschaft darüber, dass die Wissenschaft nicht nur im Beirat unterrepräsentiert ist, sondern insgesamt zu wenig Einfluss hat, wird unten kurz skizziert.

Der Beirat des INSEE – der „Conseil national de l'information statistique" – hat nicht nur beratende Funktion. Er ist u. a. für die Abstimmung zwischen den Nutzern und den Einrichtungen der öffentlichen Statistik verantwortlich und erstellt jährlich einen Bericht. Im Beirat ist eine Vielzahl gesellschaftlicher Gruppen repräsentiert, beinahe alle, die überhaupt organisiert sind. Dementsprechend ist das Gremium außerordentlich groß. Es umfasst über 80 Personen, darunter Abgeordnete, Vertreter der verschiedenen Gewerkschaften, Repräsentanten der verschiedensten Berufsgruppen, Funktionäre der Arbeitgeberinteressen, aber auch Mitglieder diverser Organisationen und Vereine, die nicht vorwiegend ökonomischen Interessen verpflichtet sind. Staatliche Repräsentanten wirken ebenfalls mit, aber deutlich weniger dominierend als in Deutschland. Die Wissenschaft ist ähnlich wie in Deutschland als Partikularinteresse repräsentiert. Vergleicht man die Zusammensetzung beider Beiräte unter dem Aspekt der Vertretungsrepräsentation, dann muss man für den deutschen Beirat feststellen, dass er am korporativistischen Modell orientiert ist, während in Frankreich eine Repräsentation annähernd aller gesellschaftlichen Gruppen angestrebt wird.

Die Beiräte bilden neben der gesetzlichen Regelung ein weiteres Element der Legitimierung. Ziel der Beiräte wie auch anderer Kommissionen und Gremien ist es, die Repräsentanten der verschiedenen miteinander konkurrierenden Sichtweisen zu einer Abgleichung ihrer Standpunkte zu motivieren, um zu einer von allen akzeptierten Darstellung zu gelangen. Claus Offe hält Kommissionen, Räte, Konvente und Sachverständigenausschüsse mit beratenden und entscheidenden Funktionen für Institutionen, denen „die Fähigkeit zugetraut [wird], sich im Interesse des zukünftigen Gemeinwohls und seiner rechtzeitigen Bearbeitung aus der horizontverengenden Dynamik der Parteienkonkurrenz und der Wahltermine auszukoppeln" (Offe 2001: 480). Dem ist zuzustimmen, allerdings reicht das Verfahren allein nicht aus, denn auch die Inhalte müssen bestimmten Qualitätsanforderungen genügen. So kann das Verhandlungsergebnis nicht völlig losgelöst von einer wissenschaftlichen Fundierung formuliert werden. Die statistischen Repräsentationen informieren sowohl über die soziale Wirklichkeit, welche von ihnen gemessen wird, als auch über die Beziehungen zwischen Wissenschaft, Verwaltung und Gesellschaft (vgl. Topalov 2001: 80).

7.4 Wissenschaftliche kontra rechtliche Regeln

Bei der statistischen Repräsentation sind zwei Regelsysteme miteinander kombiniert, allerdings nicht gleichberechtigt. Je nach Standpunkt wird dies als hinderliche Konkurrenz, Kombination oder legitime Vorherrschaft eines Regelkanons betrachtet. Allein dadurch, dass die amtliche Statistik einem Bundesgesetz untersteht, ist die Dominanz der Politik eindeutig festgeschrieben. Der Wissenschaft ist nur die Aufgabe übertragen, die Methodik zu stellen und so für die wissenschaftliche Fundierung zu sorgen. So heißt es in § 1 des Bundesstatistikgesetzes (BStatG): Für die Statistik „gelten die Grundsätze der Neutralität, Objektivität und wissenschaftlichen Unabhängigkeit. Sie gewinnt die Daten unter Verwendung wissenschaftlicher Erkenntnisse." So weit fügt sich die amtliche Statistik jenen Anforderungen und Erwartungen, die in modernen Gesellschaften an Wissenschaft gestellt werden. Daraus ergibt sich, dass die amtliche Statistik nicht zum Feld der Wissenschaft, sondern zu den Staatsaufgaben gehört. Sie bringt ein öffentliches Gut hervor, weshalb sie dem Prozess der politischen Legitimität unterstellt ist und erst in zweiter Linie das Prinzip wissenschaftlicher Richtigkeit und Angemessenheit auf sie anzuwenden ist. Legitimität wird durch „den Zwang zur Legalisierung des statistischen Systems" hergestellt (KVI 2001: 52). Geradezu idealtypisch erfolgt dies durch gesetzliche Regelungen als der verbindlichsten Form eines demokratischen Konsenses.

Das Übergewicht politischer gegenüber wissenschaftlichen Interessen begründet eine permanente Debatte zwischen Repräsentanten der Wissenschaft und denen der statistischen Ämter über die Möglichkeiten und Ziele der amtlichen Statistik. In den letzten Jahren hat diese Kontroverse an Heftigkeit zugenommen.[83] Die Wissenschaftler, insbesondere Wirtschafts- und Sozialwissenschaftler, beklagen sich darüber, dass sie trotz ihrer Fachkompetenz kein Mitspracherecht bei der Erstellung der amtlichen Statistiken haben. Außer der Beteiligung im Beirat gebe es zwischen Statistik und Wissenschaft kaum Kommunikation, geschweige denn Kooperation, und dort sei die Wissenschaft kaum vertreten. Die Sozial- und Wirtschaftsstatistiken seien teilweise veraltet. Aber „nur auf der Grundlage gültiger und verlässlicher Daten können die Sozial- und Wirtschaftswissenschaften realitätsgerechte Untersuchungen und überzeugende Handlungsempfehlungen entwickeln" (ebd.: 15). Somit käme die amtliche Statistik ihrem Auftrag, unabhängig und objektiv zu informieren, nicht so nach, wie dies der Fall wäre, wenn politische Entscheidungen keinen Vorrang vor wissenschaftlichen Prüfsteinen hätten. Die Wissensschaft solle angemessener und sachkundiger vertreten sein.

Nur vordergründig wird über die Datenzugänglichkeit und -qualität gestritten. Tatsächlich schwingt jedoch die Frage nach der Legitimation der amtlichen Statistik mit. Während Vertreter der Wissenschaft monieren, dass die „statistischen Basisdaten" praktisch ohne ihre Beteiligung – abgesehen von den Wissenschaftlern, die in den statistischen Ämtern tätig sind – erhoben und ausgewertet werden, kontern die Vertreter der Statistik, dass die amtliche Statistik nicht „einem partikularen Interesse verpflichtet" sein dürfe, auch nicht dem der Wissenschaft. Schließlich sei diese „nicht der Nabel der Welt" (Lippe 1998: 382). Statistische Daten gehörten zur staatlichen Infrastruktur und seien deshalb von allgemeinem öffentlichen Interesse, weshalb der Einfluss der Wissenschaft legitimerweise begrenzt sei. Darüber, welche Basisinformationen erhoben werden, sollte weiterhin das Parlament entscheiden, weil für amtliche Erhebungen eine „klare Prioritätensetzung zugunsten der Politik" be-

83 Siehe exemplarisch die Zusammenstellung des Forschungsinstituts zur Zukunft der Arbeit (1999).

stehe und die Datenbeschaffung primär an staatlichen Zwecken zu orientieren sei (Oltmanns 1998: 389).

Dass es tatsächlich in der Kontroverse zwischen amtlicher Statistik und Wissenschaft in erster Linie um die Priorität der rechtlichen gegenüber den wissenschaftlichen Regeln geht, zeigen die Ergebnisse der „Kommission zur Verbesserung der informationellen Infrastruktur zwischen Wissenschaft und Statistik" (KVI). Die Kommission wurde 1999 auf Initiative des BMBF eingerichtet. Ihr Auftrag war es, „Wege zu einer besseren informationellen Infrastruktur" zu erarbeiten. In der Kommission waren neben Sozial-, Wirtschafts- und Statistikwissenschaftlern Vertreter der amtlichen Statistik und der Sozialversicherung tätig. Das Fazit der Kommission lautet, dass die Statistik alles in allem „zu stark durch gesetzliche Details bestimmt" sei. „Dem Gesetzgeber" wird empfohlen, „die gesetzlich gebotenen Vorgaben in den einzelstatistischen Gesetzen auf den verfassungsrechtlich gebotenen Mindestumfang zu beschränken und Detailfestlegungen den statistischen Ämtern und ihren Beiräten zu überlassen" (KVI 2001: 26). Auf diese Weise würde der Gestaltungsraum für Wissenschaft vergrößert und die Anpassungsfähigkeit der Statistik an wirtschaftliche und soziale Veränderungen verbessert.

7.5 Repräsentativität und Common Sense

Die Statistik repräsentiert eine Methode zur Erfassung der sozialen Wirklichkeit, bei der verschiedenste Kompetenzen und Instanzen miteinander kombiniert sind: (1) Wissenschaft, (2) rechtliche Legalität und offizielle Qualität und (3) Zahlen als Symbole der Unparteilichkeit. Die Kombination dieser drei Eigenschaften bedingt, dass die Statistik, speziell die amtliche, mit einer besonderen Legitimität ausgestattet ist, weshalb ihre Ergebnisse leichter als andere in Common Sense übergehen.[84] Schauen wir uns die drei etwas genauer an:

(1) Die erste Voraussetzung, welche die Statistik erfüllt, um common-sense-fähiges Wissen zu erzeugen, ist, dass sie als wissenschaftliche Objektivierungsmethode weitgehend anerkannt ist. Dies gilt für ihre Werkzeuge und Verfahren, aber nicht unbedingt für jenen Anteil an ihren Resultaten, der durch die Art und Weise, wie sie die soziale Praxis erfasst, bestimmt wird. Häufig sind z. B. die statistischen Kategorien und Klassifikationen innerhalb der Wissenschaft heftig umstritten, weshalb ihr Wirklichkeitsgehalt nicht nur von vielen Wissenschaftlern bezweifelt wird. Sie kann aus einem weiteren Grund scheitern: falls sie Betrachtungsweisen und Darstellungen verwendet, die nicht an die Gesellschaft oder die Politik rückvermittelt werden können. Dies kann eintreten, wenn sie solche Definitionen und Maßstäbe bei ihrer Ana-

84 Vgl. Desrosières. Er sieht allerdings nur zwei Elemente miteinander kombiniert: „politico-administratif type d'outillages" und den kognitiven Anteil, der die verschiedenen wissenschaftlichen Schemata beinhaltet (Desrosières 1993: 398).

lyse angewendet hat, die nur wissenschaftsintern kommuniziert werden können, weil sie sich grundlegend von den eingeführten und akzeptierten Herangehensweisen unterscheiden oder als wissenschaftlich zu verstiegen beurteilt werden. So unterscheiden sich die wissenschaftlichen Definitionen in vielen Fällen gravierend von den zumeist politischen Sein-Sollen-Definitionen (z.B. Familie/Haushalt, Arbeitslosigkeit). In der amtlichen Statistik greift an diesen Stellen das Primat der Politik, geregelt durch das Legalitätsprinzip. Die wissenschaftliche Zuständigkeit und Verantwortlichkeit und ihre Legitimationsquellen werden zu Gunsten des Vorrechts der Politik relativiert. Trotzdem kann sich die amtliche Statistik auf wissenschaftliche Legitimationsquellen berufen, weil sie sich bei den formalen Aspekten der Datengewinnung und -auswertung gegenüber dem „Stand der Wissenschaft" verantwortet.

(2) Ein weiterer Grund für die erstaunlich große Anerkennung der amtlichen Statistik – trotz des mitunter bekundeten Misstrauens und ihres gelegentlichen Artefaktcharakters – ist vermutlich, dass die wissenschaftlichen Nachteile des Primats der Politik unter dem Aspekt der legitimen Repräsentation zu Vorzügen werden.[85] Schließlich ist die amtliche Statistik demokratisch legitimiert und idealiter sind alle gesellschaftlichen Gruppen an ihrem Zustandekommen beteiligt. Sie kann deshalb als eine repräsentative Synthese verschiedenster Interessen angesehen werden (Alonso/Starr 1983: 5). Aber auch aus einer anderen Perspektive stellt die Statistik eine „demokratische Repräsentation" dar: Jeder wird befragt, erfasst und hat eine gleich gewichtige Stimme. Friedeburg hat dies als das „demokratische Prinzip der Umfragen" qualifiziert.[86] Öffentliche Statistik ist damit, wie Prewitt betont, ein Teil demokratischer Politik (Prewitt 1983: 262). Dies ist jedoch sehr idealisiert, denn nicht alle sozialen Gruppen können sich gleichermaßen an der Erstellung der statistischen Repräsentationen beteiligen. Und manche Gruppen besitzen so viel Einfluss, dass sie die statistische Repräsentation bestimmter sozialer Phänomene verhindern oder zumindest behindern können. Die amtliche Statistik ist somit Ergebnis politischer Repräsentation, aber die in der praktischen politischen Repräsentation enthaltene Ungleichgewichtigkeit findet sich in vergleichbarer Weise auch in der amtlichen Statistik wieder.

Durch die rechtliche Regelung wird die Statistik zu einer öffentlichen und offiziellen Angelegenheit. Dies befördert die Anerkennung der Statistik als Grundlage für common-sense-fähiges Wissen. Was ist das Besondere der Statistik, dass ihre Ergebnisse beinahe ungebrochen in Common Sense übergeleitet werden? Bei der amtlichen Statistik sind zwei Legitimationsweisen miteinander verbunden – Wissenschaft und Recht. Es wundert deshalb nicht, dass sie als offizielle Repräsentationsform breit akzeptiert ist, statistische Aussagen als nahezu unbestreitbar gelten und

85 Zur Diskussion der Vorzüge und Nachteile des Primats der Politik siehe Forschungsinstitut zur Zukunft der Arbeit (1999) und KVI (2001).

86 Darauf hat Wolfgang Zapf in seiner Abschiedsvorlesung nochmals hingewiesen und die von ihm initiierte und jahrzehntelang betriebene Sozialberichterstattung in diese Tradition gestellt (Zapf 2003).

sie deshalb mehr als alle anderen Repräsentationsformen an der Generierung eines Common Sense beteiligt sind.

(3) Aber das allein begründet noch nicht die herausgehobene Position der Statistik unter den Repräsentationsformen. Es kommt eine weitere Eigenart hinzu: die beinahe universelle Sprache der Zahlen. Neben der wissenschaftlichen und rechtlichen Legitimation besitzen Statistiken in modernen Staaten auch symbolische Bedeutung. Diese wächst ihnen durch das Phänomen des „trust in numbers“ zu (Porter 1995). Es schützt statistische Aussagen weitgehend vor kritischen Nachfragen, lässt sie als objektive Darstellungen gelten und trägt dazu bei, sie in gemeinsam geteilte Sichtweisen zu transferieren. Die Statistik ist zum Synonym eines Beweismittels und einer dem gesellschaftlichen und politischen Disput entzogenen Darstellung der sozialen Welt geworden (vgl. Desrosières 1993: 396). Die statistischen Zahlen bleiben nicht Anzahl, sondern werden zu einem arithmetischen Symbol. So wie die statistischen Kategorien ein umkämpftes Terrain besetzen, repräsentieren die statistischen Zahlen das Ergebnis eines zuvor geführten Streits darüber, welche Berechnungen angemessen sind. Sind sie erst einmal offiziell geworden, dann werden sie zunehmend als „soziale Tatsachen“ angesehen. „Numbers create and can be compared with norms, which are among the gentlest and yet most pervasive forms of power in modern democracies.“ (Porter 1995: 45) Und Chenu zieht daraus den Schluss, dass es im „jeu social“ die Statistiker sind, die im Allgemeinen aus den Debatten als Sieger hervorgehen (vgl. Chenu 1994: 13).

Die statistischen Darstellungsweisen, dies hat Desrosières in seinem Buch „La politique des grands nombres“ nachgewiesen, sind fest in „das Geflecht der gemeinsam geteilten Repräsentationen“ (le réseau des réprésentations communes) integriert und bilden einen Fundus, aus dem Common Sense permanent neu beschickt wird (Desrosières 1993: 13, 406f.). Was für Frankreich und Deutschland zutrifft, lässt sich in allen modernen Staaten wiederfinden: Die amtlichen Nomenklaturen und Klassifikationen wirken auf die alltäglichen Wahrnehmungsweisen und die wissenschaftlichen Kategorien, mit denen wir uns über die soziale und ökonomische Welt verständigen. Sie prägen die Sichtweisen so tief greifend und umfassend, dass selbst jene, die sich kritisch mit den amtlichen Nomenklaturen und Klassifikationen auseinander setzen, oftmals in den von ihnen vorgestanzten Bahnen argumentieren. Die amtliche Statistik ist deshalb so common-sense-fähig, weil in ihr verschiedenste Formen der Repräsentation und Legitimation verschränkt sind: die Wissenschaft als Garantie für „Objektivität“ und „Wahrheit“, die statistischen Verfahren und Werkzeuge, die unbestritten als geeignet gelten, „allgemein gültige“ Aussagen zu generieren, die rechtliche und politische Legitimation, die durch politische Repräsentation und Vertretungsrepräsentation hergestellt wird, und das besondere Vertrauen in die Richtigkeit und Neutralität von Zahlen. Es gibt wahrscheinlich keine andere Form der Wissensgenerierung, die auf so vielen Säulen der Objektivierung, Verallgemeinerung und Legitimation steht. Dies erklärt, dass die Statistik mehr als andere Quellen das Material für die Schaffung von Common Sense in modernen Gesellschaften bereitstellt.

8 Öffentlich Bericht erstatten

Am 16. August 2002 hat die von der Bundesregierung eingerichtete Kommission „Moderne Dienstleistungen am Arbeitsmarkt" – besser bekannt als Hartz-Kommission – ihren Bericht übergeben (BMAS 2002). Noch war die Tinte nicht trocken, da verkündete der Bundeskanzler: „Der Bericht wird eins zu eins umgesetzt." Welches Wunder hatte die Kommission vollbracht, dass auf dem umkämpften Gebiet der Arbeitsmarktspolitik plötzlich nach jahrelangem Gezerre um jede Reform nun ein ganzes Reformpaket unmittelbar und ohne weitere Debatten in die Praxis umgesetzt werden sollte? Dass wenige Wochen danach doch wieder um die einzelnen Reformteile gerungen wurde, ist nicht überraschend. Interessanter ist die Frage: Wie konnte die Illusion aufgebaut werden, dass es möglich wäre, die Hartz-Vorschläge als allgemein akzeptierten Konsens ohne große Widerstände in praktische Politik umzusetzen? Selbst die Opposition hat diese trügerische Hoffnung nicht sogleich bloßgestellt. Bemerkenswert ist weiterhin, dass in dem Bericht Reformen vorgeschlagen wurden, die schon längst in Wissenschaft, Öffentlichkeit und Politik kontrovers diskutiert worden waren, aber als nicht durchsetzbar galten. Dass zwei Jahre später – im Sommer 2004 – die unter dem Namen Hartz IV firmierende Zusammenlegung von Arbeitslosenhilfe und Sozialhilfe eine Wiederbelebung der Montagsdemonstrationen hervorrufen würde, war in dieser konkreten Form sicherlich nicht voraussehbar. Indessen war absehbar, dass die in dem Bericht empfohlenen Arbeitsmarktreformen nicht auf ungeteilte Zustimmung in der Bevölkerung treffen werden.[87] Es bleiben die Fragen: Warum gaben unmittelbar nach Erscheinen des Kommissionsberichts die widerstreitenden Interessengruppen zumindest vorübergehend ihre Ablehnung auf? Welche Macht entfaltet ein solcher Bericht, dass der normalerweise tobende Kampf der unterschiedlichen Interessen wenigstens zeitweise ausgesetzt wird?

Während die rot-grüne Bundesregierung im Sommer 2002 – kurz vor der Bundestagswahl – sehnlichst den Hartz-Bericht erwartete, zögerte es die schwarz-gelbe Bundesregierung – ebenfalls kurz vor einer Bundestagswahl, allerdings vier Jahre zuvor – so lange wie möglich hinaus, den bereits monatelang vorliegenden „Zehnten Kinder- und Jugendbericht" zu veröffentlichen (BMFSFJ 1998). Die Verzögerung hatte einen leicht durchschaubaren politischen Grund: Es gab in dem Bericht einen

87 Auf diesen Protest hat die Bundesregierung mit einem anderen Bericht beschwichtigend einzuwirken versucht: In dem jährlich erscheinenden Bericht zum „Stand der Deutschen Einheit", vorgelegt am 22. September 2004, konstatierte sie „bemerkenswerte Erfolge und Fortschritte" bei der Angleichung der Lebensverhältnisse und wies das Bild des „Scheiterns" deutlich zurück (BMVBW 2004).

kurzen Abschnitt über „Kinderarmut", dessen Veröffentlichung der damaligen Regierung so kurz vor der Wahl nicht gelegen kam. Die Folge war, dass die politische und mediale Diskussion des Berichts nicht mit einem Streit über die Inhalte und Konsequenzen, die aus dem Bericht zu ziehen seien, begann, sondern in das unpolitisch anmutende Vorfeld verlagert war: Sie setzte bereits über den Zeitpunkt der Veröffentlichung ein. Das Jugendwohlfahrtsgesetz verpflichtet die Bundesregierung, in jeder Legislaturperiode dem Bundestag einen „Bericht über Bestrebungen und Leistungen der Jugendhilfe" vorzulegen und diesen in einer speziellen Bundestagssitzung zu debattieren. Mit der Erstellung des Berichts hat die Bundesregierung eine Sachverständigenkommission zu beauftragen, also wissenschaftliche Institute bzw. Personen ihrer Wahl. Das Bundesministerium für Familie, Senioren, Frauen und Jugend (BMFSFJ) hat dem Expertenbericht eine Stellungnahme beizufügen. Alles zusammen muss dem Bundestag innerhalb eines halben Jahres zugeleitet werden. Ein halbes Jahr vor der Bundestagswahl sah sich das BMFSFJ „wegen Zeitnot" zunächst nicht in der Lage, den Bericht vor der Wahl an den Bundestag weiterzuleiten, weil die ministerielle Stellungnahme nicht rechtzeitig erstellt werden könne. Auf Druck der Opposition und der Öffentlichkeit, die dieses Argument als Wahlkampfstrategie entlarvten, fertigte das zuständige Ministerium seine Stellungnahme doch noch schneller als geplant an, so dass mit einem halben Jahr Verspätung der Bericht gerade noch vor der Bundestagswahl veröffentlicht wurde.

Wie vorauszusehen konzentrierte sich die öffentliche Rezeption hauptsächlich auf den kurzen Abschnitt über „Kinderarmut", der nur fünf der insgesamt 343 Seiten des Berichts umfasste. Der Abschnitt zitierte Ergebnisse der jüngeren Armutsforschung, die innerhalb der wissenschaftlichen Öffentlichkeit ebenso wie in informierten politischen Kreisen bekannt waren und dort kein Aufsehen erregt hatten. Doch nun, in einem „offiziellen Bericht" der Bundesregierung publiziert, entfalteten sie eine enorme politische Brisanz und provozierten Stellungnahmen verschiedenster gesellschaftlicher Akteure. Sie erreichten eine politische und öffentliche Aufmerksamkeit, die wissenschaftlichen Untersuchungen mit den gleichen Ergebnissen versagt worden war. Allein der Publikationsort – ein staatlich-administrativer Bericht, der beansprucht, eine „offizielle Sicht" und einen allgemein gültigen Standpunkt wiederzugeben – hatte bewirkt, dass an diesen Zahlen und Aussagen nicht einfach vorbeigegangen werden konnte. Dies macht die besondere Qualität von Berichten aus und unterscheidet sie beispielsweise von wissenschaftlichen Untersuchungen und Dauerbeobachtungen. Sie können nicht schlicht zur Seite gelegt werden und fordern zu politischem Handeln auf.

Ein drittes Beispiel: In den 1980er und 1990er Jahren gaben die Freien Wohlfahrtsverbände und der DGB regelmäßig Armuts- und Sozialberichte heraus.[88] Ein zentrales Ziel dieser nicht-amtlichen Berichte war es, eine nationale, sprich offizielle

88 Die einflussreichsten Armutsdarstellungen waren „Der Armutsbericht des DGB und des Paritätischen Wohlfahrtsverbandes" von Walter Hanesch et al. (1994 und 2000) und die „Caritas Armutsuntersuchung" von Richard Hauser und Werner Hübinger (1993).

Armutsberichterstattung einzuklagen und dafür die theoretischen und methodischen Grundlagen zu legen. Damit war die Hoffnung verbunden, dass durch einen nationalen Armutsbericht dieses Thema fest auf der politischen Agenda institutionalisiert würde. Die in einem staatlich-administrativen Bericht publizierten Armutszahlen wären einer relativierenden Diskussion entzogen und eine spezielle Armutspolitik könnte eingefordert werden. Und genau aus diesem Grund schreckte die alte Bundesregierung davor zurück – nicht aber die rot-grüne Koalition. Im Mai 1999 beschloss der Deutsche Bundestag auf Initiative der Fraktionen von SPD und Bündnis 90/Die Grünen, „regelmäßig einen Armuts- und Reichtumsbericht zu erstatten" (Bundestagsdrucksache 14/999).[89] Im Frühjahr 2001 lag der erste Armuts- und Reichtumsbericht der Bundesregierung mit dem Titel „Lebenslagen in Deutschland" (BMAS 2001) vor. Es handelte sich um einen so genannten „ministeriellen Bericht", weil er unter der Federführung des Bundesministeriums für Arbeit und Sozialordnung erstellt wurde. Die erwartete dauerhafte und nachhaltige politische und öffentliche Skandalisierung von Armut, steigender sozialer Ungleichheit und sozialer Ausgrenzung blieb jedoch weitgehend aus. Trotz des ersten nationalen Armutsberichts verblieb dieses Thema nur kurzfristig auf der politischen und medialen Tagesordnung. Der Bericht verschwand alsbald in den Regalen der staatlichen Bürokratie und der sozialwissenschaftlichen Forschung, wie dies für die Mehrzahl der ministeriellen Berichte zu beobachten ist.[90] Es kommt somit nicht nur auf das Berichtsthema an. Auch wie die Berichte erstellt werden – z.B. von einem Ministerium oder einer unabhängigen Kommission – hat einen gewichtigen Anteil daran, ob und wie sie öffentlich wahrgenommen werden. Ein weiterer Einflussfaktor ist der Zeitpunkt der Erstellung bzw. Veröffentlichung.

Die drei Beispiele zeigen: Bericht ist nicht gleich Bericht. Sie werden auf sehr unterschiedliche Weise erstellt und veröffentlicht. Mal haben sie eine erstaunlich geringe Resonanz, mal eine bemerkenswert große. Dies ist nicht von den formalen Verfahren der Berichterstattung zu trennen.[91] Die Illusion, dass der Hartz-Bericht vor öffentlichen Auseinandersetzungen geschützt sei und deshalb ohne Abstriche in die Praxis umgesetzt werden könnte, beruhte darauf, dass an der Erstellung die verschiedenen im politischen Alltagsgeschäft miteinander streitenden Interessengruppen beteiligt waren. Durch ihre Mitarbeit hatten sie sich dem dort ausgehandelten Konsens nicht nur persönlich, sondern auch mit ihrem Gruppeninteresse verpflichtet. Diesem Verfahren der Berichterstattung wird oft große Zustimmung und Aner-

89 Ausführlicher dargestellt in Barlösius (2000a).

90 Der zweite Armuts- und Reichtumsbericht – erschienen im März 2005 – erregte kaum mehr Aufsehen.

91 Unter *Berichtssystemen* sollen Berichte verstanden werden, die nicht nur einmalig erstellt werden, sondern auf Dauer angelegt sind. Manche von ihnen enthalten stets den gleichen Inhalt, bei anderen wechselt dieser und wird der jeweils aktuellen politischen Lage angepasst. Die erste Variante trifft in der Mehrzahl auf Berichte zu, die von den Ministerien zusammengestellt werden. Die zweite ist typisch für Kommissionsberichte. Berichtssysteme bedürfen einer festen Organisationsstruktur, die ihre Erstellung, Abnahme und Bekanntmachung regelt. Sie haben den Vorteil, dass sie langfristig Entwicklungen beobachten und dokumentieren können.

kennung entgegengebracht. Ähnlich beim „Zehnten Kinder- und Jugendbericht": Wäre er nicht von einer unabhängigen Wissenschaftlerkommission geschrieben worden, sondern vom Ministerium selbst, dann wäre die Auseinandersetzung über die Kinderarmut überhaupt nicht entstanden, weil das Ministerium dieses Thema gar nicht erst angesprochen hätte. Umgekehrt verhielt es sich wohl beim ersten nationalen Armutsbericht: Weil das BMAS die Federführung und Endkontrolle innehatte, war nicht zu erwarten, dass dort eine regierungsferne und politisch strittige Darstellung von Armut oder gar von Reichtum entwickelt würde. Aber auch in anderen Verfahrensaspekten unterscheiden sich die drei Berichte. Da der institutionelle und formale Rahmen der Berichte mit entscheidend für ihre Wahrnehmung und Anerkennung ist, soll im Weiteren genau darauf das Augenmerk liegen.[92]

Diese Aspekte werden üblicherweise in der soziologischen Literatur über Berichte und Berichterstattung gar nicht beachtet. In den insgesamt sehr wenigen soziologischen Arbeiten zu dieser Repräsentationsform werden vornehmlich zwei Perspektiven betrachtet. Einmal werden sie inhaltsanalytisch untersucht. Eine solche Analyse wird z.B. in den Sammelbänden „Sozialberichterstattung in Deutschland" (Noll 1997), „Sozialberichterstattung und Sozialstaatsbeobachtung" (Flora/Noll 1999), „Die Familie in der Sozialberichterstattung" (Bien/Rathgeber 2000) oder „Berichterstattung im Gesundheitswesen" (Streich et al. 1998) vorgenommen.[93] In diesen Bänden werden der formale und institutionelle Charakter nur ausnahmsweise behandelt – systematisch gar nicht. Der Aspekt der Repräsentationsform wird überhaupt nicht untersucht. Zweitens werden Berichte als Instrument der Politikberatung charakterisiert (vgl. Renn 1999). Selten wird die Wirkung der Berichte auf die praktische Politik empirisch überprüft. Genauso selten wird die öffentliche, sprich mediale Rezeption untersucht.[94]

8.1 Charakteristika von Berichten

Berichte zeichnen sich durch einige Besonderheiten aus, von denen sechs wichtige hervorgehoben werden sollen.[95] Diese sechs tragen wesentlich zur Eigenart von Berichten bei und heben sie zum Teil von anderen Repräsentationsformen und Publikationsweisen ab.

92 Es wird vorwiegend die Sozialberichterstattung betrachtet – also solche Berichte, in denen soziale Ungleichheiten thematisiert werden.

93 Zapfs (1999) Zusammenschau von Wohlfahrtskonzepten und Sozialberichterstattung für den Zeitraum der 1970er Jahre bis in die 1990er Jahre untersucht die Verbindung von politischem Gestaltungswillen und Ausrichtung der Sozialberichterstattung.

94 Ausnahmen sind die Studien von Walter (1994, 1995), eine kurze Darstellung der Rezeption des 5. Familienberichts in der Tagespresse, der Verbandspresse und den wissenschaftlichen Zeitschriften von Lüscher (2000) sowie eine knappe Skizze der Rezeption der Familienberichte und ihrer Bedeutung für die Politik von Haines (2000).

95 Im Folgenden greife ich auf Vorarbeiten zurück (Barlösius/Köhler 1999, 2000).

(1) Wissenschaftlich, aber keine Forschung

Berichte greifen in der Regel auf bereits veröffentlichtes Material der amtlichen Statistik, Dauerbeobachtung und anderer Quellen zurück und ergänzen es nur im Bedarfsfall durch eigene bzw. in Auftrag gegebene Recherchen. Dies bedeutet, dass sie äußerst selten Kategorien, Klassifikationen oder Grenzwerte entwickeln – es sei denn, sie sind explizit damit beauftragt. Stattdessen verwenden sie wissenschaftlich anerkannte Definitionen und solche der amtlichen Statistik. Im Allgemeinen gehört es auch nicht zur Aufgabe von Berichten, eingeführte und weitgehend akzeptierte Sichtweisen und Beurteilungen in Frage zu stellen. Vielmehr sollen sie zu gesellschaftlich umkämpften Sachverhalten eine Synthese vorhandenen Wissens erstellen, um so eine verallgemeinerungs- und konsensfähige Repräsentation abzufassen. Berichte liefern somit zumeist eine Zusammenstellung und Interpretation von bereits bekanntem und konsensfähigem Wissen. Keineswegs sollen sie völlig neue Klassifikationen oder Sichtweisen liefern oder auf andere Weise innovativ tätig werden. Dazu wäre es zudem nötig, sich von der amtlichen Statistik und der wissenschaftlichen (Dauer-)Beobachtung zu entfernen, statt sie zur Basis der Berichte zu machen.

Berichterstattung und wissenschaftliche (Dauer-)Beobachtung werden häufig in einem Atemzug genannt und oft gleichgesetzt. Dies ist aber verkehrt. Während die Berichte eine Synthese von Forschungen liefern sollen, aber nicht selbst Daten erheben, wurde die wissenschaftliche (Dauer-)Beobachtung primär zu Forschungszwecken eingerichtet, beispielsweise um gesellschaftliche Grunddaten zu beschaffen.[96] Diese Art der Wissensbeschaffung gehört zum Feld der Wissenschaft, jedoch ist ihr dort eher der Platz der Praxisorientierung denn der Theorieentwicklung zugewiesen. Damit bildet sie eine Brücke zwischen Wissenschaft und Praxis, weshalb ihr Standpunkt nicht ganz eindeutig zu sein scheint. Die wissenschaftliche (Dauer-)Beobachtung ist so konzipiert, dass ihre Ergebnisse in Berichten, Gutachten, Expertisen und auch auf anderen Wegen in politische Debatten und öffentliche Diskussionen einfließen können.

(2) Wissenschaftlich und allgemein gültig

Berichte sollen nicht nur „neutral", „objektiv" und „wissenschaftlich unabhängig" über Sachverhalte informieren, wozu es genügen würde, sich auf den „Stand der Wissenschaft" zu berufen. Sie sollen vor allem die vorhandenen Fakten und Daten sichten und nur jene aufnehmen, die als allgemein bzw. von der Mehrheit der „scientific community" als gesichert und richtig anerkannt werden – die zur herrschenden Meinung geworden sind. Aus diesem Grund würde es der Eigenart von Berichten widersprechen, zu differenzieren und in den Diskurs um umstrittene wissenschaftliche Positionen einzutreten. Partikulare Sichtweisen und aufwendige theoretische Herleitungen sind nicht ihre Sache. Damit unterscheiden sie sich grundsätzlich von Stellungnahmen oder Positionspapieren, die konsequent eine partikulare,

96 Dazu gehören z.B. das SOEP, der Wohlfahrtssurvey und das Euromodul.

ihren kollektiven Orientierungen und Interessen gemäße Position vertreten. Berichte beinhalten idealerweise nur allgemein gültige, unbestrittene Aussagen, die zudem auch in der Gesellschaft hohe Zustimmung erfahren und damit common-sense-fähig sind. Ein Bericht würde seinen Zweck verfehlen, wenn er sich zwar durch wissenschaftliche Exzellenz auszeichnen würde, aber nicht allgemein verständlich wäre oder Forderungen aufstellen würde, die nicht auf Akzeptanz treffen, weil sie ausschließlich wissenschaftliche Kriterien berücksichtigen. Die Berichtsinhalte müssen somit den drei Prüfsteinen Wissenschaftlichkeit, Allgemeingültigkeit und Konsensfähigkeit genügen.

(3) Problemorientierte Information

Nur Informationen bereitzustellen genügt nicht, denn Berichte sollen darüber hinaus die beobachteten Sachverhalte beurteilen. Dies wird häufig von den Rezipienten als die „normative Seite" der Berichte kritisiert. Die Auftraggeber und Ersteller dagegen sehen darin die „programmatisch-pragmatische Seite" der Berichte, nämlich nach dem „best-practice"-Modell zu suchen. Genau dies unterscheidet Berichte von wissenschaftlichen Analysen. Ersteren ist die Aufgabe zugeordnet, eine Bestandsaufnahme gegenwärtiger Probleme vorzulegen, im zweiten Schritt Entwicklungstendenzen aufzuzeigen und drittens daraus Vorschläge für realistische Lösungen zu entwickeln. Damit orientieren sich die Berichte eng an den aktuellen Fragestellungen politischer Entscheidungsträger.

(4) Planungs-, Steuerungs- oder Kontrollbedarf

Es werden solche Themen behandelt, bei denen Konsens darüber hergestellt werden soll, dass politischer Planungs-, Steuerungs- oder Kontrollbedarf besteht. Insofern verbirgt sich in ihnen ein zentrales Kennzeichen moderner Gesellschaften, die ihr „So-und-nicht-anders-Gewordensein" nicht mehr „schicksalhaft" hinnehmen und auf eine wissenschaftlich vermittelte Konstruktion der Wirklichkeit drängen. Genau dazu sollen viele Berichte einen Beitrag leisten. So heißt es in einem Gutachten der Friedrich-Ebert-Stiftung: „Noch niemals hat es bisher in der Geschichte der Demokratien einen politisch bewusst gestalteten Übergang von einer Gesellschaftsform in eine andere gegeben." (Mosdorf 1998: 10) Gemeint ist der Übergang von der Industrie- zur Wissensgesellschaft. Diesen Wandel politisch im „Griff zu behalten", dazu soll der Bericht Vorschläge machen (ebd.: 12). Der „Hartz-Bericht", der „Rürup-Bericht"[97], aber auch die vielen „Zukunftsberichte",[98] welche zur Jahrtausendwende publiziert wurden, unterbreiten konkrete Pläne, wie die Arbeitslosigkeit gesenkt, die

97 Amtlich heißt der Rürup-Bericht „Nachhaltigkeit in der Finanzierung der sozialen Sicherungssysteme", herausgegeben vom Bundesministerium für Gesundheit und Soziale Sicherung (BMGS 2003).

98 Das größte Aufsehen hat der Bericht der „Kommission für Zukunftsfragen der Freistaaten Bayern und Sachsen" mit dem Titel „Erwerbstätigkeit und Arbeitslosigkeit in Deutschland. Entwicklung, Ursachen und Maßnahmen", erschienen 1996/97, erlangt.

Sozialversicherungssysteme stabilisiert und die „Zukunft der Gesellschaft" politisch ausgestaltet werden sollte. Während in diesen Berichten politische Steuerungen, sprich Gesetze, Verordnungen und institutioneller Umbau entworfen und angeregt werden, gibt es eine ganze Reihe von Berichten, welche im Rahmen von Gesetzen Kontrollaufgaben erfüllen und deren Ergebnisse direkt politisches Handeln veranlassen, z.B. die Berichte über die Finanzlage der Sozialversicherungen (Rentenversicherungsbericht).

(5) Kommissionsberichte

Viele Berichte werden von Kommissionen verfasst, also weder von einem Wissenschaftler allein noch von einem bereits etablierten Forschungsteam. Allerdings wird der größere Anteil der amtlichen Berichte von den zuständigen Ministerien, nachgeordneten Behörden oder Ressortforschungseinrichtungen erstellt. Diese Berichte stehen jedoch oftmals im Verdacht, regierungsnah zu sein. Kommissionsberichten wird dagegen eher eine „wissenschaftlich unabhängige" und „verallgemeinerungsfähige Sichtweise" bescheinigt. Eine Voraussetzung, in eine Kommission berufen oder gebeten zu werden, ist, auf dem zu untersuchenden Fachgebiet als Experte anerkannt zu sein. Entscheidend für den Expertenstatus sind wissenschaftsinterne Kriterien, aber diese allein genügen nicht. Hinzu kommen Persönlichkeitsmerkmale wie Kommunikations- und Verhandlungsfähigkeit, Integrität, Verlässlichkeit etc.

In vielen Kommissionen sind aber keineswegs nur wissenschaftliche Experten tätig. Bei politisch besonders umstrittenen Themen werden Repräsentanten jener Interessen- und Akteursgruppen berufen, die jeweils in dem zu behandelnden Gebiet besonders engagiert sind. Dabei werden bevorzugt Personen ausgewählt, die als Fachleute für das jeweilige Thema gelten, beispielsweise spezialisierte Gewerkschaftsfunktionäre und Arbeitgebervertreter, Fachjuristen und -beamte. Eine zweite Voraussetzung ist, dass die Berufenen das Vertrauen der Auftraggeber besitzen. Dieses bezieht sich darauf, dass sie ähnliche Grundpositionen wie z.B. ein starkes Interesse an Sozialpolitik vertreten oder gleiche wirtschaftstheoretische Konzepte verfolgen (vgl. Walter 1995). Man kann darüber streiten, ob und inwieweit Vertrauen in Opportunität gegenüber den berufenden politischen Parteien und Interessengruppierungen übergeht. Dies ist sicherlich immer dann der Fall, wenn mit der Berufung die Erwartung verknüpft ist, einen bestimmten Standpunkt zu vertreten, nämlich einen, der inhaltlich bereits weitgehend feststeht. Bei Themen, die nicht öffentlich kontrovers diskutiert werden sollen, ist dies besonders häufig zu beobachten.[99] Entscheidend ist somit der Zweck der Kommission: Ist es die Absicht, einen breiten Konsens zu erzielen, dann werden Personen berufen, die das gesamte Spektrum von Sichtweisen vertreten, welches die angestrebte Übereinkunft repräsentieren soll. Wenn zusätzlich eine öffentliche Kontroverse entstehen soll, müssen sich zu berufende Personen auch medienwirksam positionieren können.

99 So hat von Armin die Zusammensetzung der Kommissionen zur Neugestaltung der Parteienfinanzierung untersucht und eine sehr enge Parteibindung festgestellt (von Armin 2001).

An der Zusammensetzung der Kommission kann man deshalb ablesen, wie das jeweilige Thema interessen- und akteurpolitisch beschrieben wird, welche gesellschaftlichen Gruppen überhaupt wahrgenommen und für vertretungswert gehalten werden. So waren in der Hartz-Kommission Wissenschaftler, Gewerkschafter, Arbeitsgebervertreter, ein Repräsentant ostdeutscher Interessen und ein Vertreter des Arbeitsamtes tätig. Dies entsprach geradezu klassisch dem korporativistischen Dreieck von Arbeit, Kapital und Staat. Neue gesellschaftliche Akteure oder Sichtweisen, die Arbeitslosenorganisationen, Initiativen gegen Armut oder die Perspektiven der privaten Haushalte und Familien, Vertreter ausländischer Arbeitnehmer etc. – sie alle fehlten. Unter den 15 Mitgliedern war eine Frau, so als wäre die Haupternährerfamilie noch intakt.[100]

Die Kommissionsarbeit zwingt den Mitgliedern ein bestimmtes Verfahren auf, wie sie zu ihrer Bestandsaufnahme und ihren Lösungsvorschlägen gelangen. Sie wird zu einem Prozess der internen Konsensfindung und dupliziert damit – wenn auch auf Expertenebene – das, wozu der Bericht gesellschaftlich und politisch beitragen soll: ein breites Einverständnis bei umstrittenen Themen herzustellen. Das Ergebnis kann in nicht mehr als einem „gemeinsamen Kern von Beobachtungen und Schlussfolgerungen [bestehen], dem sich einerseits jedes Mitglied anschließen, zu dem es sich jedoch andererseits und zugleich jederzeit Eigenes hinzudenken kann" (Streeck 1999: 87). Umfasst die Kommission Mitglieder, die konkurrierende Standpunkte vertreten, strebt die gemeinsame Diskussion auf einen Kompromiss zu, der aus einer Synthese der verschiedenen Positionen besteht und damit ein hohes Maß an Allgemeingültigkeit für sich beanspruchen kann, allerdings gerade deshalb meist abstrakt bleibt. Ein solcher Abgleich der Meinungen erzeugt einen „großen Bestand an gemeinsam beobachteten Sachverhalten und etabliert auf diese Weise eine Sichtweise, die niemand bestreiten kann, der ernst genommen werden will" (Streeck 1998: 15). Ein derartiger Bericht erreicht „Allgemeingültigkeit" und besitzt so große Chancen, als legitime Sicht anerkannt zu werden.

Werden dagegen Experten berufen, die tendenziell einen gemeinsamen Standpunkt vertreten, dann wird sich ihre Konsensfindung auf ein größeres Maß gemeinsam geteilter Überzeugungen stützen können. Sie werden eine Bestandsaufnahme zustande bringen, die inhaltlich wesentlich präziser formuliert ist und konkrete Strategien empfiehlt. Allerdings wird ein solcher Bericht in der öffentlichen und politischen Rezeption wahrscheinlich als Stellungnahme oder Positionspapier wahrgenommen und die Legitimität des dort dargelegten Standpunktes bleibt insgesamt hochgradig umstritten. Exemplarisch für den ersten Fall sei der „Bericht der Kommission Mitbestimmung" erwähnt, den die Bertelsmann Stiftung und die Hans-Böckler-Stiftung in Auftrag gaben und der 1998 erschien; sein Titel lautet „Mitbestimmung und neue Unternehmenskulturen. Bilanz und Perspektiven". Die Kom-

100 Anders die „Rürup-Kommission", in der das repräsentierte Interessenspektrum wesentlich breiter gefasst und damit der gesellschaftlichen Realität sicherlich näher ist. Außerdem ist in dieser Kommission nicht nur eine „Alibi-Frau" vertreten.

mission setzte sich aus Gewerkschaftsvertretern, Wissenschaftlern, Arbeitsdirektoren, dem Präsidenten des Bundesarbeitsgerichts, Vertretern der Arbeitgeberverbände etc. zusammen. Der „Alternative Wirtschaftsbericht", der von der „Arbeitsgruppe Alternative Wirtschaftspolitik" (Memorandum-Gruppe) herausgegeben wird, versteht sich als „Gegengutachten" zum „offiziellen" Jahreswirtschaftsbericht – dem Gutachten des Sachverständigenrates zur Begutachtung der gesamtwirtschaftlichen Entwicklung (der fünf „Weisen"). Er ist ein Beispiel des zweiten Falls. Der „alternative" Bericht bezieht ausdrücklich eine Gegenposition zum amtlichen Wirtschaftsbericht und konzentriert sich darauf, Sichtweisen, die von jenem übergangen werden, öffentlich zu machen, um so den „offiziellen" Bericht als partikular und interessengebunden zu entlarven.

(6) Verständlichkeit

Ein letztes Kennzeichen soll nur kurz erwähnt werden. Da sich die Berichte nicht an eine Fachöffentlichkeit, sondern an Politiker und/oder die Öffentlichkeit wenden, sind sie anschaulich und allgemein verständlich verfasst und distanzieren sich so von der wissenschaftlichen Sprache. Sie bauen eine Brücke von der Wissenschaft zur Praxis und sind deshalb ein außerordentlich wichtiges Instrument zur Popularisierung sozialwissenschaftlicher Forschungsergebnisse. Insofern tragen die Sozialberichte nicht unwesentlich zum Ansehen der Sozialwissenschaften bei.

8.2 Der institutionelle und formale Rahmen der Berichte

Zur Systematisierung ist es sinnvoll, amtliche und nicht-amtliche Berichte zu unterscheiden. Zu den amtlichen Berichten zählen jene, welche die Bundesregierung oder die Länderregierungen ihren Parlamenten übergeben.[101] Nicht-amtliche Berichte werden dagegen in der Regel von klassischen Interessenverbänden wie Gewerkschaften und Arbeitergebervereinigungen in Auftrag gegeben, von Vereinen wie Greenpeace, BUND und Amnesty International, die aus den „neuen sozialen Bewegungen" hervorgegangen sind, sowie von Stiftungen, insbesondere partei- und gewerkschaftsnahen oder Unternehmensstiftungen.

8.2.1 Amtliche Berichte

Zur Differenzierung amtlicher Berichte gibt es mehrere Möglichkeiten. Die Einordnung nach der Art der Initiative und der rechtlichen Verankerung innerhalb der politischen Entscheidungsorgane enthält mehr Hinweise auf deren parlamentarische und

101 Ich beschränke mich im Weiteren auf die Berichte der Bundesregierung an den Bundestag, weil hierbei auf das Datenhandbuch des Deutschen Bundestages zurückgegriffen werden kann (Schindler 1994, 1999).

öffentliche Behandlung als andere Unterteilungen, z.B. Ressortzuordnungen, Berichtsformen, Regelmäßigkeit.[102] Nach dem rechtlichen Status sind drei Berichtsarten zu unterscheiden.[103]

(1) Berichte aufgrund einer gesetzlichen Verpflichtung

Nicht nur die Pflicht, Bericht zu erstatten, auch die Häufigkeit und die Zielrichtung sind für diese Gruppe oftmals gesetzlich vorgeschrieben. So schreibt das Unfallverhütungsgesetz einen jährlichen „Bericht über den Stand der Unfallverhütung" vor, das Bundesversorgungsgesetz verlangt alle zwei Jahre einen Bericht, auf dessen Grundlage die Renten „an die Entwicklung der Leistungsfähigkeit und das reale Wachstum der Volkswirtschaft" anzupassen sind, und das „Gesetz zur Förderung der Stabilität" fordert, jährlich einen „Finanzplan" vorzulegen. Tendenziell ist zu beobachten, dass immer mehr Gesetze mit einer Berichtspflicht verabschiedet werden. Ihr Anteil an den bundesamtlichen Berichten macht mittlerweile gut ein Drittel aus.[104] Sofern die Gesetze regelmäßige Berichte vorschreiben, ist damit die Institutionalisierung eines Berichtssystems verbunden.

(2) Berichte aufgrund eines parlamentarischen Beschlusses

Dies ist eine weitere Möglichkeit, ein Gesetz mit einer Berichtspflicht zu verbinden. Sie ist dann nicht Bestandteil des Gesetzes, sondern mit der Verabschiedung wird ein entsprechender Beschluss gefasst, der ähnlich rechtsverbindlich ist. Ein solcher Beschluss zwingt die Bundesregierung, über die Durchführung und die Wirkung des Gesetzes regelmäßig dem Parlament zu berichten. Weiterhin resultieren Berichtspflichten daraus, dass der Bundestag beschließt, über ein politisch schwieriges Thema auf der Grundlage eines Berichts in gewissen Abständen stets neu zu debattieren, um es so auf der politischen Agenda zu halten. Dazu gehörte beispielsweise der jährlich von der 5. bis zur 11. Wahlperiode (1965-1990) in den Bundestag eingebrachte „Bericht zur Lage der Nation", der über die innerdeutschen Beziehungen informierte. 1996 beschloss der Bundestag, stattdessen einen neuen regelmäßigen Bericht einzuführen: den Bericht über den „Stand der deutschen Einheit", der jährlich am Tag der deutschen Einheit dem Bundestag zu übergeben ist. 60 Prozent aller bundesamtlichen Berichte werden auf der Basis eines parlamentarischen Ersuchens erstellt. Auch in dieser Gruppe finden sich fest institutionalisierte Berichtssysteme.

102 Maiwald (1993) untersucht die rechtliche Kodifizierung von Berichten zwischen Bundestag und Bundesregierung.

103 Diese drei Unterscheidungen werden sowohl in der politikwissenschaftlichen Literatur (Derlien 1975; Ismayer 1990) als auch im Datenhandbuch des Deutschen Bundestages verwendet (Schindler 1994, 1999).

104 Dieser Anteil bezieht sich auf die 10. Wahlperiode; er liegt jetzt sicherlich höher.

(3) Berichte aufgrund eigener Initiative einer Bundesregierung

Dabei handelt es sich in der großen Mehrzahl um Berichte, die zur Vorbereitung von Gesetzen, zur Verbesserung der innerministeriellen Kommunikation oder zur Abstimmung der Regierungsarbeit angefordert werden. Ihr Anteil an der Gesamtzahl der Berichte ist von der 5. bis zur 11. Wahlperiode auf weniger als zehn Prozent gesunken und wird vermutlich danach noch niedriger gelegen haben (Ismayer 1990). In der 14. und der gegenwärtigen Legislaturperiode – unter der rot-grünen Regierung – ist aber wohl ein Anstieg zu verzeichnen.

Neu ist, dass die mediale Inszenierung der Erstellung zu einem Bestandteil der Berichte geworden ist. Nicht nur der Hartz-Bericht, der Bericht der Ethik-Kommission und vieler anderer Gremien werden bereits während ihrer Erstellung politisch kommentiert und intensiv medial begleitet. Während üblicherweise die Expertenkommissionen in aller Stille ihre Arbeit tun, scheint nicht mehr nur das Ergebnis – der schriftliche Bericht –, sondern bereits die Kommissionsarbeit zur Konsensbildung genutzt zu werden. Flapsig gesprochen: Durch die permanenten Verlautbarungen zu den erreichten Kompromissen soll die Bevölkerung Stück für Stück auf den „neuen Konsens“ vorbereitet werden, um so deren Akzeptanz einerseits zu testen und andererseits zu erhöhen. Eine weitere neue Entwicklung der Berichterstattung scheint zu sein, dass die Politik Reformblockaden dadurch zu überwinden versucht, dass sie sich im Vorhinein weitgehend an die Kommissionsergebnisse bindet, anstatt wie bisher diese als Instrument der Politikberatung zu nutzen, wie dies für die Mehrzahl der reinen Sachverständigenberichte noch gilt. Damit werden zumindest tendenziell Berichte weniger wegen ihrer Inhalte, sondern vermehrt aufgrund ihrer besonderen Eigenschaften angefordert, nämlich Konsensbildungsprozesse zu fördern, auf die Wahrnehmungs- und Argumentationsmuster einzuwirken und neue Sichtweisen und Denkmodelle allgemein verständlich und überzeugend darzustellen.

Bei den Gesetzen, die mit einem Berichtsauftrag gekoppelt sind – unabhängig davon, wie dieser rechtlich begründet ist –, handelt es sich überwiegend um solche, die einen politischen Steuerungsauftrag enthalten. Andersherum formuliert: Sie regulieren Bereiche, bei denen ein breiter Konsens besteht, dass sie nicht dem Spiel gesellschaftlicher und wirtschaftlicher Machtverhältnisse überlassen werden sollen. Es handelt sich um Verrechtlichungen im Sinne einer gesellschaftlichen Steuerung, bei denen das „regulatorische Recht (...) als instrumentelles Recht, als Mittel der Sozialgestaltung“ eingesetzt wird, „das bestimmte soziale Veränderungen hervorrufen will und dazu soziales Wissen benötigt“ (Teubner 1985: 311). Das gesellschaftliche Grobziel ist gesetzlich festgeschrieben; zur permanenten Feinsteuerung sind jedoch „gesicherte Fakten“ und „Zusammenhangwissen“ nötig, die bzw. das in den Berichten zusammengestellt werden. Es ist somit nicht überraschend, dass die amtlichen Darstellungen hauptsächlich über Bereiche der Sozial-, Wirtschafts- und Umweltpolitik berichten, also über Politikfelder, die einem stetigen Wandel unterliegen und deren politische Steuerung im Parteienspektrum kontrovers diskutiert wird. Die Berichte dienen einem doppelten Zweck: Planungsdaten zu liefern und bisherige Effekte zu evaluieren. Weiterhin halten sie die politische Auseinandersetzung darüber, wie gesteuert werden soll, dauerhaft „am Kochen".

Dieser politische Gebrauch enthält nicht nur Hinweise darauf, für welche Politikbereiche mit großer Wahrscheinlichkeit Berichte rechtlich institutionalisiert sind, sondern ebenso, für welche eine regelmäßige Berichtspflicht mutmaßlich nicht eingerichtet und auch zukünftig schwierig durchzusetzen ist. Es verwundert deswegen nicht, dass ein periodisch erscheinender Bericht über die „Lage der Ausländerinnen und Ausländer in der Bundesrepublik Deutschland" erst 1997 eingerichtet wurde, dass es keinen Bericht über die soziale Lage von Asylbewerbern gibt und ein Nationaler Armuts- und Reichtumsbericht trotz vielfältiger Aufforderungen bereits in den frühen 1980er Jahren erst 1999 eingerichtet wurde. Denn Berichte erzwingen in der Regel politisches Handeln, wenigstens aber eine abwiegelnde Stellungnahme; Verschweigen oder Gleichgültigkeit legitimieren sie nicht.

Betrachtet man die amtlichen Berichte statistisch, dann ist Folgendes zu vermerken. Über den Zeitraum von der 4. (1961-1965) bis zur 10. Wahlperiode (1983-1987) hat sich die Anzahl der Berichte fast verdoppelt. In der Wahlperiode 1990-1994 lag sie nochmals um 20 Prozent höher. Wie bereits angedeutet, wird sie insbesondere in den letzten Jahren nochmals gestiegen sein. Dies ist jedoch lediglich eine Vermutung, weil das Datenhandbuch des Deutschen Bundestages nur bis zur 12. Wahlperiode reicht. Der Anstieg verlief nicht gleichmäßig, sondern wellenförmig und unterbrochen von starken Einbrüchen. In den Jahren der Großen Koalition (1966-1969) wuchs die Zahl der Berichte sprunghaft an, besonders in den Ressorts Inneres mit einer Vervierfachung und Finanzen mit einer Verdreifachung.[105] Hier spiegeln sich die gesellschaftlichen Auseinandersetzungen um die Notstandsgesetze und die Studentenbewegung sowie die sich rasch verschärfende Rezession mit Haushaltsdefizit und ansteigenden Arbeitslosenzahlen wider. Der größte Einbruch in der Berichterstattung ist für die letzten Jahre der sozial-liberalen Koalition zu verzeichnen. Während der Jahre 1980-1983 fiel die Gesamtzahl wieder auf das Niveau der frühen 1960er Jahre zurück. Hier reflektiert sich, dass diese Koalition dermaßen „am Ende" war, dass kein Interesse mehr an Berichten als Grundlage für Reformvorhaben bestand. Zu Beginn der christlich-liberalen Koalition wuchs die Zahl der Berichte wieder rasant an, speziell in den beiden Ressorts Wirtschaft und Finanzen, was an der Wirtschafts- und Finanzkrise lag. Im Gegensatz zum Ende der sozialliberalen Koalition hat es – jedenfalls bis 1994 – keinen Rückgang der Berichte gegeben, vielmehr einen nochmaligen Anstieg. Die Zahl lag damit etwa doppelt so hoch wie zu Zeiten der sozial-liberalen Regierung. Vermutlich hat sie sich in den letzten Jahren nochmals erhöht. Dies hat sicherlich mehrere Gründe, die hier nicht expliziert werden können. Insgesamt zeigt der enorme Anstieg der Anzahl der Be-

105 Eine ähnlich hohe Berichtszahl wurde für die Innenpolitik bei weitem nicht wieder erreicht.

richte, dass diese Art der Repräsentationsform fest institutionalisiert ist und eng mit politischer Repräsentation verbunden ist.[106]

Allerdings gilt dies nicht für alle Politikbereiche. Justiz und Verteidigung, obwohl es sich um große und machtvolle Ressorts handelt, nutzen diese Repräsentationsform kaum. Andere, kleinere Ministerien wie Familie und Verkehr sind dagegen übergewichtig beteiligt. Ungefähr ein Drittel aller Berichte – und zwar von Beginn der Bundesrepublik bis heute – gehören in die Ressorts Wirtschaft und Finanzen. In diesen beiden Feldern sind gesetzliche regelmäßige Berichtspflichten besonders ausgeprägt. Durchweg hohe Berichtszahlen gibt es weiterhin für das Ressort Arbeit und Sozialordnung, wobei die höchsten Zahlen für die beiden ersten Legislaturen der sozial-liberalen Koalition zu verzeichnen sind. Sie können den großen sozialen Reformprojekten zugerechnet werden. Ansonsten lassen sich einige einmalige Anstiege vermerken, die unmittelbar mit neuen politischen Problemlagen korrelieren, z.B. das gestiegene Umweltbewusstsein seit dem Ende der 1980er Jahre und außenpolitische Veränderungen seit 1990. Der enge Zusammenhang von politischer Problematisierung, gesellschaftlichen Konflikten und Reformprojekten zeigt, dass es verkürzt wäre, Berichte nur als Sachverhaltsdarstellungen anzusehen, weil sie stets in engem Kontext mit politischen Eingriffen erstellt und häufig als Instrument zur Sozialgestaltung eingesetzt werden.

8.2.2 Nicht-amtliche Berichte

Hinsichtlich der zweiten Gruppe, den nicht-amtlichen Berichten, lassen sich im Wesentlichen drei Absichten identifizieren, die von den Herausgebern mit den Berichten verknüpft werden: (1) die Objektivität bzw. Repräsentativität der amtlichen Berichte zu bezweifeln, (2) eine amtliche Berichtspflicht anzumahnen, (3) die eigenen Argumente und Begriffe im politischen Diskurs und in der medialen Öffentlichkeit zu platzieren. Selbstverständlich liegt häufig ein Mix der drei Ziele vor.

(1) Nicht-amtliche Berichte der ersten Art kann man vielleicht als Parallel- oder Gegenberichte bezeichnen, weil sie sich explizit auf etablierte amtliche Berichte beziehen und das dort behandelte Thema in anderer Weise darstellen. Dazu gehören der „Kritische Agrarbericht“, der dem „Agrarbericht“ gegenübergestellt ist, der Bericht der Bundesregierung an die UN-Menschenrechtskommission und der Report von Amnesty International, der „Jahreswirtschaftsbericht“ und der „Alternative Wirtschaftsbericht“, der „Kinder- und Jugendbericht“ und die „Shell-Jugendstudie“ sowie weiterhin eine Vielzahl von kritischen Umweltberichten. Diese Parallel- bzw. Gegenberichte werden zumeist von organisierten kollektiven Akteuren veröffentlicht, die den amtlichen Bericht als Ausdruck eines interessengeleiteten Stand-

106 Insbesondere haben internationale Berichtspflichten zugenommen, so Berichte, die der EU oder der UNO vorzulegen sind.

punkts und einer partikularen Sichtweise aufdecken wollen, um ihnen so den „offiziellen Charakter" streitig zu machen.

(2) Die zweite Absicht besteht darin, für einen noch nicht berichtsmäßig erfassten Bereich eine regelmäßige amtliche Berichterstattung durchzusetzen und damit das untersuchte Thema einem permanenten Politisierungsprozess zu unterwerfen. Derartige Berichte, medienwirksam publiziert, können die Themen, die tunlichst im Hintergrund gehalten werden sollen, in die politische Diskussion bringen. Dazu gehören die Umweltberichte der frühen 1980er Jahre und die bereits mehrfach erwähnten Armuts- und Sozialberichte.

(3) Zu einer dritten Gruppe können alle jene Berichte zusammengefasst werden, in denen Vorstellungen, Bilder und Begriffe entwickelt und mittels eines Berichts popularisiert werden, die heterogene Sichtweisen in bestimmte Bahnen lenken und so Selbstverständlichkeiten und Überzeugungen verankern, die abweichende Stellungnahmen als nicht realitätsgemäß erscheinen lassen. Ihre Aufgabe besteht also darin, auf die Wahrnehmungs- und Bewertungsmuster zu wirken, die der sozialen und politischen Auseinandersetzung zugrunde liegen, und neue Denkstile und Argumentationsweisen zu etablieren. Zu diesem Zweck werden alternative Denkmodelle und Interpretationsweisen eingeführt und bekannte statistische Ergebnisse mit Hilfe neuer Begriffe und Kategorien uminterpretiert. Die in den letzten Jahren publizierten Zukunftsberichte, von denen mancher in „offiziellem Gewand" auftrat und denen in der öffentlichen Debatte viel Aufmerksamkeit zuteil wurde, sind ein Beispiel für den Gebrauch dieser Repräsentationsform zur Legitimierung der dort vertretenen Sichtweisen. Damit greifen sie viel subtiler – nämlich auf der Ebene der sprachlichen Repräsentationen – in Machtprozesse ein und begrenzen so Handlungsoptionen und -ziele, indem sie den Blick von anderen Sichtweisen konsequent ablenken. Für diese Berichtsgruppe ist beispielsweise der Bericht der „Zukunftskommission der Friedrich Ebert Stiftung" zu nennen, der sich mit „Wirtschaftlicher Leistungsfähigkeit, sozialem Zusammenhalt, ökologischer Nachhaltigkeit" beschäftigt (Zukunftskommission der Friedrich Ebert Stiftung 1998).[107] Weiterhin haben die von der „Bertelsmann Stiftung" initiierten Kommissionen, Berichte und Publikationen zu den Themenbereichen Gesundheit, Dritter Sektor und Bürgergesellschaft sehr viel Aufmerksamkeit erregt (siehe www.bertelsmann-stiftung.de).

107 Diese Berichte wie auch andere knüpfen an berühmte Vorgänger an. Als einer der wichtigsten ist der Bericht der Kommission „Zukunftsperspektiven gesellschaftlicher Entwicklungen" zu nennen, erstellt im Auftrag der Landesregierung Baden-Württemberg, erschienen im November 1983.

8.2.3 *Verfasser und Auftragnehmer*

Neben der Unterscheidung in amtliche und nicht-amtliche Berichte ist die Einteilung nach den Verfassern bzw. Auftragnehmern geeignet, die Berichte zu systematisieren. Ein großer Teil der amtlichen Berichte wird von den zuständigen Ministerien, nachgeordneten staatlichen Behörden oder langfristig beauftragten Organisationen erstellt. Diese Berichte sind häufig regierungsnah formuliert bzw. sie werden mit dieser Einschränkung rezipiert – nicht zuletzt deshalb, weil sich die Ministerien die Endkorrektur vorbehalten. Bei diesen Berichten entscheidet das Ministerium, „ob ein Bericht in der vorliegenden Form übernommen, geändert oder verworfen wird" (Bardeleben 1998: 95). Für einige wenige Berichte ist geregelt, dass sie von einer „unabhängigen wissenschaftlichen Kommission" (gleich bleibend oder wechselnd) zu verfassen sind (z.B. Kinder- und Jugendbericht, Familienbericht, Altenbericht). Unabhängig meint in diesem Fall, dass die Experten keine Regierungsämter und Funktionärsposten bei Verbänden innehaben dürfen. Die Berufung liegt in der Hand des jeweiligen Ministers. Die Bundesregierung hat den wissenschaftlichen Bericht zu akzeptieren, ihn mit einer Stellungnahme zu versehen und in den Bundestag einzubringen, womit garantiert ist, dass er öffentlich debattiert wird.

Gerade in der Sozialberichterstattung ist dieses Berichtsverfahren besonders verbreitet, weshalb viele Armutsforscher begründet damit gerechnet hatten, dass eine nationale Armutsberichterstattung als „unabhängiger wissenschaftlicher Kommissionsbericht" institutionalisiert werden würde und nicht als Ministerialbericht. Bei den Kommissionsberichten sieht sich die Bundesregierung oftmals mit einer Darstellung konfrontiert, die ihr nicht unbedingt politisch nahe ist. Die Stellungnahme zeitlich hinauszuzögern, die Abstände der Berichte zu vergrößern oder nur einmalige Berichte anzufordern scheinen Strategien, sich vor diesen Überraschungen zu schützen. So war der Familienbericht ursprünglich alle vier Jahre vorgesehen; seit der 10. Wahlperiode erscheint er nur noch in jeder zweiten Wahlperiode.

In der Regel werden die nicht-amtlichen Berichte von Interessenverbänden, politisch aktiven Vereinen oder anderen engagierten Gruppen wie Stiftungen in Auftrag gegeben. Zwar unterscheiden sich die Auftraggeber der Berichte, aber ihr formaler Rahmen und die Art und Weise der Präsentation – bis auf den rechtlichen Status einiger amtlicher Berichte – sind weitgehend identisch. Die konsequente Orientierung der nicht-amtlichen an den staatlichen Berichten ist ein wichtiger Grund dafür, dass sie, obwohl in ihnen oftmals eine stark interessengebundene Sichtweise zur Sprache kommt, trotzdem wie das staatliche Orientierungsmodell konsensgenerierende Eigenschaften besitzen.

Die Fähigkeit, nicht-amtliche Berichte in Auftrag zu geben und öffentlichkeitswirksam zu präsentieren, ist ähnlich sozial ungleich verteilt wie andere sozial strukturierende Ressourcen. Insofern ist die Option, Berichte zu erstellen – also das Vermögen, etwas explizit öffentlich zu machen (vgl. Bourdieu) –, nur etablierten kollektiven Akteuren möglich. Nur sie können sich überhaupt auf diese als legitim angesehene Weise in das Machtgeschehen um die Schaffung einer Sichtweise und deren Durchsetzung einmischen. Dies sind in vorderster Linie staatliche Institutionen, Gewerkschaften, Arbeitgeberorganisationen, Verbände, Parteien und etablierte Vereine – also Institutionen, die im Zentrum des „ungleichheitsbegründenden Kräftefeldes“ (Kreckel 1992) angesiedelt sind. Aber in den letzten Jahren sind verstärkt neue, andere Akteure dazugekommen, etwa Stiftungen, Repräsentanten sozialer Bewegungen und Verbraucherorganisationen etc., die sich nicht ohne weiteres einer sozialstrukturellen Position zurechnen lassen. Insbesondere Stiftungen sind besonders aktiv und erfolgreich, Kommissionen einzurichten und Gutachten und Berichte in Auftrag zu geben, die eine große mediale und politische Resonanz haben. Sicherlich etwas voreilig könnte man dies als Verschiebung vom klassisch „ungleichheitsbegründenden Kräftefeld“ hin zu zivil- bzw. bürgergesellschaftlichem Engagement interpretieren.

8.2.4 Periodizität und Formalisierungsgrad

Zunächst gibt es eine ganze Reihe von Berichten, die einmalig erstellt und nicht in eine dauerhafte, regelmäßige Berichterstattung überführt werden. Daneben existieren auf Dauer gestellte Berichtssysteme.[108] Sie erscheinen vierteljährlich, jährlich, in jeder oder jeder zweiten Legislaturperiode, alle vier Jahre – der Vielfalt sind hier keine Schranken gesetzt.[109] Die Berichte, die vierteljährlich bis jährlich erstellt werden, sind bis auf wenige Ausnahmen wie das „Jahresgutachten des Sachverständigenrates zur Begutachtung der gesamtwirtschaftlichen Entwicklung“ ministerielle Berichte, die fest institutionalisiert und hochgradig formalisiert sind. Dies gilt sowohl für das Berichtsverfahren als auch für die Berichtsinhalte. Letztere bestehen zum großen Teil aus amtlichen Statistiken, die nur kurz erläutert und kommentiert werden. Für diese Berichte sind die Inhalte meistens im Berichtsgesetz oder -beschluss genauestens fixiert, so dass es sich im Ergebnis um formal und inhaltlich stets gleiche Berichte handelt.

Anders die große Mehrzahl der regelmäßigen Kommissionsberichte; sofern die Kommission stets aufs Neue berufen wird, werden sie durchschnittlich alle vier Jahre erstellt. Bei diesen ist der formale Rahmen und der Ablauf festgelegt und teilweise routinisiert, aber die Inhalte werden für jeden Bericht extra bestimmt. Dies geschieht in einem zweifachen Abstimmungsprozess. Zunächst müssen sich die Kommissionsmitglieder untereinander einigen, welche Themen und Fragen in dem Bericht behandelt werden sollen. Dabei kommt es zu einem Abgleich der wissenschaftlichen Sichtweisen, zumal man sich auf gemeinsame Begrifflichkeiten, Kategorien und Klassifikationen einigen muss. Dies könnte man als wissenschaftliche Konsensgenerierung bezeichnen. Im zweiten Schritt erfolgt eine Abstimmung mit dem beauftragenden Ministerium. Dabei versuchen beide Seiten – Wissenschaft und Poli-

108 Streich spricht von „Berichtroutinen“, um die Regelmäßigkeit der Berichte zu charakterisieren (Streich 1998: 74f.).

109 Ein weiteres Kriterium ist die *Ebene:* supranational, national, regional, lokal, kommunal.

tik –, ihre Interessen möglichst weitgehend durchzusetzen. Die Politik ist daran interessiert, dass die Berichtsinhalte politisch verwertbar, also nicht nur wissenschaftlich ausgerichtet sind, und dass politisch zu brisante Themen nicht behandelt sowie prekäre Vorschläge nicht unterbreitet werden. Solche Brisanz liegt beispielsweise dann vor, wenn die wissenschaftlichen nicht mit den politischen Kategorien und Klassifikationen übereinstimmen, beispielsweise bei Armut und Reichtum oder wenn die Wissenschaft Aussiedler der Gruppe der Ausländer zuordnet, die Politik aber den deutschen Staatsbürgern. In diesem Fall konkurriert ein sozialstrukturelles mit einem staatsbürgerschaftsrechtlichen Klassifikationssystem. Die Wissenschaft dagegen hat ein Interesse daran, die Politik von wissenschaftlich attraktiven Themen zu überzeugen, über die sie im Feld der Wissenschaft Reputation erlangen kann. Diesen Abstimmungsprozess kann man als einen zwischen zwei sozialen Feldern verstehen, bei dem es um die Verallgemeinerungsfähigkeit der Themen und Fragen geht.

Danach verfassen die Kommissionsmitglieder den Bericht. Erst nach der Überreichung an das beauftragende Ministerium greift dann wieder ein hoch formalisiertes Verfahren. Der Bericht wird mit einer ministeriellen Stellungnahme versehen, für deren Erstellung das Ministerium sich nicht beliebig lange Zeit nehmen darf; auch darüber gibt es genaue Vorschriften. Anschließend wird der Bericht der Öffentlichkeit vorgestellt. Selbstverständlich ist dies nur ein grober Ablauf, von dem im Einzelfall abgewichen werden kann. Entscheidend ist, dass die Kommissionsberichte ebenfalls stark formalisiert erstellt werden, sich aber – weil die Inhalte auszuhandeln sind – jeweils stark voneinander unterscheiden. Trotzdem liegt es weitgehend an ihrem formalen und institutionellen Rahmen, dass sie zumeist als gesellschaftlich common-sense-fähige Sichtweise diskutiert werden.

Eine dritte Berichtsgruppe soll bezüglich ihres Formalisierungsgrads kurz angesprochen werden: die einmaligen Berichte, die zu einem aktuell gesellschaftlich umkämpften Sachverhalt in Auftrag gegeben werden. Mit ihnen wird das Ziel verbunden, dass es einer Kommission, zusammengesetzt aus Repräsentanten der gesellschaftlich und politisch einflussreichen Gruppen, gelingt, einen Kompromiss auszuhandeln, der als gesamtgesellschaftliche – allgemein gültige – Repräsentation anerkannt wird. An dieser Auffassung von politischer Repräsentation gibt es aus demokratietheoretischer und -praktischer Sicht viel zu kritisieren. Dies ist hier aber weniger wichtig. Entscheidend ist, woher eine solche soziale Repräsentation den Anspruch beziehen kann, an die Stelle politischer Verhandlungsprozesse und gesellschaftlicher Auseinandersetzungen zu treten. Dieser Anspruch wird primär vom Berichtsverfahren hergeleitet, speziell von der Zusammensetzung der Kommission und deren Kompromissarbeit, die als gesamtgesellschaftlicher Konsensbildungsprozess dargestellt wird. Wird dieser Anspruch nach der Veröffentlichung in Zweifel gezogen, dann zeigt sich genau darin die Begrenztheit des Verfahrens. Die drei Berichtsgruppen belegen nochmals – wie bereits mehrfach angesprochen–, dass der formale und institutionelle Rahmen der Berichte – die Verfahrensregeln – wesentlich dazu beitragen, dass Berichte eine Repräsentationsform darstellen, um kontrovers diskutierte Tatbestände in einer als legitim erachteten Form zu behandeln und so eine konsensfähige Gesamtsicht des jeweiligen Themas zu liefern.

Die bisherigen Ausführungen haben zwei Eigenarten der Berichte herausgestellt, die beide nicht von der Form der Berichterstattung und deren Institutionalisierung zu trennen sind und einen gewichtigen Anteil daran haben, dass viele Berichte als legitime Repräsentationen umkämpfter Sachverhalte anerkannt werden. Die erste Eigenart ist ihr Anspruch, eine wissenschaftlich abgesicherte und gleichermaßen allgemein gültige – quasi universelle – Darstellung zu liefern. Damit sind sie gegen alle partikularen Darlegungen wie Stellungnahmen, Positionspapiere, Standpunkterklärungen gerichtet und in die Reihe der bereits vorgestellten Repräsentationsformen einzuordnen. Genauso wie bei den anderen Repräsentationsformen ist zu untersuchen, auf welche Weise es einigen Berichten gelingt, als „legitime Repräsentation" anerkannt zu werden, und warum dies andere nicht erreichen. Wie bei den anderen Repräsentationsformen sind auch bei den Berichten die Regeln ihrer Generierung und Veröffentlichung entscheidend, die in den Berichtsverfahren systematisch gebündelt sind. Die zweite Eigenart der Berichte besteht darin, dass, wiederum ähnlich wie bei den anderen Repräsentationsformen, den Berichten eine enorme gesellschaftliche und politische Macht inhärent sein kann. Dies trifft aber nun keineswegs auf alle Berichte gleichermaßen zu. Deshalb ist zu fragen, warum manche ohne Resonanz bleiben, während andere ausgiebig und kontrovers diskutiert werden. Auch hier kommt dem Verfahren der Berichterstellung und Bekanntmachung eine enorme Bedeutung zu.

8.3 Berichterstattung – zur legitimierenden Wirksamkeit der Form

Es ist nahe liegend, Berichte, Expertisen und andere Repräsentationsformen unter dem Aspekt des Verhältnisses von Wissenschaft und Praxis zu diskutieren. Dabei werden die Wege des Übergangs von wissenschaftlichem Wissen in die Praxis rekonstruiert, was impliziert, die Perspektive der Wissenschaft zu verlängern, ohne die Perspektive der Praxis – nämlich die Verwendung von Wissen – gleichermaßen in den Blick zu nehmen. Dies kritisieren Ulrich Beck und Wolfgang Bonß in ihrem Aufsatz „Verwissenschaftlichung ohne Aufklärung? Zum Strukturwandel von Sozialwissenschaft und Praxis" (1989). Beck/Bonß wenden sich weiterhin gegen das vielstimmige sozialwissenschaftliche „Klagelied", dass ihr Wissen keine direkte Anwendung finde, weil es den praktischen Gebrauch von Wissenschaft verkenne. Denn: „Die Verwendung der Ergebnisse hat nichts mit den Ergebnissen zu tun, die verwendet werden." (ebd.: 24) In der Praxis würden sie zur Durchsetzung partikularer Interessen genutzt, wodurch sie just das einbüßen, was ihre Wissenschaftlichkeit ausmacht: prinzipielle Verallgemeinerungsfähigkeit und Unabhängigkeit.

Angesichts der Wichtigkeit des formalen und institutionellen Rahmens der Berichte ist es verkürzt, sich auf die Verwendung des Wissens zu beschränken. Vielmehr sind ebenfalls die Formen der Präsentation und deren Institutionalisierung zu beachten, weil diese wesentlich dazu beitragen, ob die Berichte als legitime oder als illegitime Darstellungen der sozialen Wirklichkeit beurteilt werden. Schärfer formuliert: Der Gegensatz von konsensfähiger Gesamtperspektive und partikularer Sichtweise, der ja die Trennungslinie dafür bildet, ob ein Bericht als legitime Repräsentation angesehen wird oder nicht, entsteht nicht erst bei der Überführung wissenschaftlicher Ergebnisse in die Praxis. Nicht erst im öffentlichen Streit der Experten wird für „jede Position eine entgegengesetzte wissenschaftliche Begründung mobilisiert" und die Wissenschaft konfligierenden Interessengruppen ausgeliefert (ebd.: 16). So ist für die hier untersuchten wissenschaftlich autorisierten Berichte und Berichterstattungssysteme typisch, dass die gesellschaftlichen und politischen Auseinandersetzungen direkt in sie einfließen. Wenn manche Berichte tatsächlich als Berichte, also als legitime Repräsentation akzeptiert und andere als Stellungnahmen relativiert werden, dann nicht, weil die ersten dem „Stand der Wissenschaft" entsprechen und die zweiten nicht. Dies stellt eine notwendige, aber keine hinreichende Voraussetzung für Berichte dar. Eine weitere Bedingung ist, dass sie formgemäß, das heißt in einer als legitim erachteten Form über die umstrittenen Sachverhalte berichten, diese öffentlich bekannt machen und einer politischen Debatte zuführen.

Die Differenz zwischen der wissenschaftlichen Perspektive und der von Berichten, Statistiken und ähnlichen Repräsentationsformen beanspruchten konsensfähigen Gesamtperspektive soll am Beispiel eines Missverständnisses deutlich gemacht werden. Über den bereits erwähnten „Mitbestimmungsbericht" entbrannte in der „Sozialen Welt" zwischen Helmut Martens und Wolfgang Streeck eine kurze Kontroverse. Martens warf darin Streeck, dem wissenschaftlichen Leiter der Kommission, vor, die „widersprüchliche Vielschichtigkeit" des Themas unterschlagen und die Komplexität der theoretischen Auseinandersetzungen systematisch unterbelichtet zu haben. Zusammengefasst: Der Bericht komme „über den bisherigen Stand der Forschung nicht hinaus" (Martens 1999: 74). Streeck konterte, dass es sich bei dem Bericht nicht um eine wissenschaftliche Studie, sondern um ein „Konsenspapier" handele, welches im gemeinsamen Dialog mit „'Praktikern' und 'Wissenschaftlern' aller Seiten und aller Art" entstand. Der Zweck des Papiers sei es, den „Vorrat an gemeinsam beobachteten Tatsachen" zu vermehren und „Konflikte" zu versachlichen, nicht die wissenschaftliche Betrachtung voranzutreiben (Streeck 1999: 87, 89). Deshalb war die Kommissionsarbeit darauf gerichtet, „eine möglichst große Schnittmenge gemeinsam beobachteter Sachverhalte zu finden und für diese eine möglichst konsensfähige Zukunftsperspektive zu formulieren" (Kommission Mitbestimmung 1998). Gerade der Abgleich der verschiedenen Sichtweisen qualifiziert einen Bericht, weshalb der Form die Aufgabe zukommt, die Berichterstattenden dazu zu drängen, eine konsensfähige Gesamtsicht zu erarbeiten. Die Berufung von Kommissionen, das Einholen von Expertengutachten, die Verwendung eingeführter Definitionen etc. – dies alles sind Verfahrensregeln, die dazu dienen, Berichte und Berichtssysteme in eine als legitim erachtete Form zu bringen.

Nun könnte man voreilig meinen, je fester ein Berichtssystem institutionalisiert ist, umso eher wird es als allgemein konsensfähig akzeptiert. Das Vorrecht, „offiziell" Bericht zu erstatten, ist zwar staatlich-administrativen Berichten vorbehalten, denn nur diese besitzen eine besondere, häufig rechtliche Legitimation. Allerdings reicht dieser formale Status oft nicht aus, um zu garantieren, dass ein Bericht allgemein anerkannt wird und unumstritten ist. Der jährlich zum 1. März erscheinende

Berufsbildungsbericht, der im § 3 des Berufsbildungsförderungsgesetzes vorgeschrieben ist, wird öffentlich und politisch weitgehend als „objektive Sicht" akzeptiert. Ganz anders „Gleichstellungsberichte" oder „Umweltberichte", die oftmals kontrovers diskutiert und somit keineswegs als einzig legitime Darstellung hingenommen werden. Es gibt eine Reihe von Berichten, die einmal allgemeine Zustimmung finden und ein anderes Mal außerordentlich strittig sind. Hierzu gehören vornehmlich Berichte, die zur Sozialberichterstattung gezählt werden, z.B. der Kinder- und Jugendbericht, der Familienbericht und der Altenbericht.

Die rechtliche Kodifizierung, wie sie für die amtlichen Berichte und Berichtssysteme gilt, stellt die stärkste Form der Institutionalisierung dar. So ist das Verfahren der Berichterstattung festgelegt und teilweise reglementiert, etwa dass nur juristisch verbürgte Kategorien zu verwenden sind oder welche Fragen behandelt und welche Datensätze ausgewertet werden dürfen. Trotzdem, dies zeigen die Gegenberichte, ist damit nicht garantiert, dass damit alle kritischen Diskussionen, Verhandlungen über die Sichtweise, ja Proteste gegen die Darstellung aus der Welt geschafft sind. Sehen beispielsweise bestimmte Interessengruppen ihren Standpunkt in den Berichten nicht vertreten, dann werden sie diesen als nicht konsensfähig ablehnen. Ob sie damit öffentliche Aufmerksamkeit erreichen oder nicht, hängt davon ab, ob es sich um ein gesellschaftlich umstrittenes Thema oder um ein wenig politisiertes Spezialgebiet handelt. Wird dagegen ein Bericht über einen höchst strittigen Sachverhalt auf breiten gesellschaftlichen Widerspruch treffen, dann wird die dort vorgestellte Sichtweise als partikular zurückgewiesen und dem Gegenbericht oftmals mehr Anerkennung entgegengebracht. Dies zeigt, dass das formale Verfahren der Berichterstattung, selbst wenn es gesetzlich verankert ist, allein nicht ausreicht, um Legitimität zu erzeugen.

Dass sich die nicht-amtlichen Berichte in der Form mehr oder weniger an den amtlichen orientieren, insbesondere dann, wenn sie nicht nur als Stellungnahme oder Positionspapier wahrgenommen werden wollen, begründet sich u. a. daraus, dass im Laufe der Jahre amtliche Berichts*formen* entwickelt wurden, die zu einem großen Teil hoch wirksam sind, Darstellungen kontrovers diskutierter Tatbestände in eine als legitim erachtete Form zu bringen. Dies gilt insbesondere für die Kommissionsberichte. Imitieren sie die „offiziellen" Formen und Verfahren, wird es umso wahrscheinlicher gelingen, ihrem jeweiligen Standpunkt allgemeine Anerkennung zu verschaffen und ihre Sichtweise gesellschaftlich und politisch durchzusetzen. Dementsprechend weisen sie zentrale Merkmale staatlich herausgegebener Berichte auf: Sie werden von wissenschaftlichen Experten mit anerkannten Methoden erstellt, es gibt Verfahrensregeln für die Erarbeitung, die Bekanntgabe und den Umgang mit den Ergebnissen und sie sind mit einem expliziten Ziel verbunden.

8.4 Die Macht der Berichte

Macht kommt den Berichten aus zwei Quellen zu: Erstens fließen viele amtliche Berichte direkt in praktische Interventionen ein, was sie zu einem machtvollen Instrument der Sozialgestaltung werden lässt. Es gibt Berichte, die gemäß ihres gesetzlichen oder parlamentarischen Auftrags zur politischen Feinsteuerung genutzt werden. Bei diesen ist über die Grobsteuerung bereits ein Konsens erreicht, der in den Gesetzen und parlamentarischen Richtlinien niedergelegt ist. Dazu zählen beispielsweise die Sozialversicherungsberichte wie der Rentenbericht. Daneben werden Berichte erstellt, durch welche erst Konsensbildungsprozesse in Gang gesetzt werden sollen. Bei diesen sind zwei Arten zu unterscheiden:

(1) Berichte, die jeweils aktuelle Probleme und Phänomene behandeln, wie die meisten Sozialberichte, bei denen eine Übereinkunft darüber besteht, dass sie Politikbereiche untersuchen, in denen der Staat steuernd eingreifen soll. Offen bzw. umstritten ist jedoch die Art und Weise. Die Berichte haben in diesen Fällen die Aufgabe, Vorschläge für die politische Steuerung zu entwickeln. Zu diesen zählen die Familien-, Jugend- und Altenberichte etc.
(2) Berichte, die zumeist einmalig auf Initiative der Bundesregierung in Auftrag gegeben werden, um neue Sichtweisen zu popularisieren und praktische Vorschläge zu machen, die ohne die besondere Legitimation der Berichte auf wenig Zustimmung treffen würden. Sie sollen damit auf unpopuläre politische Entscheidungen vorbereiten. Zu dieser Gruppe gehören beispielsweise die Berichte der Hartz- und der Rürup-Kommission. Diese Berichte fungieren im Allgemeinen als „Wegweiser“, insofern sie beachtenswerte Phänomene benennen, mit wissenschaftlicher Reputation darstellen und dabei neue Kategorien, Klassifikationen und Sichtweisen autorisieren und popularisieren.

Ob und in welcher Weise die Berichte die mit ihnen verbundenen Absichten tatsächlich einlösen, darüber liegen keine empirischen Studien vor. Um die Frage zu beantworten, wären ausgiebige Policy-Analysen notwendig. Auch wenn diese fehlen, so spricht einiges für die Vermutung, dass es sich bei den Berichten um äußert machtvolle Repräsentationen sozialer Wirklichkeit handelt. Um zu untersuchen, wie machtvoll sie wirklich sind, wären Einzelfallstudien erforderlich. Allgemeine Aussagen lassen sich dazu nicht machen. So sind viele Sozialberichte schnell in den Schubladen verschwunden, obwohl sie auf besonders heikle soziale Probleme aufmerksam gemacht haben. Andere erfuhren dagegen, obwohl sie wenig Neues enthielten, große Resonanz. Wichtig scheint, wie die Auftraggeber mit den Berichten umgehen, ob sie deren Erstellung als lästige Pflicht wahrnehmen und so schnell wie möglich beiseite legen oder ob sie die Berichte als Chance begreifen, ihre politischen Konzepte mit wissenschaftlicher Autorität und dem Siegel der allgemeinen Konsensfähigkeit auszustatten.

Zum zweiten Punkt: Während unter dem ersten Aspekt primär die amtlichen Berichte in den Blick zu nehmen sind, lässt sich die gesellschaftliche und politische Macht der nicht-amtlichen Berichte so nicht erfassen – obschon auch sie aktives staatliches Handeln fordern, selbst dort, wo sie für den Rückzug des Staates plädieren. Bei den nicht-amtlichen Berichten ist vielmehr zu untersuchen, wie es ihnen gelingt, die Vorstellungen, Kategorien und Begriffe zu prägen, die in die Bilder eingehen, die sich die Menschen von der sozialen Welt machen. Denn zwischen den Operationen der Klassifikation und den praktischen Interventionen besteht eine enge Beziehung (vgl. Boltanski/Thévenot 1991: 13). So werden die gesellschaftlichen Auseinandersetzungen und der „politische Kampf" in Bahnen gelenkt, die von diesen Wahrnehmungsweisen und Kategorien vorgeprägt sind. Sie beschränken somit Handlungsoptionen und -ziele, weil andere gar nicht erst in den Blick geraten. Bei den nicht-amtlichen Berichten ist zu beobachten, dass sie diese mit Legitimität ausgestattete Repräsentationsform in Anspruch nehmen, um ihren Interessen und Ideen gemäße Sichtweisen zu popularisieren. Sie präsentieren sich als wissenschaftlich abgesicherte Gegenwartsdiagnosen und begründet hergeleitete Zukunftsvisionen, obwohl sie weit über wissenschaftliche Analysen hinausgreifen. Gerade die Widersprüchlichkeit, sich einerseits einer Form zu bedienen, die den Mantel der „offiziellen Darstellung" trägt, andererseits inhaltlich eine umstrittene Sichtweise zu vertreten und dieses außerdem von einem wissenschaftlich autorisierten Standpunkt aus zu tun, der Unabhängigkeit beansprucht, macht verständlich, weshalb in den letzten Jahren den nicht-amtlichen Berichten in der öffentlichen Debatte oftmals sehr viel Aufmerksamkeit zuteil wurde.

9 Regeln des Repräsentierens sozialer Ungleichheit

Obwohl es nicht der Repräsentationspraxis entspricht, wurden die vier ausgewählten Repräsentationsformen jeweils getrennt dargestellt, um auf diese Weise die verschiedenen Regeln des Repräsentierens besser identifizieren zu können. Tatsächlich sind die vier Formen oft miteinander kombiniert, was die Überschneidungen und Verweise zwischen den vier vorangegangenen Kapiteln erklärt. In der Bilderstatistik sind, wie der Begriff treffend aussagt, graphische und statistische Elemente verbunden; Kategorien und Klassifikationen werden u. a. in der Statistik eingesetzt, und in der Mehrzahl der Berichte sind graphische Repräsentationen abgebildet, werden Kategorien und Klassifikationen genutzt und statistische Resultate zitiert. Bevor die Repräsentationsregeln systematisch charakterisiert werden, sollen die für jede Repräsentationsform typischen Regeln nochmals kurz und bündig benannt werden:

(1) Bei den graphischen Repräsentationen dominieren Gestaltungsregeln – Regeln der Darstellung. Ihr Zweck ist es, ein schnelles und eindeutiges Verstehen zu ermöglichen. Professionellen Graphikern sind sie bekannt, sie wenden die Regeln bewusst an oder setzen sich ebenso wissentlich von ihnen ab. Wahrscheinlich wird jedoch die große Mehrzahl der graphischen Repräsentationen, in denen soziale Zusammenhänge oder Verhältnisse dargestellt werden, von Sozialwissenschaftlern gezeichnet, die im Allgemeinen nur wenig Kenntnis der graphischen Gestaltungsregeln haben. Trotz der bahnbrechenden Arbeiten des Soziologen Otto Neurath sind sozialwissenschaftliche Schaubilder und Graphiken vermutlich oftmals eher Produkt eines ästhetischen Gespürs und graphischer Intuition denn Ertrag einer gewissenhaften Anwendung graphischer Repräsentationsregeln. Möglicherweise wissen oder bedenken die Ersteller gar nicht, dass es solche Regeln gibt. Trotzdem ist bemerkenswert, dass Grundregeln – wie die Bedeutung von hell und dunkel schraffierten Flächen oder die Inhalte von links nach rechts anzuordnen – in den meisten Fällen beachtet werden. Diese einfachen Regeln verstehen sich vermutlich von selbst. Aber die Regelhaftigkeit des graphischen Repräsentierens wird vermutlich oftmals übersehen oder unterschätzt. Es ist deshalb nicht verwunderlich, dass manche Bilder eine andere Botschaft transportieren als der Text oder die Tabelle, die sie veranschaulichen und begleiten sollen. Gleichwohl können auch solche Graphiken größtenteils leicht und geschwind entschlüsselt werden, sofern sie sich des Repertoires vertrauter und eingängiger Illustrationen bedienen. Damit bewegen sie sich in der Sphäre des „sinnlichen" Common Sense, d.h. in den eingeübten und gewohnten Bahnen der sinnlichen Wahrnehmung. Auch wenn die Inhalte anders als intendiert wahrgenommen werden, schmälert das nicht zwingend ihre prinzipielle Verständlichkeit.

Knüpfen die graphischen Repräsentationen am sinnlichen „Common Sense“ an, dann sind damit hauptsächlich zwei soziale Effekte verbunden: Erstens werden die in den graphischen Repräsentationen mitschwingenden sozialen Botschaften selten erkannt und noch seltener kritisch hinterfragt. So werden die verwendeten Zeichen und Symbole – wie Waage, Landkarte oder Haus – nicht eigens auf die in ihnen enthaltenen sozialen Inhalte geprüft – z.B. das Streben nach Ausgeglichenheit und Gleichförmigkeit, Zusammengehörigkeit und Funktionsteilung. Zweitens sind graphische Repräsentationen kaum geeignet, innovative oder noch nicht (ein)gängige Sichtweisen zu verbreiten, weil sie dazu neu geschaffener Bilder und Veranschaulichungsweisen bedürfen. Bei diesen ist aber ungewiss, ob sie sogleich verständlich sind. Damit wirken die Graphiken und Schaubilder insgesamt eher konservierend denn erneuernd.

Die graphischen Gestaltungsregeln zielen primär darauf ab, sich selbst erklärende Darstellungen zu liefern, die ohne zusätzliche Kommentierung auskommen und so eindeutig und evident scheinen, dass sie ohne Zögern als „richtig“ anerkannt werden. Dies gelingt, weil die der graphischen Präsentation vorausgehenden Schritte wie das Aufstellen ungleichheitstheoretischer Annahmen oder die Interpretation der sozialstrukturanalytischen Daten hinter der bildlichen Veranschaulichung „verschwinden“. Sie werden damit weitgehend vor einer kritischen Überprüfung bewahrt, da sich die Wahrnehmung und Bewertung auf das fertige Gesamtbild konzentrieren. Besonders deutlich zeigt sich dies bei Sozialstrukturbildern, bei denen die sozialen Positionen in einem gedachten Raum angeordnet werden. Dabei wird das komplexe Phänomen der sozialen Strukturierung zum einen als räumliche Platzierung verbildlicht und zum anderen auf zwei oder drei Dimensionen reduziert, weil mehr nicht darstellbar sind. Dies hat beispielsweise zur Folge, dass soziale Ungleichheit nicht als relationales Geschehen gezeichnet werden kann, sondern als ein räumlich gegliedertes Gefüge veranschaulicht wird, in welchem die Kämpfe um soziale Ungleichheiten nicht bildlich veranschaulicht werden können.

(2) Die Regeln des Kategorisierens und Klassifizierens sollen garantieren, dass nur Ein- und Unterteilungen vorgenommen werden, die die Kategorien und Klassifikationen in einem schlüssigen, eindeutigen und widerspruchslosen Verhältnis zueinander stehen lassen. Dies gilt sowohl für die hierarchische Gliederung in Ober- und Untergruppen als auch ihre horizontale Anordnung in präzise und klar unterschiedene Abteilungen, bei denen weder Überschneidungen noch „Lücken“ auftreten sollen. Entsprechend müssen für die Vielfalt der Phänomene unmissverständliche und exakt voneinander abgegrenzte Bezeichnungen entwickelt werden, die auch die unterschiedlichen Abstraktionsebenen berücksichtigen. Dazu ist es notwendig, Unterscheidungsmerkmale festzulegen, die prinzipiellen Charakter besitzen, damit sie auf alle Variationen eines Phänomens angewendet werden können. Am Beispiel der Klassifizierung der Berufe wurde dieses Anforderungsprofil exemplarisch dargelegt. Dort wurde deutlich, dass die kategorialen und klassifikatorischen Differenzierungsprinzipien nicht nur in sich stimmig und eindeutig sein müssen – also gewissen kognitiven Standards zu genügen haben –, sondern auch Annahmen über die wichtigsten

sozialen Differenzierungsachsen zu enthalten haben, die jedoch selten expliziert und begründet werden, noch seltener soziologisch hergeleitet sind. Besonders die zur vertikalen Gliederung verwendeten Unterscheidungsmerkmale basieren zumeist auf sehr weit reichenden Gesellschaftsmodellen – wie Typisierungen als Industrie- oder Wissensgesellschaft.

In Veröffentlichungen, die sich primär an die Wissenschaft richten, werden die der Kategorisierung und Klassifikation zugrunde liegenden ungleichheitstheoretischen Annahmen im Allgemeinen ausgewiesen, begründet und überprüft. In den Repräsentationen, die sich an die breite Öffentlichkeit richten, ist dies dagegen nur vereinzelt der Fall. Die statistischen Kategorien und Klassifikationen – es sei denn, sie sind gesellschaftlich umstritten oder sollen neu gestaltet werden – werden zumeist über Jahre – teilweise Jahrzehnte – ungeachtet tief greifender sozialer Veränderungen ohne wesentliche Anpassung benutzt. Das Festhalten an Unterscheidungsmerkmalen, die gesellschaftlich längst überholt sind, wird in den Repräsentationen kaum reflektiert, schon gar nicht problematisiert, und die Angemessenheit und Triftigkeit der Kategorien und Klassifikationen fast nie in Frage gestellt. Der wichtigste Grund dafür ist, dass viele statistische Kategorien und Klassifikationen sich auf Institutionen und Interventionen berufen können, etwa Bildungstitel, Ansprüche aus den Sozialversicherungen etc.

Dies erklärt, weshalb just diese Kategorien und Klassifikationen weitgehend zum Common Sense gehören. Sie gelten als leicht nachvollziehbar und bedürfen im Allgemeinen, weil sie institutionellen Charakter haben, keiner gesonderten Begründung und werden als legitime Kategorien und Klassifikationen akzeptiert. Die Durchsetzung anderer Unterscheidungsmerkmale und Gliederungsprinzipien und davon abgeleitet nicht oder weniger etablierter Kategorisierungen und Klassifizierungen erfordert – sofern sie in „offiziellen" Repräsentationen wie der amtlichen Statistik und Sozialberichterstattung verwendet werden – dagegen umfangreiche Konsensbildungsprozesse, wie am Beispiel der ethnischen und rassischen Kategorien des US-Zensus dargestellt wurde.

(3) Zu den Regeln des statistischen Repräsentierens gehören die der Kategorisierung und Klassifizierung sowie zwei weitere große Regelkomplexe: die Methoden der Statistik und die rechtliche Regelung der amtlichen Statistik. Die statistischen Methoden gelten aufgrund ihrer mathematischen Fundierung als sachlich wie auch als unparteilich und deshalb als hervorragend geeignet, um zu unvoreingenommenen und repräsentativen Darstellungen zu gelangen. Das gesellschaftliche Vertrauen in die Statistik erstreckt sich auf ihre Methoden, die als gültig und zuverlässig gelten, zumal wenn es sich um Vollerhebungen handelt, bei denen jeder befragt und alles erfasst wird. Es überträgt sich aber nicht unbedingt auf die Ergebnisse der Statistik – ihnen wird oft misstraut. Entscheidend für die gesellschaftliche Anerkennung sind somit die Methoden der Statistik, weil sie „Objektivierung" und Repräsentativität miteinander verbinden.

Durch die rechtliche Regelung wird die amtliche Statistik politisch reglementiert und kontrolliert sowie das Vorrecht einer alleinigen wissenschaftlichen Zuständigkeit relativiert. Die statistischen Regeln, die nach wissenschaftlichen Kriterien ihre Gültigkeit und Zuverlässigkeit unter Beweis zu stellen haben, werden um rechtliche Regeln, welche vom Parlament verabschiedet werden, ergänzt. Genauer: Die rechtlichen Regeln reglementieren die Themen und Gegenstände der statistischen Erhebung sowie die Auswertung und Publikation der erhobenen Daten. Damit besteht ein rechtliches Primat gegenüber den wissenschaftlichen Interessen und Zielen. Es greift jedoch nicht bei den statistischen Methoden, da ansonsten jener Teil der gesellschaftlichen Anerkennung der amtlichen Statistik gefährdet würde, der sich auf deren Wissenschaftlichkeit beruft. Bei der amtlichen Statistik sind somit zwei Arten von Regeln des Repräsentierens miteinander kombiniert. Durch diese Kombination gewinnen die statistischen Repräsentationen eine besonders große Überzeugungskraft. Die Verfahrensregeln – gesetzliche Vorschriften und ein an der Vertretungsrepräsentation orientierter Beirat – steigern die Konsensfähigkeit der statistischen Repräsentationen, weil sie sich auf eine Legitimation durch Verfahren (Luhmann 1993) berufen können. Dagegen ist den statistischen Methoden inhärent, dass sie die Common-Sense-Fähigkeit vergrößern, da sie sich einer ausgeprägten „Zahlengläubigkeit" sicher sein können.

(4) In der Sozialberichterstattung werden sowohl graphische, kategoriale und klassifikatorische als auch statistische Repräsentationen verwendet, weshalb sie auf Regeln aller drei bisher vorgestellten Repräsentationsformen basieren. Die berichtsspezifischen Regeln beinhalten vor allem formale Verfahrensregeln, die unterschiedlich stark institutionalisiert sind. Der Grad der Institutionalisierung reicht von Gesetzesvorschriften bis hin zu wenig reglementierten Vereinbarungen. Diese Varianz ist nicht sonderlich beachtenswert. Bemerkenswert ist jedoch, dass sich eine eigene Repräsentationsform für die Berichterstattung herausgebildet hat, welche dafür sorgt, dass die Inhalte eine besondere Legimitität erhalten. Die Form der Berichterstattung besitzt somit eine Kraft der Autorisierung des präsentierten Inhalts. Damit handelt es sich bei der Berichterstattung um eine Repräsentationsform mit Institutionencharakter. Es bedarf kaum mehr expliziter Absprachen und Vereinbarungen darüber, wie ein Bericht zu erstellen, auszustatten und zu veröffentlichen ist. Dies alles ist durch den institutionellen Charakter der Berichterstattung geregelt, der sowohl für die Ersteller und die Auftraggeber, aber auch die Leser große Verbindlichkeit besitzt. Von ihm leitet sich auch die genuin legitimierende Wirksamkeit des Berichtsverfahrens her.

Selbstverständlich gibt es immer wieder mal Unstimmigkeiten – etwa wenn Wissenschaftler beklagen, dass für einen Bericht keine ausreichenden Forschungsgelder zur Verfügung stehen, auf altbekannte Datensätze zurückgegriffen oder neuere Kategorien und Klassifikationen nicht genutzt werden, obwohl unter diesen Bedingungen keine neuen Ergebnisse zu erwarten sind. Umgekehrt fühlen sich Politiker und Interessenvertreter, die einen Bericht in Auftrag gegeben haben, missverstanden, wenn ihnen der Bericht zu wissenschaftlich erscheint oder sich aus ihrer Sicht die unterbreiteten Empfehlungen und Vorschläge als nicht politisch brauchbar oder umsetzbar herausstellen. Aber grosso modo steht fest, was in einen Bericht gehört, wie die Inhalte zu präsentieren sind, welche äußere Form angemessen ist. Neben diesen Regeln der Präsentation gibt es ähnlich wie bei der statistischen Repräsentation Verfahrensregeln, die rechtliche Vorschriften umfassen, und Regeln darüber, wer den Bericht zu erstellen hat. Die letzteren orientieren sich je nach Zweck mal mehr und mal weniger an dem Leitbild der Vertretungsrepräsentation.

Schon diese kleine Übersicht zeigt, dass es ein ganzes Bündel von Repräsentationsregeln gibt, die ganz unterschiedliche Eigenschaften besitzen. Einige Regeln werden vorbewusst angewendet und bestehen aus Gewohnheiten, andere werden in der Ausbildung vermittelt und explizit eingeübt, weitere sind genauesten kodifiziert und rechtlich niedergelegt. Gemeinsam ist ihnen, dass sie mit einem hohen Grad an Verbindlichkeit ausgestattet sind. Weiterhin demonstriert die kleine Skizze, dass sich die Repräsentationsregeln jeweils auf verschiedenste Quellen und Begründungen stützen, mit anderen Worten einem je eigenen Begründungszusammenhang entstammen: der Graphik, der Statistik, dem Recht etc. Schließlich wird deutlich, dass die verschiedenen Repräsentationsregeln mit unterschiedlichen Zustimmungspotenzialen ausgestattet sind: graphische Regeln gelten meistens ohne bewusste Anerkennung, während viele Verfahrensregeln rechtliche Legitimität besitzen.

9.1 Kartographie des Sozialen – ein Exkurs

An dieser Stelle soll eine Eigenschaft der Repräsentationen sozialer Ungleichheit angesprochen werden, die nicht den Regeln des Repräsentierens entspringt, die aber gleichwohl typisch und für eine gleichförmige Darstellungsweise verantwortlich zeichnet. Sie besteht darin, dass soziale Beziehungen und Verhältnisse – also auch die Ungleichheitsverhältnisse – durchweg räumlich veranschaulicht werden. Die räumliche Versinnbildlichung entspricht ganz offensichtlich der Art und Weise, wie die soziale Welt sinnlich erfahren und alltagssprachlich vergegenwärtigt wird. Bei der Wahrnehmung räumlicher Strukturen und beim Gespür für soziale Positionen scheint es sich um zwei parallelisierte Orientierungsweisen zu handeln.[109] Beide beinhalten einen „Sinn" für Distanz und Nähe. Die Parallelisierung beider Orientierungsweisen zeigt sich darin, dass für die Zuordnung von Personen zu sozialen Klassen, Schichten, Lagen und anderen sozialstrukturellen Gruppierungen räumliche Begriffe verwendet werden. Insbesondere soziale Ungleichheiten können kaum anders als mit Gegensatzpaaren beschrieben werden, die räumliche Relationen bestimmen, wie „höher" oder „tiefer", „oben" oder „unten", „nah" oder „fern" (vgl.

109 Das räumliche Orientierungsvermögen der Sinne scheint gesellschaftlich dazu genutzt zu werden, soziale Verhältnisse und Beziehungen zu verräumlichen (vgl. Barlösius 2000a). Dies erklärt, weshalb Simmel den Exkurs über die Sinne in das große Kapitel über den „Raum und die räumliche Ordnung der Gesellschaft" seiner zentralen Schrift „Soziologie" eingebettet hat. Der Raum ist jedoch keineswegs gegeben, sondern entsteht erst durch „unsere synthetische Tätigkeit, durch die wir das Empfindungsmaterial formen" – also durch die Sinne (Simmel 1992: 694).

Barlösius 2000b). So entstehen sinnlich-räumliche Gebilde, in denen das gesellschaftliche Beieinander oder Fernsein sowie soziale Barrieren und Grenzen räumlich bestimmt sind und so das Ungleichheitsgeschehen als räumliches Geschehen präsentiert wird. Die räumliche Präsentation löst die Forderung nach einer in sich stimmig erscheinenden Präsentation sozialer Verhältnisse und Zusammenhänge ohne große Ambivalenzen oder Unschärfen geradezu ideal ein, weil sie mit der sinnlichen und alltagssprachlichen Vergegenwärtigung der sozialen Welt weitgehend konform geht.

Bei den graphischen Repräsentationen ist räumliche Vergegenwärtigung besonders augenscheinlich. Sie entwerfen zweidimensionale oder dreidimensionale Bilder, in welche die Sozialstruktur eingezeichnet wird, die dann als räumlich strukturiert erscheint. Auch die Kategorien- und Klassifikationssysteme sind oftmals so aufgebaut, dass der relationale Charakter sozialer Beziehungen und Positionen in räumliche Begriffe, insbesondere in Über- und Unterordnungsverhältnisse, übersetzt wird. Und die unüberschaubaren statistischen Datensätze lassen sich am günstigsten in zweidimensionalen Tabellen oder auch dreidimensionalen Graphiken übersichtlich präsentieren – wiederum eine räumliche Präsentation. Um die Verständlichkeit und die Anschaulichkeit zu verbessern, sind die meisten Sozialberichte mit vielerlei Variationen der drei Arten räumlicher Versinnbildlichung sozialer Prozesse und Zusammenhänge ausgestattet.

Für die räumliche Präsentation der sozialen Welt hat Pierre Bourdieu den Begriff „Sozialatlas“ vorgeschlagen, Alain Desrosières spricht von einer „sozialen Topographie“ (topographie sociale) und Theodor Geiger verwendete den Begriff „Soziographik“. Luc Boltanski und Laurent Thévenot bezeichnen die Darstellungsweise als „Cartographique“, weil auf diese Weise soziale Landkarten erzeugt werden. Die sinnlichen Vergegenwärtigungen der Menschen, mittels derer sie sich ein Bild von der sozialen Welt machen, sind prinzipiell ähnlich aufgebaut (vgl. Boltanski/Thévenot 1991: 12). Die sozialen Landkarten sind Veranschaulichungsweisen, die dazu beitragen, sich die Gesellschaft als räumlich geordnetes Gebilde zu vergegenwärtigen, in welchem jedem ein Ort zugewiesen ist. Von diesem zugewiesenen Ort lässt sich ermessen, mit welchen Menschen und sozialen Gruppen eine Person wahrscheinlich in sozialen Kontakt kommen wird und welche so weit von ihr entfernt platziert sind, dass es unwahrscheinlich ist, mit ihnen jemals zusammentreffen.

Man mag über die Gründe spekulieren, weshalb die räumliche Präsentation so herausragend imstande ist, die vielfältigen Erwartungen an soziale Repräsentationen zu erfüllen. Diese mögen in der Eigenart der sinnlichen Wahrnehmung und des Denkens liegen, vielleicht aber auch darin, wie Geiger bereits zu Beginn des 20. Jahrhunderts moniert hat, dass einer „Soziographie“, die sich auf sozialstatistische Beschreibungen beschränkt und fast vollständig auf gesellschaftstheoretische Ambitionen verzichtet, keine andere als eine räumliche Präsentation übrig bleibt (Geiger 1932). Auch für Reinhard Kreckels Interpretation, dass sich sowohl in der Alltags- wie in der Wissenschaftssprache die „Polarität des ‘Höher’ und ‘Tiefer’“ in der Tat nur schwer umgehen lässt, weil sich mit dem Bild vom „Oben und Unten“ (...) gut denken und einfach kommunizieren“ lässt, spricht einiges (Kreckel 1992: 39). Es mag aber auch ganz einfach den praktischen Grund haben, dass die Kartographie eine Veranschaulichung ermöglicht, die eine gewisse Unabhängigkeit von ihren Produzenten gewinnt, weil die Leser sie nicht erst theoretisch entschlüsseln müssen, sondern sogleich verstehen können (vgl. Desrosières/Thévenot 1991: 102). Die topographischen Bilder lassen vergessen, dass der soziale Raum ein Produkt seiner Produzenten und nicht soziale Wirklichkeit ist. Es sind die Statistiker, die von ihnen geschaffene Kategorien und Klassifikationen dort verorten, die Soziologen, die von ihnen konstruierte soziale Gruppen darin positionieren, und die Ökonomen, die von ihnen unterschiedene Konsumententypen an bestimmten Stellen lokalisieren (vgl. ebd.). Der Grund dafür, dass Ungleichheitsverhältnisse geradezu zwangsläufig räumlich dargestellt werden, ergibt sich nicht aus den Repräsentationsregeln in dem hier gemeinten Sinn – also den Regeln, die sich theoretisch formulieren lassen (vgl. Kapitel 4). Offenbar scheint es sich bei der räumlichen Veranschaulichung sozialer Ungleichheiten um eine Regelmäßigkeit zu handeln, die sich dem soziologischen Vermögen, Regeln und Regelsetzungsprozesse zu beobachten, entzieht.

9.2 Präsentations- und Verfahrensregeln

Nach diesem kurzen Schlenker zur Kartographie des Sozialen sollen die verschiedenen Repräsentationsregeln systematisiert werden. Bislang wurden die Regeln des Repräsentierens aus den vier ausgewählten Repräsentationsformen herausgearbeitet und in diesem mehr oder weniger institutionalisierten Kontext geschildert. Nun sollen sie grundsätzlicher charakterisiert werden, um so ihre Eigenarten, insbesondere ihren sozialen Gehalt, präziser fassen zu können.

Abermals drängt es sich auf, kognitive und soziale Regeln zu unterscheiden. So könnten wissenschaftliche Prinzipien und technische Grundsätze, die sich aus der Spezifik der jeweiligen Repräsentationsform ergeben, zu den kognitiven Regeln gezählt werden. Die sozialen Regeln würden ein weites Spektrum und unterschiedliche Institutionalisierungsgrade umfassen: vorbewusste Gewohnheiten, die in den Wahrnehmungsschemata eingeschrieben sind, beispielsweise ein Bild von links nach rechts zu betrachten oder soziale Phänomene wie die ausgeprägte „Zahlengläubigkeit". Weiterhin könnten Verfahrensregeln wie Kommissionsarbeit oder gesetzliche Vorschriften den sozialen Regeln zugeordnet werden. Allerdings handelt es sich – wie mehrfach betont – um eine „künstliche Unterscheidung", die an die Regeln des Repräsentierens mit der Absicht der Systematisierung herangetragen wird, aber diesen nicht entspringt. Ein weiterer Nachteil ist, dass sie sehr allgemein und grundsätzlich ist und deshalb wenig über die Spezifik der Repräsentationsformen aussagt. Sie kann gleichermaßen auf alle Formen der Veröffentlichung angewendet werden. Schauen wir uns deshalb zum Zweck der Spezifizierung die Regeln nochmals an. Spezifizierung meint nicht notwendig eine detaillierte Charakterisierung, sondern in diesem Fall nur eine passgenauere Beschreibung der Regeln, die den Repräsentationsformen zugrunde liegen.

Es gibt eine Reihe von Regeln, die sämtlich primär auf *Verständlichkeit* zielt, weniger auf intellektuelle Durchdringung. Eine verbesserte Verständlichkeit einer

Repräsentation soll jedoch nicht durch Vereinfachungen oder Streichungen erreicht werden, sondern dadurch, dass die Darstellung insgesamt als nachvollziehbar und überprüfbar erscheint. Unterstützt wird dies durch konsistente Herleitungen und Beweisführungen, kontrollierbare Erhebungen und Auswertungen und Schritt für Schritt aufgebaute Argumentationen. Im Wesentlichen handelt es sich um die Einhaltung der wissenschaftlichen Regeln, aber eben nicht nur um diese. Auch andere Regeln dienen dem Zweck, die Verständlichkeit zu sichern, beispielsweise solche, die sich in langen Routineprozessen herausgebildet und besonders darin bewährt haben, das Begreifen zu erleichtern und Ergebnisse überzeugend zu präsentieren. Manche Regeln wurden erst nachträglich wissenschaftlich überprüft und auf Plausibilität getestet. Andere Regeln wurden einem solchen Prüfverfahren nie unterzogen, weil ihre Einsichtigkeit und Zweckmäßigkeit nie zur Debatte stand.

Werden sie diesem Anspruch nach Verständlichkeit nicht gerecht, dann bleibt dies nicht ohne Folgen für die *Zustimmung* zu den Inhalten der Repräsentationen als „realitätshaltige Darstellungen" der Ungleichheitsverhältnisse. Bei diesen Regeln handelt es sich um Grundsätze darüber, wie die Inhalte darzubieten sind, dass sie leicht nachvollziehbar und – wenn möglich – sogar als offensichtlich wahrgenommen werden. Beispielsweise sind in den graphischen Repräsentationen bekannte bzw. vertraute zeichnerische Elemente zu verwenden, die schnell und eindeutig enträtselt werden können. Streng genommen dürften die Regeln der Präsentation wenig oder gar keine Wirkung auf die Wahrnehmung und Beurteilung der Inhalte haben, da sie ausschließlich die Verständlichkeit unterstützen sollen. Allerdings bedeutet Verständlichkeit mehr als die gedankliche Erfassung der Inhalte, sie wird als Vorstufe, der Repräsentation beizupflichten, angesehen. Somit schließt Verständlichkeit zumindest tendenziell mit ein, Einverständnis über die dargestellten Inhalte zu erzeugen. Diese Regeln können als *Präsentationsregeln* bezeichnet werden, weil sie die Darstellungsweise so optimieren sollen, dass die Eindringlichkeit der Repräsentationen steigt und so das *Zustimmungspotenzial* zu ihnen vergrößert wird. Insbesondere Darstellungen, die als evident und kohärent wahrgenommen werden, die mit anderen Worten an keine Verständlichkeitsbarriere stoßen, strahlen ein hohes Maß an Überzeugungskraft aus, und solchen Repräsentationen ist in den meisten Fällen ein großes Zustimmungspotenzial gewiss. Evidenz und Kohärenz sind ganz fundamentale Anforderungen, denen überzeugende Repräsentationen zu genügen haben.

Die Eigenart von Evidenz ist, dass die Realität von Gewissheit wie von Irrtum nicht bezweifelt wird – so Louis Aragon. Er fährt fort: „Der Mensch folgert, indem er sich auf sie (die Evidenz; E.B.) beruft. Und indem er sich auf sie beruft, zieht er seine Schlüsse." (Aragon 1969: 9) Er zieht nicht nur seine Schlüsse, er begründet mit der Evidenz auch die Gewissheit seines Urteils.[110] Warum es wichtig ist, dass Repräsentationen als evident wahrgenommen werden und die Präsentationsregeln

110 Bourdieu spricht vom „Modus der Evidenz", in dem sich der Habitus befindet, wenn seine Denk-, Wahrnehmungs- und Handlungsmuster mit den sozialen Strukturen abgestimmt erscheinen (vgl. Bourdieu 1997b).

dienlich sind, genau dieses zu gewährleisten, kann man sich gut vergegenwärtigen, wenn man sich anschaut, welche Bedeutung Max Weber der Evidenz beigemessen hat. In seinem Beitrag „Über einige Kategorien der verstehenden Soziologie" betont er, dass Evidenz für die „sinnverstehende Soziologie" entscheidende Bedeutung besitzt, weil sich die soziologische Deutung des menschlichen Verhaltens zuallererst an der Evidenz einer Sinndeutung orientiert. „Ein durch Deutung gewonnenes 'Verständnis' (...) erhält zunächst eine spezifische, sehr verschieden große, qualitative 'Evidenz'." (Weber 1988b: 428). Eine große Evidenz besitzt zwar ein hohes Maß an Überzeugungskraft, sie beweist aber nicht empirische Gültigkeit der soziologischen Deutung. „Das Höchstmaß an 'Evidenz' besitzt (...) die zweckrationale Deutung" (ebd.), weil diese Deutung behauptet, dass das zu analysierende Verhalten weitestgehend verstanden werden kann.

Übertragen auf die Repräsentationen sozialer Ungleichheit bedeutet dies, dass sich die Wahrnehmung zunächst auf evidente Deutungen der transportierten Botschaften konzentriert, davon ihre Nachvollziehbarkeit und vor allem das ihnen entgegengebrachte Zustimmungspotenzial abhängt. Ob sich die Deutung mit der intendierten Botschaft deckt, ist eine empirische Frage. Warum dies oftmals nicht der Fall ist, dafür wurden bereits und werden noch einige Gründe genannt. Entscheidend ist, dass bei den wissenschaftsgenerierten Repräsentationen, die hier im Zentrum stehen, Verständlichkeit und Evidenz zu den Gestaltungsmotiven gehören – zwar nicht immer voll bewusst, aber doch in weiten Zügen. So macht beispielsweise Rheinberger darauf aufmerksam, dass es bei der Visualisierung um die „unterschiedlichen Formen der Erzeugung bildlicher Evidenz" geht (Rheinberger 2001: 57).

Während sich Evidenz vornehmlich auf Verständlichkeit und Nachvollziehbarkeit bezieht und damit Anforderungen an die Präsentation richtet, stellt Kohärenz vornehmlich auf den inhaltlichen Zusammenhang der Repräsentationen ab, darauf, ob die Bilder, Graphiken und Texte in sich stimmig sind, das heißt ob es einen der ganzen Repräsentation zugrunde liegenden Sinnzusammenhang gibt. Innere Geschlossenheit und Ganzheitlichkeit sind wesentliche Kriterien dafür, dass die Repräsentationen nicht beliebige und zusammenhangslose Inhalte transportieren, sondern sich in übergeordnete Sinnstrukturen einfügen. Bei wissenschaftsgenerierten Repräsentationen gelten für den Nachweis eines zugrunde liegenden Sinnzusammenhangs wissenschaftliche Kohärenzkriterien wie Konsistenz, logische Erklärungsstärke oder Stringenz innerhalb des Kenntnissystems. Das Streben nach Kohärenz innerhalb der Wissenschaft fußt auf der Gewissheit, dass es so etwas wie eine „apriorische Kohärenz" gäbe, die zu entdecken die Aufgabe von Wissenschaft sei, mit der sich dann die „empirischen Mannigfaltigkeiten" erklären ließen (Foucault 1980: 301).[111] Die Forderung nach innerer Kohärenz gilt in besondere Weise für wissenschaftsgenerier-

111 Kohärenz – als eine Form, einen übergreifenden Sinnzusammenhang herzustellen – kann in den Worten von Bourdieu als die „illusio" des wissenschaftlichen Feldes bezeichnet werden. Darin ist der wissenschaftliche Deutungs- und Erklärungsanspruch, die Grundprinzipien, nach denen die „Welt" funktioniert, in ein praktisch handhabbares Beurteilungskriterium übersetzt.

te Repräsentationen, weil sie davon einen Großteil ihrer Überzeugungskraft herleiten.

Wissenschaftlich fundierte Kohärenz sowie verständlich-evidente Darstellungen können als „principles of common sense" angesehen werden, denn beim Common Sense handelt es sich um eine „gewöhnliche Fähigkeit", die davor bewahrt, Widersprüchen aufzusitzen, voreilig Schlüsse zu ziehen und nicht durchdachten und wenig begründeten Argumenten zu vertrauen (vgl. Geertz 1987).[112] Für Konsensbildungsprozesse gelten ähnliche Voraussetzungen, allerdings mit einem Unterschied: Da diesen eine Auseinandersetzung über die Inhalte vorausgeht, müssen jene Repräsentationen, welche die Herstellung eines Konsenses fördern sollen, eine größere inhaltliche Durchdringungstiefe ermöglichen. Die Präsentationsregeln sind in den Repräsentationsformen fest verankert – präziser: Sie prägen die genuine Form der Repräsentation. So unterscheidet sich beispielsweise die Sozialberichterstattung von einer ungleichheitssoziologischen Analyse zu ein und demselben Thema hauptsächlich durch die Art und Weise, wie die Inhalte präsentiert werden.

Für die Präsentationsregeln gilt in besonderem Maße, dass die Generierungs- nicht notwendig mit den Interpretationsregeln identisch sind. Neben den bereits genannten Ursachen für die Differenzen (siehe Kap. 4.1) kommt bei ihnen ein weiterer Grund hinzu. Die Repräsentationen werden zumeist von Experten auf der Basis von Fachwissen erstellt, die auf der Rezeptionsseite Laien des jeweiligen Fachgebiets vermuten. Ob diese Vermutung stimmt oder nicht, ist unerheblich. Entscheidend ist, dass im Gegensatz zu fachwissenschaftlichen Texten, die von Experten für Experten des jeweiligen Themas verfasst werden, Repräsentationen nicht in erster Linie fachwissenschaftlich qualifizierte Experten adressieren. Dies bedeutet, dass in die Regeln, wie die Inhalte zu präsentieren sind, Vorstellungen über die Adressaten, insbesondere über ihre Verständnisfähigkeit, einfließen. Bei diesen Vorstellungen handelt es sich zumeist um stillschweigende Annahmen oder Modelle über das „Publikum" der Repräsentationen, über die Bedürfnisse, Interessen und Möglichkeiten (vgl. Gisler et al. 2004: 7, zit. nach Wynne 1992). Helga Nowotny spricht in diesem Zusammenhang von den „imaginierten Laien" und meint damit die Bilder, die sich die Experten von den Laien machen (Nowotny 2004: 180). Der Begriff „imaginierte Laien" legt die Vermutung nahe, dass sich wissenschaftliche Fachtexte von wissenschaftsgenerierten Repräsentationen vor allem durch vermutete Wissensdefizite auf der Seite der Adressaten unterscheiden. Dann würde es sich vornehmlich um ein didaktisches Phänomen handeln. Bedeutsamer ist jedoch, dass die Präsentationsregeln nicht vordringlich auf eine intellektuelle Durchdringung abstellen, sondern die Nachvollziehbarkeit im Sinne einer prinzipiellen Zustimmung zu den präsentierten Inhalten verbessern sollen.

112 Insbesondere in supranationalen Verhandlungssystemen wird Wissenschaft als „principle of common sense" benutzt, um Einverständnis zu erzeugen. Dies setzt voraus, dass Wissenschaft als eine nach Verallgemeinerung strebende Darstellungsweise anerkannt wird.

Neben den Präsentationsregeln gibt es andere Regeln des Repräsentierens, die sich in zwei Unterarten aufteilen lassen:

(1) Erstens gibt es Regeln über den Repräsentationsprozess, die unter dem Begriff der Verfahrensregeln zusammengefasst werden können. Sie schließen beinahe das gesamte Programm der Prinzipien, Prozeduren und Instrumente ein, über welches moderne demokratische Gesellschaften verfügen, um zu Entscheidungen und Ergebnissen zu kommen, die von der Mehrheit als legitim anerkannt werden. Es handelt sich um Regularien und Verfahren, die eine geregelte Konfrontation der verschiedensten Sichtweisen und Standpunkte mit dem Ziel der Einigung herstellen, die weiterhin die erreichten Übereinkünfte protokollieren und bilanzieren und das erzielte Ergebnis mit Legitimationskraft versehen. Zu diesen Regularien und Verfahren zählen u.a. vielfältige Formen der Vertretungsrepräsentation wie Kommissionen, Räte, Konvente und Sachverständigenausschüsse, formale Abläufe und Hergänge, aber auch gesetzliche Regelungen und parlamentarische Entscheidungen. Die *Verfahrensregeln* sind mehrheitlich an dem Ziel orientiert, das *Anerkennungspotenzial* der Repräsentationen als legitime Darstellung der sozialen Wirklichkeit so weit wie möglich zu steigern.

(2) Zweitens gibt es implizite soziale Annahmen, Vermutungen und Anschauungen, die in die Inhalte der Repräsentationen einfließen, ohne dass sie explizit ausgewiesen oder begründet werden. Sie besitzen im eigentlichen Sinn keinen Regelcharakter, jedenfalls nicht den einer bewussten Regelsetzung. Doch weil sie eine gewisse Regelmäßigkeit innehaben, können sie den Regeln des Repräsentierens zugerechnet werden. So kann man bei den Repräsentationen sozialer Ungleichheit immer wieder beobachten, dass ganz selbstverständlich bestimmte Bezugspunkte für soziale Gerechtigkeit herangezogen werden, ohne extra ausgewiesen zu sein. Dazu gehört, dass das Augenmerk – sowohl in den graphischen Repräsentationen, den Klassifikationen wie auch den statistischen Auswertungen – mehr oder weniger unbewusst auf Gleichverteilungen, gleichförmige Entwicklung, Angleichungsprozesse und Durchschnittswerte gelenkt wird. Damit wird indirekt, also ohne ungleichheitssoziologische Begründung, nahe gelegt, welches Ausmaß an sozialen Unterschieden als tolerabel und als Variante in der Lebensweise zu werten ist und ab welchem Punkt Differenzen als soziale Benachteiligungen wahrgenommen werden, die als sozial ungerecht gelten.

In den Repräsentationen sozialer Ungleichheit werden Vorstellungen und Begriffe von sozialer Gerechtigkeit noch unhinterfragter als in fachwissenschaftlichen Texten als einverständlicher Ausgangspunkt voraussetzt und durch die Darstellung nochmals bestätigt. Dies gewährleistet, dass Repräsentationen sich in den gewohnten Bahnen für die Wahrnehmung und Bewertung der Ungleichheitsverhältnisse bewegen. Gerade Repräsentationen fußen auf stillschweigenden Übereinkünften darüber, wie die soziale Wirklichkeit zu sehen ist, und verstärken auf diese Weise den Common Sense über die soziale Welt. Es ist deshalb dem Charakter und dem Leitgedanken der Repräsentationen sozialer Ungleichheit fern, den Zusammenhang von Gerechtigkeitsbegriff und der Sozialstrukturanalyse zu explizieren oder gar aufzuklären. Wie vorne unter den „offenen Fragen und ungelösten Problemen" erörtert, wird dieser Zusammenhang von der Ungleichheitssoziologie nur äußerst selten zum Forschungsgegenstand gemacht. In den Repräsentationen sozialer Ungleichheit würde es deren Eigenart geradezu widersprechen, derartige wissenschaftliche Grundsatzfragen zu diskutieren, weil sie an dem Fundament rütteln, auf welchem das Einverständnis über die und die Anerkennung der präsentierten Inhalte beruht.

Betrachtet man die dargelegten Repräsentationsregeln insgesamt, dann fällt auf, dass diese, obwohl sie von den für soziale Ungleichheiten typischen Repräsentationsformen hergeleitet wurden, keine Spezifik für diesen Bereich besitzen: Sie sind ungleichheitsunspezifisch. In ähnlicher Weise – wahrscheinlich genauso – gelten diese Regeln auch für andere soziale Bereiche, vermutlich für die meisten Repräsentationen der sozialen Welt.[113] Daran könnte sich die Kritik anschließen, dass die Vorgehensweise, die Repräsentationsformen ins Zentrum zu stellen, nicht geeignet ist, die themenspezifischen Regeln des Repräsentierens zu identifizieren und dazu beispielsweise fachwissenschaftliche Aufsätze zweckdienlicher wären. Dies mag sein. Indes geht diese Kritik an der Ausgangsfrage vorbei. Sie wurde im zweiten Kapitel entwickelt und lautet: Besitzen Repräsentationen sozialer Ungleichheit gegenüber dem sozialstrukturellen Geschehen, das sie wiedergeben sollen bzw. darzustellen vorgeben, ein gewisses Maß an Unabhängigkeit oder einen begründeten Eigensinn? Diese Frage zielt darauf zu erklären, wie in der gesellschaftlichen Praxis die mehr oder weniger stillschweigend vorausgesetzte Übereinstimmung zwischen sozialer Wirklichkeit und Repräsentation hergestellt wird – kurz wie die Repräsentationsbeziehung zustande kommt. Wie ausgeführt handelt es sich um eine (erkenntnis-)theoretische Frage, mit der sich die Philosophie seit ihren Anfängen beschäftigt. Die Soziologie – so die hier vorgeschlagene Eselsbrücke – kann dieses Problem umgehen, indem sie sich auf die Repräsentationspraxis konzentriert, in der in der Mehrzahl der Fälle nicht bezweifelt wird, dass eine Repräsentationsbeziehung existiert. Für die Soziologie besteht dann die Aufgabe darin, die Regeln des Repräsentierens zu identifizieren und deren Genese als sozialen Prozess aufzufassen.

Die ungleichheitsrelevante Dimension der Repräsentationspraxis ist deshalb nicht vorrangig in den Repräsentationsregeln selbst zu suchen, sondern vor allem darin enthalten, dass Repräsentationen, die mit großem Zustimmungspotenzial ausgestattet sind, common-sense- und konsensgenerierende Eigenschaften innewohnen. Diese entstehen daraus, dass die Repräsentationen sozialer Ungleichheit in die gesellschaftlichen und politischen Sicht- und Bewertungsweisen eingehen und auf diese Weise die Bahnen für das Einwirken auf das Ungleichheitsgeschehen auslegen. Sie lassen sich dazu nutzen, politische Eingriffe zu legitimieren oder einzuklagen. Auf diese Weise können die Repräsentationen ungleichheitswirksam und zu einer

113 Möglicherweise treffen sie sogar für den Großteil wissenschaftsgenerierter Repräsentationen zu – also auch für natur- und technikwissenschaftlich fundierte Darstellungen.

ungleichheitsrelevanten Machtquelle werden. Sie erlangen *Repräsentationsmacht.* Was unter dem Begriff Repräsentationsmacht verstanden werden soll und inwieweit er mit Bourdieus Begriff der Benennungsmacht übereinstimmt bzw. sich von ihm abgrenzt, wird im nachfolgenden Abschnitt behandelt.

9.3 Benennungsmacht und Repräsentationsmacht

Unter Benennungsmacht versteht Bourdieu „die Fähigkeit, etwas explizit, öffentlich zu machen, zu veröffentlichen, sichtbar, in Worten fassbar, ja offiziell werden zu lassen" (Bourdieu 1985: 19). Kürzer gesagt: Repräsentationen zu schaffen und als verbindlich öffentlich durchzusetzen. Benennungsmacht stellt nach Bourdieu „eine außergewöhnliche gesellschaftliche Macht dar: die, eine Gruppe zu schaffen durch Schaffung des common sense" (ebd.). Sie realisiert sich in Kategorisierungs-, Kodifizierungs- und Klassifizierungsarbeit – also in Repräsentationsarbeit. Machtvoll sind die verschiedenen Repräsentationen gesellschaftlicher Verhältnisse, da die Welt „in gewissen Grenzen" verändert werden kann, indem sie anders darstellt wird. Aus diesem Grund sind die Klassifikations- und Ordnungssysteme Gegenstand sozialer Auseinandersetzungen und Kämpfe. Sie können dazu eingesetzt werden bzw. bilden eine Grundlage dafür, soziale Gruppen zu mobilisieren oder zu demobilisieren.

Gesellschaftlich umkämpft sind Klassifikations- und Ordnungssysteme, weil sie zum Fortbestand der existierenden sozialen Ungleichheitsverhältnisse beitragen, indem sie Vorstellungen und Sichtweisen schaffen und popularisieren, welche die objektiven Strukturen verstärken können. Für Bourdieu bilden deshalb die „Kämpfe zwischen den individuellen wie kollektiven Klassifikations- und Ordnungssystemen, die durch eine Veränderung der Wahrnehmungs- und Bewertungskategorien der sozialen Welt und darin auf eine Veränderung der sozialen Welt selbst abzielen, ... eine vergessene Dimension der Klassenkämpfe" (Bourdieu 1984: 755). Diese Kämpfe drehen sich um die Frage, wer das Monopol auf legitime Benennung hat, jene Benennung, die als offiziell anerkannt wird. Der oder die Inhaber des Monopols können ihre Sichtweise der sozialen Verhältnisse als die einzig angemessene und „wahre" durchsetzen.

Die wichtigste Ressource für Benennungsmacht ist die Verfügung über symbolisches Kapital. Es bildet in Bezug auf kulturelles, soziales und ökonomisches Kapital – die drei bekannten Kapitalarten bei Bourdieu – eine Art Meta-Kapital, weil es dazu dient, der sozial ungleichen Verteilung der Kapitalien gesellschaftliche Anerkennung zu verschaffen – mit anderen Worten: sie zu legitimieren. Dem symbolischen Kapital wohnt folglich die Kraft der Legitimierung inne, die sich in Benennungsmacht transferieren lässt. Symbolisches Kapital und damit auch Benennungsmacht sind ungleich verteilt wie andere sozialstrukturelle Ressourcen auch – allerdings nicht unbedingt nach dem Verteilungsschlüssel der anderen Kapitalsorten.[114]

114 Ausführlicher auf den Seiten 155-159 in Barlösius (2004).

Jene Akteure, die ein gemeinsames Ensemble von zwingenden Repräsentationen oder Normen schaffen und als allgemein gültig durchzusetzen vermögen, verfügen nach Bourdieu über die größte symbolische Macht. Für ihn steht fest, dass der Staat das größte formale und symbolische Machtvolumen besitzt und deshalb mehr als jeder andere Akteur fähig ist, als legitim anerkannte Repräsentationen zu erzeugen, allgemein verbindlich zu machen und zu institutionalisieren.

Bourdieus Begriff der Benennungsmacht ist darauf konzentriert, den Prozess des Repräsentierens zu rekonstruieren und die dazu benötigten Ressourcen zu analysieren. Dies umfasst einen Großteil der Repräsentationspraxis. Allerdings wird die Generierung und die verbindliche Durchsetzung von Repräsentationsregeln nicht als eigenständiger sozialer Prozess gesehen. Diese Regeln stecken jedoch den Gestaltungsraum für solche Repräsentationen ab, die mit großem Zustimmungs- und Anerkennungspotenzial ausgestattet sind und deshalb eine besonders große Chance haben, als einzig legitime Darstellungen anerkannt zu werden. Sie bilden die Grundlage für die Repräsentationsformen – die institutionalisierten Formen des Repräsentierens. Die wenigsten Akteure, die Repräsentationen schaffen oder die institutionalisierte Repräsentationsformen für ihre Zwecke nutzen, können sich am Prozess der Regelsetzung und -durchsetzung beteiligen. Diese Fähigkeit soll hier unter dem Begriff der *Repräsentationsmacht* zusammengefasst werden. Sie umfasst das Vermögen, Regeln des Repräsentierens zu erarbeiten und zu etablieren und damit Repräsentationsformen zu schaffen, die mit besonderer Überzeugungskraft ausgestattet sind. Benennungsmacht meint in Abgrenzung dazu, die Fähigkeit des praktischen Gebrauchs der Repräsentationsregeln und die regelgerechte Hervorbringung von Repräsentationen.

Wie Benennungsmacht ist auch Repräsentationsmacht sozial ungleich verteilt. Der Kreis der Akteure und Institutionen, die sich daran beteiligen können, Maßstäbe für und Anforderungen an die Repräsentationsregeln aufzustellen, ist wesentlich kleiner als derjenige, der diese anwenden oder ihnen entsprechende Repräsentationen in Auftrag geben kann. Aus diesem Grund reicht eine klassische Akteurs- und Institutionenanalyse an dieser Stelle nicht aus. Vielmehr ist es erforderlich, auch die Prozesse der Verfahrensentwicklung zu betrachten. Diese laufen nicht immer bewusst und geplant ab, so beispielsweise bei der graphischen Repräsentation. In anderen Fällen sind sie jedoch Gegenstand einer gezielten Auseinandersetzung, z.B. bei den Gesetzgebungsverfahren. Gerade derartige Regelsetzungsprozesse sind gesellschaftlich und politisch besonders umkämpft, weil sie oftmals erst Voraussetzungen für die öffentliche Debatte und Verhandlung über soziale Ungleichheiten schaffen. So liegt der Institutionalisierung einer nationalen Armuts- und Reichtumsberichterstattung ein solches Verfahren zugrunde, und ohne dieses gäbe es kein entsprechendes Berichtssystem und damit weniger Aufmerksamkeit gegenüber Verarmungs- und Ausgrenzungsprozessen.

Es ist aber verkürzt, den Besitz von Benennungs- und Repräsentationsmacht in direktem Zusammenhang mit der Häufigkeit des Vorkommens der sozialen Lage in den Repräsentationen zu sehen. Wie die Darlegung der Repräsentationsformen gezeigt hat, sind die Repräsentierten vielfach gar nicht am Repräsentationsprozess beteiligt. Dies gilt in besonderem Maße für sozial benachteiligte Gruppen. Ihre soziale Lage wird zwar in Statistiken und Berichten öffentlichkeitswirksam präsentiert, aber oftmals in einer Art und Weise, die die Betroffenen als Fremdklassifizierung erleben. Jene sozialen Gruppen, denen es nicht möglich ist, sich aktiv am Repräsentationsprozess zu beteiligen, können die Angemessenheit der auf sie angewendeten Kategorien und Klassifikationen nicht machtvoll hinterfragen und zurückweisen. Und andere machtschwache Gruppen, die in offiziellen Repräsentationen übergangen werden, können nicht darauf pochen, dass auch sie und ihre soziale Lage repräsentiert werden. Um das Phänomen der Repräsentationsmacht ungleichheitssoziologisch zu erfassen, ist die Frage nach dem Vorkommen oder Nichtvorkommen in den machtvollen Repräsentationsformen ein wichtiger Aspekt. Sie ist jedoch wenig geeignet für Aussagen über die soziale Verteilung von Repräsentationsmacht. Vielmehr spiegelt sich darin die gesellschaftliche und politische Aufmerksamkeit gegenüber möglichen sozialen Problemen wider. Um das Phänomen der Repräsentationsmacht ungleichheitssoziologisch zu untersuchen, sind zwei andere Aspekte wesentlich bedeutsamer: (1) Welchen sozialen Akteuren ist es möglich, die Repräsentationsformen für eigene oder von ihnen initiierte Darstellungen zu nutzen? (2) Welche sozialen Akteure haben Einfluss auf die Regeln des Repräsentierens und können sich am Prozess der Entwicklung und Institutionalisierung von Repräsentationsformen beteiligen?

(1) Nutzer der Repräsentationsformen

Es sind nicht unbedingt die machtstärksten und am professionellsten organisierten Akteure, welche die Repräsentationsformen am effektivsten nutzen und mit besonders großem Zustimmungs- und Anerkennungspotenzial versehen können. Ausschlaggebend ist, dass eine bloß strategische Nutzung der Repräsentationsformen zumindest auf den ersten Blick nicht erkennbar ist, weil diese der Eigenart – konkret dem Zweck – der Repräsentationsformen zuwiderlaufen würde. Zudem würde ein derartiger Gebrauch bzw. Missbrauch nicht gebilligt, weil die Repräsentationsformen – pathetisch ausgedrückt – als schützenswerte Formen der Auseinandersetzung und Verständigung in modernen demokratischen Gesellschaften angesehen werden. Insofern hat jeder Nutzer nachzuweisen, dass er diese Formen zweckgemäß verwendet.

Dieses kann auf unterschiedliche Weise geschehen. Gehört der Herausgeber der Repräsentationen dem Kreis jener Akteure an, die bekanntermaßen vorwiegend als Interessenvertreter für ihre Klientel engagiert sind, ist es nützlich, wenn er nur als Auftraggeber amtiert und mit der Erstellung der Repräsentation Personen beauftragt, die als Gewährsleute dafür fungieren, dass eine objektivierte und verallgemeinerbare Sichtweise vertreten wird. Bevorzugte Verfahren sind die Delegierung an die Wissenschaft oder an eine Expertengruppe, in der verschiedene Interessengruppen repräsentiert sind. Wissenschaft wird deshalb besonders häufig gebeten, an der Generierung von Repräsentationen mitzuwirken, weil ihre Expertisen jene Voraussetzungen erfüllen, die für die Erzeugung einer konsensfähigen Sicht als erforderlich gelten. Die herausgehobene Position resultiert daraus, dass einzig der Wissenschaft eine „objektive" und „standortunabhängige" Darstellung zugetraut wird, obwohl die politische und gesellschaftliche Verwendung von wissenschaftlicher Expertise mit ihrer Delegitimierung einhergehen kann. Damit wird Wissenschaft zu einem Teil des Repräsentationsgeschehens und auch der Verhältnisse, die sie repräsentiert.

Handelt es sich bei dem Auftraggeber um einen Akteur, der sich anerkanntermaßen nicht unmittelbar für eigene Interessen einsetzt, sondern vornehmlich Ziele vertritt, die als Allgemeininteresse gelten bzw. zur Geltung gebracht werden sollen – beispielsweise Umweltverbände oder Menschenrechtsgruppen –, ist die „Zwischenschaltung" „neutralisierender" Ersteller wie der Wissenschaft weniger erforderlich. Sie werden oftmals als berechtigt angesehen, „ihr" Thema selbst zu präsentieren. Ähnliches gilt für Akteure, die sich für sozial benachteiligte Gruppen einsetzen, wie die freien Wohlfahrtsverbände oder soziale Initiativen. Zur Zwischenschaltung haben sich in den letzten Jahren „Stiftungen" als besonders wirkungsvoll erwiesen, und zwar solche Stiftungen, die von ihrem ursprünglichen Stifter (z.B. Unternehmer) eine gewisse Unabhängigkeit erlangt und sich den Ruf erarbeitet haben, mit Kompetenz und Umsicht die Erstellung von Repräsentationen in Auftrag zu geben.[115]

Nicht zu unterschätzen ist, dass es immense finanzielle und organisatorische Mittel sowie eine beträchtliche Professionalität erfordert, Repräsentationen in Auftrag zu geben und in der medialen und politischen Öffentlichkeit bekannt zu machen. Eine weitere Ressource erweist sich dabei als sehr nützlich: die Reputation der Auftraggeber, welche positiv oder negativ auf die Ersteller abfärbt. So verspricht es für Wissenschaftler mehr eigenen Reputationsgewinn, sich in einer Kommission der Bundesregierung zu engagieren als für eine kleine unbekannte Stiftung. Andererseits reicht ein solches Engagement über den konkreten Auftrag hinaus, weil damit verbunden sein kann – insbesondere wenn für politische Institutionen gearbeitet wird –, einen Standpunkt zu beziehen, der spätere Beauftragungen eher unwahrscheinlich werden lässt. Das Risiko, an Reputation zu verlieren – jener Ressource, welche im Feld der Wissenschaft grundlegend ist –, kann nicht ohne Weiteres durch andere Ressourcen wie z. B. Geld kompensiert werden. So wird eine Interessengruppe oder soziale Bewegung, welche für extreme Positionen und Ansichten kämpft, im Allgemeinen wenig Erfolg dabei haben, Wissenschaftler zu beauftragen, für sie einen Bericht zu schreiben, sofern diese ihre Stellung in der Wissenschaft nicht gefährden wollen.[116]

Es sind im Wesentlichen nur die etablierten kollektiven Akteuren, welche das Anforderungsprofil erfüllen, etwa Gewerkschaften, Arbeitgeberverbände, andere große Verbände, die als demokratisch anerkannten Parteien, etablierte Vereine und

115 Dazu gehört beispielsweise die Einrichtung von Beiräten und unabhängigen Beratungsgremien.

116 Man kann die Akteure auch aus einer institutionellen Perspektive beschreiben und dabei die Rahmenbedingungen für Politikberatung untersuchen (vgl. Thunert 1999). Auf diese Weise gelangt man zu einer Typologie der „think tanks". Über die Common-Sense- und Konsensfähigkeit der Repräsentationen ist damit aber nichts gesagt.

Stiftungen. Der größte Auftraggeber sind jedoch die staatlichen Institutionen: Parlamente, Regierungen, Ministerien und kommunale Einrichtungen.[117] Gelingt es, zwei kollektive Akteure oder Institutionen, die dafür bekannt sind, widerstreitende Ideen, Interessen und Standpunkte innezuhaben, gemeinsam mit einer Repräsentation zu beauftragen, optimiert dieses das Zustimmungs- und Anerkennungspotenzial, und die Wahrscheinlichkeit steigt, dass das Resultat als Konsens anerkannt oder sogar common-sense-fähig wird.

(2) *Akteure mit Macht zur Regelsetzung und zur Institutionalisierung von Repräsentationsformen*

Der Kreis von Akteuren, die auf die Regeln des Repräsentierens einwirken können, ist klein. Noch kleiner ist jener, der Repräsentationsformen verbindlich durchsetzen und mit Legitimität ausstatten kann. Zum ersten Kreis gehören Wissenschaftler, welche vornehmlich die Präsentationsregeln bestimmen, und zwar solche, die wissenschaftlich fundiert sind. Sie können auf die Kriterien für Kohärenz und Evidenz der Repräsentationen einwirken. So ist die Sozialforschung in den meisten Fällen in den Prozess der Regelsetzung involviert, vor allem bei solchen Regeln, die zur wissenschaftlichen Legitimation gehören. Damit ist sie abermals in das Repräsentationsgeschehens verstrickt. Mit der Entwicklung von Regeln des Repräsentierens wird sie noch machtvoller, als wenn sie sich darauf beschränkt, gemäß vorhandener Regeln Repräsentationen sozialer Ungleichheiten zu erzeugen. Formuliert sie die Regeln mit, dann gibt sie damit den Gestaltungsraum für zukünftige Repräsentationen vor, die auf Zustimmung und Anerkennung treffen – kurz: die als einzig richtige und legitime Darstellungen gelten.

Die Entwicklung von Verfahrensregeln gehört dagegen vorrangig in den Zuständigkeitsbereich der staatlichen Bürokratie, teilweise mit Unterstützung seitens der Wissenschaft. Die Legitimierung der Repräsentationsformen scheint das Vorrecht des Staates. Berücksichtigt man, dass die Präsentationsregeln zwar unter der Obhut der Wissenschaft stehen, sich aber nicht ausschließlich von wissenschaftlichen Maßstäben und Kriterien herleiten, sondern dem Primat der Common-Sense-Bildung und Konsensfähigkeit unterstehen, dann bleibt als großer machtvoller Akteur der Staat. So sind die Daten des Statistischen Bundesamtes, die auf gesetzlicher Grundlage, mit großer Professionalität und einem enormen Aufwand erhoben werden, per se mit mehr Legitimität ausgestattet als alltägliche praktische Eindrücke oder kleine wissenschaftliche Studien. Letzteren wird eher die Repräsentativität und damit ihre Gültigkeit abgesprochen. In Streitfällen wird den Daten der offiziellen Statistik mehr geglaubt als anderen Erhebungen. Dies gilt beispielsweise für so essentielle Themen wie Arbeitslosigkeits-, Kriminalitäts- oder die Inflationsrate, obwohl kaum jemand weiß, wie diese genau erhoben werden, welche Klassifikationen und Kategorien verwendet wurden.

117 Für eine Analyse der sozialwissenschaftlichen Beratung in den Staatskanzleien siehe Mielke (1999).

Die Festlegung von Repräsentationsformen und -verfahren, in denen und mit welchen ein Common Sense über die soziale Welt expliziert werden kann, scheint das Monopol des Staates zu sein. Es ist das Vorrecht des demokratischen Staates, verbindliche und offizielle Formen und Verfahren zu entwickeln und die Debatte in diesen stattfinden zu lassen, um so die Inhalte der Repräsentationen mit besonderer Legitimation zu versehen. Die Erzeugung von Common Sense und die Generierung von Konsens ist deshalb fest an die staatlich entwickelten Formen und Verfahren geknüpft. Aus diesem Grund orientieren sich auch die nicht-amtlichen Repräsentationen an den staatlich eingeführten Präsentationsweisen und Generierungsverfahren. Ihren Repräsentationen der sozialen Welt einen offiziellen Anstrich zu geben und sie so mit hoher Plausibilität und Legitimität auszustatten, dieses ist nur organisierten, etablierten und gesellschaftlich anerkannten Akteuren möglich. Andere sind nicht im Besitz der dazu nötigen Mittel und Instrumente, weshalb ihre Darstellungen der sozialen Welt ohne diesen Legitimierungsschritt bleiben und deshalb tendenziell allein wegen der ungebräuchlichen Präsentationen und verfahrensmäßigen Unterausstattung als partikular und weniger objektiv beurteilt werden.

9.4 Common Sense und Konsens

Die vier vorgestellten Repräsentationsformen unterscheiden sich von anderen Formen der Veröffentlichung vor allem dadurch, dass ihnen die Fähigkeit zuerkannt wird, common-sense-fähige Darstellungen zu liefern oder zumindest eine Konsensbereitschaft zu befördern. Genau daraus ergibt sich, dass es sich um Veröffentlichungen mit Benennungs- und Repräsentationsmacht handelt. Common-sense- und konsensfähige Sichtweisen der sozialen Welt zu erzeugen gelingt oftmals deshalb so überzeugend, weil die Repräsentationsformen aufgrund ihrer formalen Verfahren und institutionellen Verfasstheit mit der Garantie ausgestattet sind, partikulare Standpunkte und ausschließlich ideen- und interessengebundene Ansichten gar nicht erst zuzulassen. Sie werden durchweg als machtneutrale Darstellungen präsentiert, und dieses wird ihnen in der Regel auch zuerkannt. Diese Behauptung macht sie zu einer herausragenden Machtquelle, denn Machtausübungen mittels anerkannter Repräsentationsformen sind kaum rechtfertigungsbedürftig.[118] Diese Eigenschaft wohnt ihnen aber auch deshalb inne, weil sie im Gegensatz zu rein fachwissenschaftlichen Veröffentlichungen die Inhalte allgemein verständlich präsentieren und auf diese Weise ein großes Zustimmungspotenzial anstreben. Die vier hier ausführlich geschilderten Repräsentationsformen – Graphiken des Sozialen, Kategorien und Klassifikationen, Sozialstatistik sowie Berichte und Berichtssysteme – werden in

118 Bedauerlicherweise liegen dazu bislang nur unzureichende empirische Studien vor. Ein Grund dafür ist sicherlich die bereits vorne angesprochene Schwierigkeit, die Wirkungsweise von Repräsentationen zu rekonstruieren. Dieses Problem ist bislang weder theoretisch noch empirisch überzeugend gelöst.

weiten Teilen der Bevölkerung als zustimmungsfähig betrachtet und als angemessene Darstellungen der sozialen Wirklichkeit bestätigt.

Bislang wurde die Begriffe Common Sense und Konsens nicht expliziert, sondern nur verwendet, und zwar schlicht und einfach so, wie sie im Allgemeinen verstanden und benutzt werden.[119] Dies reicht aber nicht aus, um zu erläutern, was mit der Feststellung gemeint ist, dass Repräsentationen die Fähigkeit inhärent ist, common-sense- und konsensfähige Sichtweisen zu liefern bzw. herzustellen. Im Folgenden werden die beiden Begriffe systematisch dargelegt und einige aktuelle Diskussionslinien aufgezeigt. Dabei sollen zwei Thesen im Vordergrund stehen:

(1) Entgegen der vielfach verbreiteten Ansicht soll in Frage gestellt werden, dass es sich beim Common Sense einzig um traditionelle Übereinkünfte handelt, die in den Prozessen der Modernisierung, der Rationalisierung und Verwissenschaftlichung unwiederbringlich erodieren (vgl. Holthoon/Olson 1987; Kleger 1988, 1989; Lübbe 1987). Dieser Ansicht soll die These entgegengesetzt werden, dass auch in modernen Gegenwartsgesellschaften immer wieder neue Formen und Ausprägungen von Common Sense entstehen, ja sogar bewusst generiert werden.

(2) In demokratischen Staaten werden Forderungen und Ansprüche, die nicht wenigstens ein gewisses Streben nach Anerkennung und Legitimierung erkennen lassen, in der Mehrzahl der Fälle als weitgehend unstatthaft und unberechtigt beurteilt. Auch Benennungs- und Repräsentationsmacht trachten danach, dass ihre Ausübung als berechtigt und legitim anerkannt wird. Dieses Streben bringt es mit sich, die Ansprüche als uneigennützig darzustellen, auf gesellschaftliche Übereinkünfte zu verweisen und diese zur Rechtfertigung für den eigenen Standpunkt vorzutragen. Damit werden Common Sense und Konsensfähigkeit zu unerlässlichen Referenzpunkten in den sozialen Auseinandersetzungen, auf welche sich die Forderungen zu berufen haben, damit ihnen öffentliche Aufmerksamkeit zuteil wird. Nur wenn die Anspruchsteller sich darauf berufen können, dass sie sich im Einklang mit gesellschaftlichen Einverständnissen befinden, haben sie eine Chance, dass ihnen öffentliche Aufmerksamkeit zukommt. Dies erklärt die enge Assoziierung von Repräsentation mit Common-Sense- und Konsensfähigkeit.[120]

Eine klassische Definition von Common Sense lautet:

> „Le sens commun est donc la règle de chaque raison individuelle: sans lui, on ne peut rien prouver; et l'on ne peux le prouver lui-même, parce qu'il n'y a point hors de lui de raison humaine. Il existe;

119 Dabei handelt es sich um ein von der Wissenschaft geprägtes Alltagsverständnis (siehe auch Lyotard 1994).

120 Ich greife im Folgenden auf meine Ausführungen über Common Sense und Konsens in Barlösius (2002) zurück.

> c'est un fait dont aucun homme ne doute, et dont il sauroit douter sans être à l'instant déclaré fou tous les autres hommes." (Lamennais (1782-1854), zitiert nach Kleger 1988: 46)[121]

So folgenschwer wird heutzutage Widerspruch nicht mehr bestraft, aber gegen einen Common Sense eine andere Sichtweise durchzusetzen ist immer noch ein schwieriges und zudem wenig aussichtsreiches Unterfangen. Vielleicht sind gerade deshalb Verweise auf einen Common Sense als gesicherte Darstellung des Allgemeininteresses mit einem großen Anerkennungspotenzial ausgestattet und als legitimierender Referenzpunkt für die inhaltliche Präsentation besonders geeignet. Der Common Sense fungiert quasi als Prüfstein, um rein „rhetorische Sprechakte" (Offe 2001) von inhaltlichen Präzisierungen zu unterscheiden. Selbstverständlich ist dies kein objektives Prüfverfahren im Sinne von wissenschaftlicher Richtigkeit. Geprüft wird nur, ob sich die Argumente und Vorschläge vor dem allgemein geteilten und einsichtigen Wissen bewähren. Diese Prüfung kann anhand einer Definition des Common Sense aus dem Jahre 1726 anschaulich erläutert werden: Gemeint ist die „gewöhnliche Fähigkeit, uns davor zu bewahren, durch grobe Widersprüche, greifbare Inkonsistenzen und unverhohlene Betrügerei getäuscht zu werden" (Geheime Geschichte der Universität Oxford, zitiert nach Geertz 1987: 287).

Der Begriff Common Sense wird allerdings in den theoretisch orientierten Disziplinen des deutschen Wissenschaftsbetriebs – ganz im Gegensatz zum angloamerikanischen und französischen – selten als salonfähig betrachtet. Wer Common Sense als wissenschaftlichen Begriff nutzen will, steht unter Rechtfertigungsdruck. Zu eng und scheinbar unauflöslich ist er mit der kompromittierenden Alltagsassoziation „gesunder Menschenverstand" verbunden, was die Anerkennung als wissenschaftlich tauglich behindert. Der Zwang zur Rechtfertigung ist so stark, dass selbst Hermann Lübbe in einer Rede vor der Rheinisch-Westfälischen Akademie der Wissenschaften, in welcher er über den Common Sense sprach, nachdrücklich darauf verwies, dass Hans-Georg Gadamer den Common Sense zu den „humanistischen Leitbegriffen" und den „europäischen Schlüsselwörtern" zählte (Lübbe 1987: 27). Lübbe übernahm dieses Prädikat, um zu versichern, dass der „Common Sense der Name eines Begriffs mit großer theoretischer Ladung" sei (ebd.). Für Clifford Geertz dagegen ist es selbstverständlich und bedarf keiner ausdrücklichen Begründung, dass der Common Sense zu „einer zentralen Kategorie, ja *der* zentralen Kategorie zahlreicher moderner philosophischer Systeme geworden ist" (Geertz 1987: 265).

Es verlockt, sowohl die theoretische Ladung darzulegen als auch in die „philosophischen Systeme" vorzudringen. Darauf soll jedoch verzichtet werden, da hier einzig die gesellschaftliche Gebrauchsweise des Common Sense interessiert, genau genommen nur die Generierung eines Common Sense über soziale Ungleichheiten. Zu diesem Zweck genügt eine Begriffsbestimmung, die sich auf die soziale Praxis

121 Man kann dies – wesentlich unkomplizierter – als „Normalerwartung des Bürgers" (Neidhardt 2000) bezeichnen.

bezieht: „Common sense consists of the knowledge, judgement and taste which is more or less universal and which is held more or less without reflection and argument.“ (Holthoon/Olson 1987: 6) Holthoon und Olson zählen zwar Wissen, Urteile und Geschmack als gleichberechtigte Quellen auf, aber das Hauptgewicht liegt eindeutig auf dem Wissen, in allen seinen Formen: vom Erfahrungs- bis zum wissenschaftliches Wissen.[122] Denn die Welt und das Wissen des Common Sense bestehen aus dem „‘gemeinsamen Wissensvorrat’, mit dem man sich auch in ganz gewöhnlichen Situationen ganz selbstverständlich bewegen kann“ (Kleger 1989: 204). Damit gewährleistet der Common Sense eine „generalisierende Denkweise“ (Geertz) oder, wie Lübbe die gesellschaftlichen Spannungen und Widersprüche harmonisierend erklärt, eine minimale Einheitlichkeit der Wirklichkeitsorientierung, die unerlässlich für die soziale Integration sowie kulturelle und politische Kommunikationsfähigkeit einer Gesellschaft ist (vgl. Lübbe 1987: 20).

Der „gesunde Menschenverstand“ gilt in modernen Gesellschaften, in denen nur noch wissenschaftliches Wissen als bedeutungsvoll und handlungs- und gestaltungsorientierend bewertet wird, immer seltener als kreditfähig. Jene Anteile des Common Sense, die sich von selbst verstehen, weil sie auf der lebensweltlichen Alltagsorientierung fußen, büßen ihre bindende Kraft ein. So wird das „vorbehaltlose Ad-hoc-Wissen“ des Common Sense, welches sich in Epigrammen, Sprichwörtern, Spruchweisheiten oder Witzen etc. zeigt, zunehmend problematisiert (vgl. Geertz 1987: 284). Verstärkt wird diese Tendenz durch die steigende Pluralisierung der Ansichten und Perspektiven, weshalb eine basale Einheitlichkeit der Sichtweisen kaum mehr vorausgesetzt werden kann. Die Folge ist, dass Common Sense immer häufiger erst hergestellt werden muss; immer weniger kann unmittelbar auf ihn verwiesen werden. Trotzdem wird der Common Sense in vielen, auch intellektuellen Argumentationen „nur als unveränderbare und reaktive Instanz der Legitimation beziehungsweise der punktuellen De-Legitimation gedacht“ (Kleger 1989: 203f.).

Common Sense umfasst mehr als unhinterfragbare moralische Begründungen, die sich aus sich selbst speisen und mit dem Privileg ausgestattet sind, keiner zusätzlichen Legitimation zu bedürfen. Zwar kann ein Common Sense ebenso wie der Gemeinsinn bei überstrapazierendem Gebrauch „erodieren“, aber im Gegensatz zu letzterem kann er beispielsweise durch Wissenschaft und legimitierte Verfahren der Einigung „neu geschöpft“ werden. Ein bewusst hergestellter Konsens kann ins Selbstverständliche abgleiten und damit zum Common Sense werden. Gerade den Repräsentationsformen, die mit Hilfe der Repräsentationsregeln gewährleisten sollen, dass die Darstellungen als evident und kohärent sowie als repräsentativ und allgemein gültig beurteilt werden, wohnen jene Eigenschaften inne, die Common-Sense- und Konsensbildungsprozesse unterstützen.

Wenn von der „Krise des Common Sense“ die Rede ist, dann von der spontanen alltäglichen Reproduktion, die tendenziell verloren geht. Indes wachsen andere

122 Dies gilt besonders für wissensbasierte moderne Gesellschaften und wird im Folgenden deutlicher werden.

Instanzen nach, die eine kompensatorische Funktion übernehmen: „Sie re-präsentieren nunmehr den common sense“ und sind damit in eine Doppelrolle gestellt (Kleger 1989: 201). Erstens sind die geschaffenen Instanzen wie Institutionen oder Einrichtungen Ergebnis eines Common Sense, und zweitens ist anerkannt, dass sie geeignet sind, common-sense-fähiges Wissen zu generieren. So repräsentieren einerseits die Graphik des Sozialen, die sozialen Kategorien und Klassifikationen, die Sozialstatistik und -berichterstattung als institutionalisierte Formen der Darstellung der sozialen Wirklichkeit einen Common Sense, weil sowohl die darin enthaltenen Präsentations- wie auch die Verfahrensregeln weitgehend akzeptiert sind. Andererseits werden diese Repräsentationsformen dazu eingesetzt, common-sense-fähige bzw. konsensfähige Repräsentationen zu generieren und auf diese Weise den Bestand an allgemein zustimmungsfähigem Wissen über die soziale Welt zu erhalten bzw. zu vergrößern.

Den Common Sense trennt vom Konsens, dass letzterer die Eigenschaft von etwas ausdrücklich Hergestellten nie ganz abstreift und dessen Dauerhaftigkeit stets fraglich bleibt. Der markante Unterschied zwischen beiden besteht darin, dass bei Konsensfähigkeit der Herstellungsakt, die Abstimmung der verschiedenen Sichtweisen, noch bewusst ist und der Konsens deshalb permanent durch Verweis auf seine Genese legitimiert – teilweise beschworen – wird. Beim Common Sense ist dagegen häufig die Erinnerung an den Prozess der Durchsetzung verblasst, weshalb er sich aus sich selbst heraus rechtfertigt. Vielleicht kann man diese Differenz sprachlich veranschaulichen, indem man beim Common Sense von Übereinstimmung und beim Konsens von Einverständnis spricht. Es ist jedoch in den Sozialwissenschaften selten üblich, Common Sense und Konsens so präzise zu unterscheiden, was größtenteils damit zusammenhängt, dass der Begriff Common Sense gar nicht erst verwendet wird. Aus diesem Grund werden die beiden Arten von Übereinkunft unter dem Begriff Konsens abgehandelt.

Differenziert wird jedoch zwischen einem Konsens ohne erläuternde Zusätze und einem Grund- oder Basiskonsens.[123] Letzterem werden ähnliche Qualitäten wie dem Common Sense zugeordnet, jedoch zumeist unter ethisch-moralischen Vorzeichen. Andere Herleitungen wie eine wissenschaftliche oder religiöse werden selten genannt. Eine derartig bevorzugte Begründung fehlt dem Common Sense völlig, weil er ohne zusätzliche, übergeordnete Fundierung auskommt. Was zum Grundkonsens gehört, wird von der breiten Mehrheit der Bevölkerung als richtig anerkannt und akzeptiert. Mit Grundkonsens ist zumeist die thematische Zentrierung auf Demokratie – „government by consent“ – verbunden. So definiert Neidhardt Grundkonsens „als Einverständnis über die prinzipiellen Voraussetzungen, Funktionsbedingungen und Grenzen von Zwangseingriffen, Marktverhältnissen und Loyalitätsbindungen“. Seine Funktion besteht „in der Vereinbarung von Grundformen gesellschaftlicher Praxis mit den in einer Gesellschaft vorhandenen Wertorientierungen“ (Neidhardt 2000: 20). Um die praktische Belastbarkeit von Common Sense und

123 Zum Thema Grundkonsens siehe Schuppert/Bumke (2000). Oft werden Common Sense und Grundkonsens im Kontext von Gemeinwohlrhetoriken gesehen (vgl. Barlösius 2002).

(Grund-)Konsens zu prüfen, kann das Konzept der „sozialen Robustheit von Wissen“ von Helga Nowotny herangezogen werden (Nowotny 2004: 187). Nach Nowotny zeichnet sich „sozial robustes Wissen“ dadurch aus, dass es von allen Seiten akzeptiert wird und auf seiner Grundlage neue institutionelle Arrangements geschaffen werden können. Übertragen auf die Repräsentationen und Repräsentationsformen sozialer Ungleichheit heißt dies, dass diese sozial robustes Wissen präsentieren, insofern sich die Darstellungen als common-sense- bzw. konsensfähig erweisen und zur Begründung wie auch zur Einforderung von gesellschaftlichen und politischen Eingriffen herangezogen werden können – also belastbar sind.

Beim Konsens steht somit der Herstellungsakt im Vordergrund.[124] Die darauf beruhende Zustimmungsbereitschaft kann jedoch im Laufe der Zeit eine andere Qualität annehmen: von einer bewusst hergestellten Übereinkunft bis zu einem selbstverständlichen Faktum und umgekehrt. Dass Bildung für alle sozialen Lagen gleichermaßen zugänglich sein soll, um die Chancengleichheit zu verbessern, ist in einem langen Prozess konsensual ausgehandelt worden. Bei den Ergebnissen der PISA-Studie ist die nicht realisierte Chancengleichheit für Kinder aus sozial benachteiligten Schichten ganz selbstverständlich skandalisiert worden – ohne dass der Konsens der Chancengleichheit explizit zitiert werden musste. Dieser hat mittlerweile die Qualität eines Common Sense angenommen. Andererseits beruht nicht jeder Konsens auf Zustimmung; mancher basiert nur auf Akzeptanz, die sich daraus speist, dass das Verfahren der Konsensgenerierung als geeignet und legitim anerkannt ist.[125] Das Ergebnis selbst wird dabei nicht unbedingt akzeptiert und verinnerlicht. Ein Beispiel dafür ist sicherlich die Gleichstellungspolitik, die von vielen schlicht hingenommen wird, aber auf wenig Zustimmung trifft und noch weniger praktische Umsetzung erfährt. Ein Common Sense bzw. Grundkonsens kann aber seine allgemeine und selbstverständliche Anerkennung auch wieder einbüßen. So hatte das Konzept der „Sozialen Markwirtschaft“ sicherlich jahrzehntelang Common-Sense-Charakter. Im Nachvollzug des Neoliberalismus und der Wirtschaftskrise begann dieser zu erodieren, hat wahrscheinlich bestenfalls noch die Qualität eines Konsenses und trägt in sich schon die Drohung, ganz zur Disposition gestellt zu werden. In der sozialen Praxis lässt sich die hier vorgeschlagene theoretische Unterscheidung in Common Sense und Konsens nicht immer eindeutig und überzeugend anwenden – vielfach sind die Übergänge fließend. Um aber Tendenzen zu markieren, ist sie gut geeignet.

Wissenschaft ist in modernen Gesellschaften unbestritten die wichtigste Instanz, Grundlagen für einen neuen Common Sense zu generieren und Konsensbildungsprozesse zu fördern – allein schon deshalb, weil sie in modernen Gesellschaften als einzig legitime Objektivierungsmethode anerkannt ist. Die Rolle der Wissen-

124 Allgemein über Konsensbildungsprozesse siehe Moscovici/Doise (1992).

125 Darauf hat Neidhardt aufmerksam gemacht (Neidhardt 2000: 17). Man kann dies aber auch anders interpretieren, nämlich als ein Sichfügen unter die kulturell und politisch machtvollsten Sichtweisen (vgl. Moscovici/Doise 1992).

schaft ist jedoch ambivalent: „science as an attack on common sense", wenn alltägliche Selbstverständlichkeiten durch Wissenschaft als „unrichtig" oder „unangemessen" entlarvt werden; „science as organized common sense", wenn Wissenschaft Regeln und Sichtweisen hervorbringt, die allgemein anerkannt werden und gegen die sich nur „Nischenmeinungen" auflehnen (Vos 1987: 345). Wissenschaft allein reicht jedoch zur Generierung von Common Sense nicht aus. Es bedarf einer zusätzlichen Legitimationsquelle, denn in demokratischen Gesellschaften hat keine Einzelgruppe das Vorrecht, selbstherrlich allgemein verbindliche Ziele und Werte festzulegen – selbstverständlich auch nicht die Wissenschaft.

Für demokratische Gemeinwesen ist charakteristisch, dass sie sich „dadurch definieren lassen, dass in ihnen eine Common Sense enthobene Fachkompetenz für Ziele und Werte niemandem zugebilligt wird" (Kleger 1989: 205). Common Sense bedarf einer doppelten Fundierung: Wissenschaft und Repräsentation, daraus zieht er seine Legitimation, und genau an dieser Stelle beginnt die Brücke zu den Repräsentationsformen. Sie sind – speziell die amtlichen Varianten – Instrumente, Common Sense zu generieren und Voraussetzungen für Konsensbereitschaft zu verbessern, weil sie eine Beschreibung der sozialen Wirklichkeit liefern, weil ihnen ein hoher Grad an Verbindlichkeit inhärent ist und weil sie wesentlich dazu beitragen, gemeinsame Betrachtungs- und Sichtweisen des Sozialen zu erzeugen. Gerade in modernen pluralen Gesellschaften sind wissenschaftserzeugte Repräsentationen, die große gesellschaftliche Zusammenhänge aufzeigen, besonders geeignet, neue Gerechtigkeitsansprüche, aber gleichermaßen auch Forderungen nach mehr Leistungsorientierung mit Referenzen auszustatten, die auf gesamtgesellschaftliche Interessen verweisen. Sie liefern das Material für eine wissenschaftliche Kodifizierung von Common Sense und Konsens. Der Schlüssel für diese Eigenschaften sind die Regeln des Repräsentierens, weil es ohne sie keine Repräsentationsformen – mit Betonung auf der zweiten Worthälfte – gäbe. Die Regeln stellen das Bindeglied zwischen Generierung und Rezeption dar.

Kommen wir am Schluss nochmals auf die drei offenen Eingangsfragen (s. o. S. 19) zurück, ohne der Versuchung zu erliegen, zu meinen, nun über schlüssige und tragfähige Antworten zu verfügen. Die drei ungelösten Probleme können jetzt präziser für das Phänomen der Repräsentation sozialer Ungleichheiten formuliert werden – mehr nicht.

Die *erste Frage* lautete: Inwieweit legen Vorstellungen und Begriffe von sozialer Gerechtigkeit die Bahnen für die Wahrnehmung und die Repräsentation sozialer Ungleichheiten aus? Dazu wurde kritisch angemerkt, dass die ungleichheitssoziologischen Analysen von Vorstellungen über soziale Gerechtigkeit ausgehen, ohne diese explizit auszuweisen. Daraus ergibt sich das Problem, dass in die Untersuchungen zumeist unhinterfragte Gerechtigkeitsvorstellungen einfließen, obwohl es eine originäre Aufgabe der Ungleichheitssoziologie wäre, diese auf ihre ungleichheitsbedeutsamen Implikationen hin zu prüfen. Für die Repräsentationen sozialer Ungleichheit, deren hauptsächliche Aufgabe darin besteht, common-sense- bzw. konsensfähige Darstellungen des Ungleichheitsgeschehens zu liefern, gilt dies in besonderer Weise. Allerdings ist es für sie geradezu unumgänglich, dass sie die zugrunde gelegten Gerechtigkeitsbegriffe nicht ausführlich thematisieren, sondern sich ohne ausführliche Begründung an anerkannten Sichtweisen orientieren. Ansonsten könnten sie ihren Zweck kaum erfüllen. Begründeten sie lang und breit, warum sie diesen und keinen anderen Gerechtigkeitsbegriff benutzen, würden sie diesen aus dem gesellschaftlich Selbstverständlichen herauslösen und so einen Rechtfertigungsbedarf erzeugen. Damit wäre die Common-Sense- bzw. Konsensfähigkeit ihrer Darstellung insgesamt gefährdet, weil die Repräsentation mit wissenschaftlichen Vorbehalten präsentiert würde. Wissenschaftsgenerierte Repräsentationen sollen jedoch eine als allgemein gültig anerkannte Sichtweise offerieren, der genau deshalb Zustimmung und Anerkennung entgegengebracht wird. Pointiert formuliert: Es ist der Eigenart der Repräsentationen sozialer Ungleichheit fern, zu explizieren und zu diskutieren, auf welchen Vorstellungen und Begriffen von sozialer Gerechtigkeit sie basieren, weil ihre Common-Sense- bzw. Konsensfähigkeit wesentlich davon abhängt, dass sie just in den gesellschaftlich und politisch vorausgelegten Bahnen der Wahrnehmung und Darstellung sozialer Ungleichheiten bleiben.

Die *zweite Frage* beschäftigte sich damit, dass die ungleichheitssoziologischen Kategorien und Klassifikationen auf Ergebnisse gesellschaftlicher Auseinandersetzungen zurückgreifen. Dieses stellt insofern für die Ungleichheitssoziologie ein ungelöstes Problem dar, weil ihre Kategorien und Klassifikationen, die sie zur Analyse sozialer Ungleichheiten einsetzt, stets Spuren der zu beobachtenden Ungleichheitsverhältnisse in sich tragen. Damit sind ihre Objektivierungsfähigkeiten begrenzt. Für die Repräsentation sozialer Ungleichheit stellt sich dieses Problem nicht, sofern man anerkennt, dass sich die Repräsentationen weniger vor einer „richtigen Wiedergabe von Wirklichkeiten" zu bewähren haben als vielmehr davor, dass sie „funktionieren", sprich in der Lage sind, „auf die Welt einzuwirken" (Fabian). Ob eine Repräsentation Zustimmung findet und als angemessene Darstellung der Ungleichheitsverhältnisse anerkannt wird, ist nicht so sehr daran gebunden, dass sie sich um eine mimetische Anverwandlung an die wirkliche Außenwelt (vgl. Latour 1997: 245) bemüht, sondern primär daran, dass ihr eine Darstellungsweise gelingt, die als verständlich-evident und kohärent wahrgenommen wird. Genau zu diesem Zweck dienen die Repräsentationsregeln – speziell die Präsentationsregeln. Auf den Punkt gebracht: Wenn Repräsentationen sozialer Ungleichheit nicht (einzig) daran gemessen werden, ob es sich um „wirklichkeitsgetreue Wiedergaben" der Ungleichheitsverhältnisse handelt, sondern vor allem daran, ob sie common-sense- bzw. konsensfähig sind, dann tritt die zweite Frage in den Hintergrund.

Die *dritte Frage* sprach das grundsätzliche Problem an, dass die Wechselbeziehung zwischen den Repräsentationen sozialer Ungleichheit und dem sozialstrukturellen Geschehen unklar ist. Die Mehrzahl der ungleichheitssoziologischen Theorien unterstellt eine mehr oder weniger eng geknüpfte Wechselbeziehung oder ausgeprägte Abgestimmtheit. Nur wenn ein solches gegenseitiges Bedingungsverhältnis angenommen wird, kann die Ungleichheitssoziologie für sich beanspruchen, mit einem Modell das gesamte Ungleichheitsgeschehen – die Prozesse der sozialstrukturellen Positionierung wie der Repräsentation sozialer Ungleichheiten – beschreiben und erklären zu können. Gibt sie diesen Erklärungsanspruch auf, büßt sie viel von ihrem theoretischen Zauber ein. Allerdings treibt die Annahme, dass den Ungleichheitsverhältnissen dieselbe soziale Strukturierung zugrunde liegt wie deren Repräsentation, die Ungleichheitssoziologie in einige Erklärungsnöte – theoretische wie empirische. In ähnliche Bedrängnis gerät, wer, um die Repräsentationspraxis zu verstehen, die „richtige Wiedergabe von Wirklichkeit" zum Maßstab macht statt damit zu beginnen, ob und weshalb die Repräsentationen als schlüssige und angemessene Darstellungen der sozialen Wirklichkeit anerkannt werden. Setzt man an diesen Fragen an, rücken die Regeln des Repräsentierens, ihre Schaffung und verbindliche Durchsetzung als Ergebnis und Ausdruck von Repräsentationsmacht ins Zentrum.

Mit der Konzentration auf die Regeln des Repräsentierens gelingt es zwar nicht, die theoretisch-konzeptionelle Erklärungslücke zwischen den Ungleichheitsverhältnissen und deren Repräsentation aufzufüllen. Aber mit ihr wird es möglich, die Repräsentationspraxis unmittelbar – sprich ohne theoretische Vorbehalte – zu beobachten. Sie empfiehlt, die Hervorbringung von Repräsentationen als eigenständigen sozialen Prozess zu begreifen, sich auf die Macht zu konzentrieren, verbindliche Regeln des Repräsentierens zu schaffen und durchzusetzen sowie Repräsentationsmacht als ungleichheitsbedeutsame Ressource aufzufassen. Vom Besitz an Repräsentationsmacht ist kein direkter Rückschluss auf die Sozialstruktur möglich. Es gibt Akteure, die über viel Repräsentationsmacht verfügen, aber sozialstrukturell nicht sonderlich privilegiert sind. Das heißt jedoch nicht, dass die Repräsentation sozialer Ungleichheiten nicht Teil des Ungleichheitsgeschehens ist. Vielmehr ist die Hervorbringung von Repräsentationen sozialer Ungleichheit als weitgehend eigenständiger sozialer Prozess zu begreifen, bei dem andere Ressourcen – insbesondere Benennungs- und Repräsentationsmacht – wirksam werden als bei der Zuweisung einer sozialstrukturellen Position. Nimmt die Ungleichheitssoziologie dies auf, dann verschmälert sich zwar auf der einen Seite der Erklärungsanspruch der Strukturierungsthese; auf der anderen Seite gewinnt sie jedoch ein weiteres Themengebiet hinzu: Benennungs- und Repräsentationsmacht als ungleichheitsbedeutsame Ressourcen.

10 Literaturverzeichnis

Alonso, William/Paul Starr (Hrsg.)1983: The Politics of Numbers. New York: Russell Sage Foundation.

Anderson, Elizabeth S. 2000: Warum eigentlich Gleichheit? In: Krebs, Angelika (Hrsg.): Gleichheit und Gerechtigkeit. Texte der neuen Egalitarismuskritik. Frankfurt/M.: Suhrkamp, S. 117-171.

Anderson, Margo/Stephen E. Fienberg 2000: Race and Ethnicity and the Controversy over the US Census. In: The Sociological Conundrum of the Category. Current Sociology 48, H. 3, S. 87-110.

Anheier, Helmut K. 2004: Transnationalisierung. Entwurf einer Forschungsagenda. Unveröffentlichte Powerpoint Präsentation, gehalten im Wissenschaftszentrum Berlin für Sozialforschung.

Aragon, Louis 1969: Pariser Landleben. Le Paysan de Paris. München: Rogner & Bernhard GmbH Verlag.

Armin, Hans Herbert von 2001: Das System. Die Machenschaften der Macht. München: Doemer.

Bardeleben, Richard von 1998: Die Berichterstattung zur beruflichen Bildung durch ein fachlich unabhängiges Bundesinstitut. In: Streich, Waldemar/Paul Wolters/Helmut Brand (Hrsg.): Berichterstattung im Gesundheitswesen. Analysen zur Entwicklung und Perspektiven für einen Neubeginn. Weinheim: Juventa, S. 89-98.

Barlösius, Eva 1997: Naturgemäße Lebensführung. Zur Geschichte der Lebensreform um die Jahrhundertwende. Frankfurt/M.: Campus.

Barlösius, Eva 1999: „Das Elend der Welt". Bourdieus Modell für die „Pluralität der Perspektiven" und seine Gegenwartsdiagnose über die „neoliberale Invasion". In: BIOS, Jg. 12, H. 1, S. 1-25.

Barlösius, Eva 2000a: Sinn und Zweck von Armutsberichterstattung. In: Geene, Raimund/Carola Gold (Hrsg.): Gesundheit für Alle! Berlin: b-books, S. 258-266.

Barlösius, Eva 2000b: Über den gesellschaftlichen Sinn der Sinne. In: Koppetsch, Cornelia (Hrsg.): Körper und Status. Zur Soziologie der Attraktivität. Konstanz: UVK, S. 17-39.

Barlösius, Eva 2001a: Das gesellschaftliche Verhältnis der Armen – Überlegungen zu einer theoretischen Konzeption einer Soziologie der Armut. In: Barlösius, Eva/Wolfgang Ludwig-Mayerhofer (Hrsg.): Die Armut der Gesellschaft. Opladen: Leske + Budrich, S. 69-94.

Barlösius, Eva 2001b: Die Macht der Repräsentation. In: Barlösius, Eva/Hans-Peter Müller/Steffen Sigmund (Hrsg.): Gesellschaftsbilder im Umbruch. Soziologische Perspektiven in Deutschland. Opladen: Leske + Budrich, S. 181-203.

Barlösius, Eva 2002: Common Sense über Gemeinwohl - der Beitrag der Statistik. In: Neidhardt, Friedhelm/Gunnar F. Schuppert (Hrsg.): Gemeinwohl – auf der Suche nach Substanz. WZB-Jahrbuch 2002. Berlin: edition sigma, S. 219-238.

Barlösius, Eva 2004: Kämpfe um soziale Ungleichheit. Machttheoretische Perspektiven. Hagener Studientexte zur Soziologie. Opladen: VS.

Barlösius, Eva/Barbara Maria Köhler 1999: Öffentlich Bericht erstatten – Repräsentationen gesellschaftlich umkämpfter Sachverhalte. In: Berliner Journal für Soziologie, Jg. 9, H. 4, S. 549-565.

Barlösius, Eva/Barbara Maria Köhler 2000: Berichtsysteme als Vermittler zwischen Politik, Wissenschaft und Öffentlichkeit. In: Köhler, Barbara Maria et al. (Hrsg.): Ernährungsberichterstattung in der Bundesrepublik Deutschland. Berlin: edition sigma, S. 29-47.

Barthes, Roland 1982: Mythen des Alltags. Frankfurt/M.: Suhrkamp.

Beck, Ulrich 1983: Jenseits von Stand und Klasse? Soziale Ungleichheiten, gesellschaftliche Individualisierungsprozesse und die Entstehung neuer Formationen und Identitäten. In: Kreckel, Reinhard (Hrsg.): Soziale Ungleichheiten. Soziale Welt, Sonderband 2. Göttingen: Schwartz, S. 35-74.

Beck, Ulrich 1986: Risikogesellschaft. Auf dem Weg in eine andere Moderne. Frankfurt/M.: Suhrkamp.

Beck, Ulrich/Wolfgang Bonß 1989: Verwissenschaftlichung ohne Aufklärung? Zum Strukturwandel von Sozialwissenschaft und Praxis. In: Beck, Ulrich/Wolfgang Bonß (Hrsg.): Weder Sozialtechnologie noch Aufklärung? Analysen zur Verwendung von sozialwissenschaftlichem Wissen. Frankfurt/M.: Suhrkamp, S. 7-45.

Berger, Peter A. 1988/89: Ungleichheitssemantiken. Graduelle Unterschiede und kategoriale Exklusivitäten. In: Archives Européennes de Sociologie, Jg. 30, S. 48-60.

Berger, Peter A. 1988: Die Herstellung sozialer Klassifikationen: Methodische Probleme der Ungleichheitsforschung. In: Leviathan, Jg. 15, S. 501-520.

Berger, Peter A. 1994: „Lebensstile" – strukturelle oder personenbezogene Kategorie? Zum Zusammenhang von Lebensstilen und sozialer Ungleichheit. In: Dangschat, Jens/Jörg Blasius (Hrsg.): Lebensstile in den Städten. Konzepte und Methoden. Opladen: Leske + Budrich, S. 137-149.

Berger, Peter A. 2001: Soziale Ungleichheiten und soziale Ambivalenzen. In: Barlösius, Eva/Hans-Peter Müller/Steffen Sigmund (Hrsg.): Gesellschaftsbilder im Umbruch. Soziologische Perspektiven in Deutschland. Opladen: Leske + Budrich, S. 203-225.

Berger, Peter/Thomas Luckmann 1980: Die gesellschaftliche Konstruktion der Wirklichkeit. Eine Theorie der Wissenssoziologie. Frankfurt/M.: Fischer.

Bertin, Jacques 1967: Sémiologie graphique. Des diagrammes – les réseaux – les cartes. Paris: Gauthier-Villars.

Bien, Walter/Richard Rathgeber (Hrsg.) 2000: Die Familie in der Sozialberichterstattung. Ein europäischer Vergleich. DJI: Familien-Survey 8. Opladen: Leske + Budrich.

Black, Max 1972: How Do Pictures Reprensent? In: Gombrich, Ernst H./Julian Hoch–berg/Max Black: Art, Perception and Reality. Baltimore/London: The Johns Hopkins University Press, S. 95-130.

Blumer, Martin 2001: Social Measurement: What Stands in Its Way? In: Social Research, Vol. 68, No. 2, S. 455-480.

BMAS (Bundesministerium für Arbeit und Sozialordnung) 2001: Lebenslagen in Deutschland. Der erste Armuts- und Reichtumsbericht der Bundesregierung. Bonn.

BMAS (Bundesministerium für Arbeit und Sozialordnung) 2002: Bericht der Kommission „Moderne Dienstleistungen am Arbeitsmarkt". CD-ROM, Stand 2002. Bonn.

BMFSJ (Bundesministerium für Familie, Senioren, Frauen und Jugend) 1998: Zehnter Kinder- und Jugendbericht. Bericht über die Lebenssituation von Kindern und die Leistungen der Kinderhilfen in Deutschland. Bundestagsdrucksache 13/11368. Bonn.

BMGS (Bundesministerium für Gesundheit und Soziale Sicherung) 2003: Nachhaltigkeit in der Finanzierung der sozialen Sicherungssysteme. Bonn.

BMVBW (Bundesministerium für Verkehr, Bau- und Wohnungswesen) 2004: Aufbau Ost: Jahresbericht zum Stand der deutschen Einheit. CD-ROM, Stand 2004. Berlin.

Boehm, Gottfried 2001: Zwischen Auge und Hand: Bilder als Instrumente der Erkenntnis. In: Heintz, Bettina/Jörg Huber (Hrsg.): Mit dem Auge denken. Strategien der Sichtbarmachung. Wien/New York: Springer, S. 43-54.

Boltanski, Luc/ Laurent Thévenot 1991: De la justification. Les économies de la grandeur. Paris: Éditions Gallimard.

Bolte, Karl Martin 1959: Sozialer Aufstieg und Abstieg. Eine Untersuchung über Berufsprestige und Berufsmobilität. Stuttgart: Enke.

Bolte, Karl Martin 1966: Deutsche Gesellschaft im Wandel. Opladen: C. W. Leske Verlag.

Bolte, Karl Martin/Stefan Hradil 1988: Soziale Ungleichheit in der Bundesrepublik Deutschland. Opladen: Leske + Budrich.

Bonin, Serge/Madeleine Bonin 1989: La graphique dans la presse. Informer avec cartes et diagrammes, Paris: Éditions du CFPJ.

Bourdieu, Pierre 1984: Die feinen Unterschiede. Kritik der gesellschaftlichen Urteilskraft. Frankfurt/M.: Suhrkamp.

Bourdieu, Pierre 1985: Sozialer Raum und „Klassen". Leçon sur la leçon, Frankfurt/M.: Suhrkamp.

Bourdieu, Pierre 1989: Antworten auf einige Einwände. In: Eder, Klaus (Hrsg.): Klassenlage, Lebensstil und kulturelle Praxis. Frankfurt/M.: Suhrkamp, S. 395-410.

Bourdieu, Pierre 1992: Rede und Antwort. Frankfurt/M.: Suhrkamp.

Bourdieu, Pierre 1993a: Sozialer Sinn. Kritik der theoretischen Vernunft, Frankfurt/M.: Suhrkamp.

Bourdieu, Pierre 1993b: Soziologische Fragen. Frankfurt/M.: Suhrkamp

Bourdieu, Pierre 1994: Zur Soziologie der symbolischen Formen. Frankfurt/M.: Suhrkamp.

Bourdieu, Pierre et al. 1997a: Das Elend der Welt. Zeugnisse und Diagnosen alltäglichen Leidens an der Gesellschaft. Konstanz: UVK.

Bourdieu, Pierre 1997b: Männliche Herrschaft. In: Dölling, Irene/Beate Krais (Hrsg.): Ein alltägliches Spiel. Geschlechterkonstruktion in der sozialen Praxis. Frankfurt/M.: Suhrkamp, S. 153-217.

Bredekamp, Horst 1997: Zur Vorgeschichte von Thomas Hobbes' Bild des Staates. In: Rheinberger, Hans-Jörg/Michael Hagner/Bettina Wahrig-Schmidt (Hrsg.): Räume des Wissens. Repräsentation, Codierung, Spur. Berlin: Akademie Verlag, S. 23-37.

Bredekamp, Horst 2001: Ikonographie des Staates. Der Leviathan und seine neuesten Folgen. In: Leviathan, Jg. 29, S. 18-35.

Brown, Mark B. 2003: Wie kommt Gesellschaft in die Wissenschaft? Über Repräsentation, Partizipation und Beratung. In: Gegenworte, H. 11, S. 54-56.

Bundestagsdrucksache 14/1999 (05.05.99). Antrag der Fraktionen SPD und Bündnis90/Die Grünen: Nationaler Armuts- und Reichtumsbericht.

Burrmann, Gerhard M./Stefan Roovers 2001: Theme-Machine. Ein System zur ikonischen Repräsentation wissenschaftlicher Diskurse und Formationen. In: Heintz, Bettina/Jörg Huber (Hrsg.): Mit dem Auge denken. Strategien der Sichtbarmachung. Wien/New York: Springer. S. 223-250.

Cassirer, Ernst 1969: Wesen und Wirkung des Symbolbegriffs. Darmstadt: Wissenschaftliche Buchgesellschaft.

Chenu, Alain 1994: Les Employés. Paris: Éditions La Decouverte.

Chomsky, Noam 2000: Profit over People. Neoliberalismus und globale Weltordnung. Hamburg/Wien: Europa Verlag.

Commissariat Gènèral du Plan 1992: Exclus et exclusions. Paris: Documentation francaise.

Coser, Lewis 1992: Soziologie der Armut: Georg Simmel zum Gedächtnis. In: Armut im modernen Wohlfahrtsstaat, KZfSS, Sonderheft 32/1992, S. 34-47.

Dahrendorf, Ralf 1971: Gesellschaft und Demokratie in Deutschland. München: DTV.

Dahrendorf, Ralf 1987: Soziale Klassen und Klassenkonflikt: ein erledigtes Theoriestück? In: Giesen, Bernhard/Hans Haferkamp (Hrsg.): Soziologie der sozialen Ungleichheit. Opladen: Westdeutscher Verlag. S. 10-30.

Derlien, Hans-Ulrich 1975: Das Berichtswesen der Bundesregierung – Ein Mittel der Kontrolle und Planung. In: Zeitschrift für Parlamentsfragen, H. 1, S. 42-47.

Desrosières, Alain 1993: La politique des grands nombres. Histoire de la raison statistique. Paris: Éditions la Découverte.

Desrosières, Alain/Laurant Thevenot 1988: Les catégories socio-professionnelles. Paris: Éditions la Découverte.

Desrosrières, Alain 2001: How Real are Statistics? Four Possible Attitudes. In: Social Research, Vol. 68, No. 2, S. 339-356.

Dixon, Keith 2000: Die Evangelisten des Marktes. Die britischen Intellektuellen und der Thatcherismus. Konstanz: UVK.

Dumont, Gérard-Francois 1992: Démographie. Analyse des populations et démographie économique. Paris: Dunond.

Durkheim, Emile 1898: Représentations individuelles et représentations collectives. In: Revue de Metaphysique et de Morale, Bd. VI. Mai 1898; Dt. in: Durkheim, Emile 1985: Soziologie und Philosophie. Frankfurt/M.: Suhrkamp, S. 45-83.

Durkheim, Emile/Marcel Mauss 1993: Über einige primitive Formen von Klassifikation. Ein Beitrag zur Erforschung der kollektiven Vorstellungen. In: Durkheim, Emile (Hrsg.): Schriften zur Soziologie der Erkenntnis. Frankfurt/M.: Suhrkamp, S. 169-256.

Eco, Umberto 1981: Zeichen. Einführung in einem Begriff und seine Geschichte. Frankfurt/M.: Suhrkamp.

Fabian, Johannes 1993: Präsenz und Repräsentation. Die Anderen und das anthropologische Schreiben. In: Berg, Eberhard/Martin Fuchs (Hrsg.): Kultur, soziale Praxis, Text. Die Krise der ethnographischen Repräsentation. Frankfurt/M.: Suhrkamp, S. 335-364.

Fischer, Wolfram/Andreas Kunz (Hrsg.) 1991: Grundlagen der historischen Statistik von Deutschland. Opladen: Westdeutscher Verlag.

Flora, Peter/Heinz-Herbert Noll (Hrsg.) 1999: Sozialberichterstattung und Sozialstaatsbeobachtung. Individuelle Wohlfahrt und wohlfahrtsstaatliche Institutionen im Spiegel empirischer Analysen. Frankfurt/M.: Campus.

Forschungsinstitut zur Zukunft der Arbeit (Hrsg.) 1999: Erfolgsbedingungen empirischer Wirtschaftsforschung und empirisch gestützter wirtschafts- und sozialpolitischer Beratung. Ein Memorandum (IZA Reprint Series A – 14/1999). Bonn.

Foucault, Michel 1980: Die Ordnung der Dinge. Frankfurt/M.: Suhrkamp.

Frankfurt, Harry 2000: Gleichheit und Achtung. In: Krebs, Angelika (Hrsg.): Gleichheit und Gerechtigkeit. Texte der neuen Egalitarismuskritik. Frankfurt/M.: Suhrkamp, S. 38-49.

Geiger, Theodor 1932: Die soziale Schichtung des deutschen Volkes. Stuttgart: Enke.

Geertz, Clifford 1987: Common Sense als kulturelles System. In: Geertz, Clifford (Hrsg.): Dichte Beschreibung. Beiträge zum Verstehen kultureller Systeme. Frankfurt/M.: Suhrkamp, S. 261-288.

Giddens, Anthony 2000: Die Frage der sozialen Ungleichheit. Edition Zweite Moderne. Frankfurt/M.: Suhrkamp.

Gisler, Priska/Michael Guggenheim/Alessandro Marants/Christian Pohl/Helga Nowotny 2004: Imaginierte Laien. Die Macht der Vorstellung in wissenschaftlichen Expertisen. Weilerswist: Velbrück.

Gombrich, Ernst H./Julian Hochberg/Max Black 1973: Art, Perception and Reality. Baltimore/London: The Johns Hopkins University Press.

Gribaudi, Maurizio/Alain Blum 1990: Des catégories aux liens individuels: L'analyse statistique de l'espace social. In: Annales ESC, H. 6, S. 1365-1402.

Habermas, Jürgen 1992. Nachmetaphysisches Denken. Philosophische Aufsätze. Frankfurt/M.: Suhrkamp.

Hacking, Ian 1993: Representing and Interventing. Cambridge: Cambridge University Press.

Hacking, Ian 1999: Was heißt „soziale Konstruktion“? Zur Konjunktur einer Kampfvokabel in den Wissenschaften. Frankfurt/M.: Fischer.

Haines, Elisabeth 2000: Die Familienberichte der Bundesregierung. In: Bien, Walter/Richard Rathgeber (Hrsg.): Die Familie in der Sozialberichterstattung. Ein europäischer Vergleich. DJI: Familien-Survey 8. Opladen: Leske + Budrich, S. 49-67.

Haller, Bendikt 1992: Stichwort Repräsentation. Historisches Wörterbuch der Philosophie, Band 8. Basel: Schwabe & Co Verlag, S. 816-826.

Hanesch, Walter/Wilhelm Adamy/Rudolf Martens 1994: Armut in Deutschland. Der Armutsbericht des DGB und des Paritätischen Wohlfahrtsverbandes. Reinbek bei Hamburg: rororo.

Hanesch, Walter/Peter Krause/Gerhard Bäcker 2000: Armut und Ungleichheit in Deutschland. Der neue Armutsbericht der Hans-Böckler-Stiftung, des DGB und des Paritätischen Wohlfahrtsverbands. Reinbek bei Hamburg: rororo

Hauser, Richard/Werner Hübinger 1993: Arme unter uns (hrsg. vom Deutschen Caritasverband). Freiburg: Lambertus.

Heintz, Bettina/Jörg Huber (Hrsg.) 2001: Mit dem Auge denken. Strategien der Sichtbarmachung. Wien/New York: Springer.

Henschel, Gerhard 2003: Die wirrsten Grafiken der Welt. Hamburg: Hoffmann und Campe.

Hitzler, Ronald 1994: Radikalisierte Praktiken der Distinktion. Zur Politisierung des Lebens in der Stadt. In: Dangschat, Jens/Jörg Blasius (Hrsg.): Lebensstile in den Städten. Konzepte und Methoden. Opladen: Leske + Budrich, S. 47-58.

Hofmann, Hasso 1998: Repräsentation. Studien zur Wort- und Begriffsgeschichte von der Antike bis ins 19. Jahrhundert. Schriften zur Verfassungsgeschichte, Bd. 22. 3. Aufl. Berlin: Duncker & Humblot.

Hölder, Egon/Manfred Ehling 1991: Zur Entwicklung der amtlichen Statistik in Deutschland. In: Fischer, Wolfram/Andreas Kunz (Hrsg.): Grundlagen der historischen Statistik von Deutschland. Quellen, Methoden, Forschungsziele. Opladen: Westdeutscher Verlag, S. 15-31.

Holthoon, Frits van/David R. Olson 1987: Common Sense. The Foundation for Social Science. Lanham/London: University Press of America.

Hradil, Stefan 1999: Soziale Ungleichheit in Deutschland. 7. Auflage. Opladen: Leske + Budrich.

Huber, Hans Dieter 2004: Bild Beobachter Milieu. Entwurf einer allgemeinen Bildwissenschaft. Ostfildern: Hatje Cantz Verlag.

Institut für Länderkunde (Hrsg.) 2000-2004: Nationalatlas Bundesrepublik Deutschland. Heidelberg: Akademischer Verlag.

Ismayer, Wolfgang 1990: Berichte der Bundesregierung im Prozeß parlamentarischer Willensbildung. In: Zeitschrift für Parlamentsfragen, Jg. 22, H. 4, S. 553-559.

Jenkins, Richard 2000: Categorization: Identity, Social Process and Epistemology. In: The Sociological Conundrum of the Category. Current Sociology, Vol. 48, No. 3, S. 7-25.

Kinross, Robin 1991: Einleitung. In: Neurath, Otto: Gesammelte bildpädagogische Schriften (hrsg. von Rudolf Haller und Robin Konross). Wien: Hölder-Pichler-Tempsky, S. IX-XXIII.

Kleger, Heinz 1988: Common Sense als Argument. Zu einem Schlüsselbegriff der Weltorientierung und politischen Philosophie. In: Archiv für Begriffsgeschichte, Jg. 30, H. 4, S. 192-223.

Kleger, Heinz 1989: Common Sense als Argument. Zu einem Schlüsselbegriff der Weltorientierung und politischen Philosophie. In: Archiv für Begriffsgeschichte, Jg. 31, H. 1, S. 22-59.

Kommission „Zukunftskommission gesellschaftlicher Entwicklungen" 1983: Zukunftsperspektiven gesellschaftlicher Entwicklungen, erstellt im Auftrag der Landesregierung von Baden-Württemberg. Stuttgart.

Kommission für Zukunftsfragen der Freistaaten Bayern und Sachsen 1996/1997: Erwerbstätigkeit und Arbeitslosigkeit in Deutschland. Entwicklung, Ursachen und Maßnahmen, Bd. I-III. Bonn.

Kommission Mitbestimmung 1998: Mitbestimmung und neue Unternehmenskulturen. Bilanz und Perspektiven. Bericht der Kommission Mitbestimmung (hrsg. von der Bertelsmann Stiftung/Hans-Böckler-Stiftung). Gütersloh: Verlag Bertelsmann Stiftung.

Krais, Beate 1989: Nachwort zur deutschen Ausgabe von Luc Boltanski: Führungskräfte. Frankfurt/M./New York: Campus, S. 335-344.

Krebs, Angelika (Hrsg.) 2000: Gleichheit und Gerechtigkeit. Texte der neuen Egalitarismuskritik. Frankfurt/M.: Suhrkamp.

Krebs, Angelika 2002: Arbeit und Liebe. Die philosophischen Grundlagen sozialer Gerechtigkeit. Frankfurt/M.: Suhrkamp.

Kreckel, Reinhard 1992: Politische Soziologie der sozialen Ungleichheit. Frankfurt/M.: Campus.

KVI (Kommission zur Verbesserung der informationellen Infrastruktur zwischen Wissenschaft und Statistik) (Hrsg.) 2001: Wege zu einer besseren informationellen Infrastruktur. Baden-Baden: Nomos.

Lamont, Michèle/Marcel Fournier (Hrsg.) 1992: Cultivating Differences. Symbolic Boundaries and the Making of Inequality. Chicago: Chicago University Press.

Laupies, Frédéric 2001: Leçon philosophique sur la représentation. Paris: PUF.

Leibniz, Gottfried Wilhelm 1966: Hauptschriften zur Grundlegung der Philosophie (hrsg. von Ernst Cassirer), 2 Bde. Hamburg: Meiner.

Lenoir, René 1987: L' invention de la démographie. In: Actes de la Recherche en Sciences Sociales, No. 69, S. 93-97.

Lenoir, René 1995: L'invention de la démographie et la formation de l'état. In: Actes de la Recherche en Sciences Sociales, No. 108, S. 36-61.

Liebig, Martin 1999: Infographik. Konstanz: UVK.

Lippe, Peter von der 1998: Mit Mikro-Daten einen Makro-Wirbel machen. Anmerkungen zum Memorandum. In: Allgemeines Statistisches Archiv, Vol. 82, S. 380-386.

Litz, Hans Peter/Thanos Lipowatz 1986: Amtliche Statistik in marktwirtschaftlich organisierten Industriegesellschaften. Eine vergleichende Untersuchung der amtlichen Statistik der Bundesrepublik, der Niederlande und Frankreichs. Frankfurt/M./New York: Campus.

Lübbe, Hermann 1987: Die Wissenschaften und ihre kulturellen Folgen: über die Zukunft des common sense. Opladen: Westdeutscher Verlag.

Luhmann, Niklas 1993: Legitimation durch Verfahren. Frankfurt/M.: Suhrkamp.

Luhmann, Niklas 1994: Die Gesellschaft und ihre Organisation. In: Derlien, Hans-Ulrich/Uta Gerhardt/Fritz W. Scharpf (Hrsg.): Systemrationalität und Partialinteressen. Baden-Baden: Nomos, S. 189-201.

Luhmann, Niklas 1995: Inklusion und Exklusion. In: Soziologische Aufklärung 6. Die Soziologie und der Mensch. Opladen: Westdeutscher Verlag, S. 247-264.

Luhmann, Niklas 1996: Statistische Depression: Zahlen in den Massenmedien. In: Frankfurter Allgemeine Zeitung Nr. 68 vom 20. März.

Luhmann, Niklas 1997: Die Gesellschaft der Gesellschaft, 2. Teilband. Frankfurt/M.: Suhrkamp.

Lüscher, Kurt 2000: Familienberichte: Aufgabe, Probleme und Lösungsversuche der Sozialberichterstattung über die Familie. In: Bien, Walter/Richard Rathgeber (Hrsg.): Die Familie in der Sozialberichterstattung. Ein europäischer Vergleich. DJI: Familien-Survey 8. Opladen: Leske + Budrich, S. 17-48.

Lyotard, Jean Francois 1994: Sensus communis, das Subjekt im Entstehen. In: Vogl, Joseph (Hrsg.): Gemeinschaften. Positionen zu einer Philosophie des Politischen. Frankfurt/M.: Suhrkamp, S. 223-250.

Maiwald, Christian 1993: Berichtspflichten gegenüber dem Deutschen Bundestag. Frankfurt/M.: Peter Lang (Europäische Hochschulschriften, Reihe II Rechtswissenschaft).

Martens, Helmut 1999: Auslaufmodell oder Reformkonzept für die moderne Teilhabegesellschaft? In: Soziale Welt, Jg. 50, S. 67-86.

Marx, Karl 1981: Zur Kritik der Politischen Ökonomie. MEW, Bd. 13. Berlin: Dietz Verlag.

Michailow, Mathias 1994: Lebensstil und soziale Klassifizierung. Zur Operationalisierung einer Praxis sozialer Untersuchung. In: Dangschat, Jens/Jörg Blasius (Hrsg.): Lebensstile in den Städten. Konzepte und Methoden. Opladen: Leske + Budrich, S. 27-46.

Mielke, Gerd 1999: Sozialwissenschaftliche Beratung in den Staatskanzleien. In: Forschungsjournal Neue Soziale Bewegungen, Jg. 12, H. 3, S. 40-48.

Miller, Peter 2001: Governing by numbers: Why calculative Practises matter. In: Social Research, Vol. 68, No. 2, S. 379-396.

Mitchell, W.J. Thomas 1986: Iconology. Image, Text, Ideology. Chicago/London: The University of Chicago. Press.

Moscovici, Serge/Willem Doise (Hrsg.) 1992: Dissensions et consensus. Une théorie générale des décisions collectives. Paris: PUF.

Mosdorf, Siegmar 1998: Bausteine für einen Masterplan für Deutschlands Weg in die Informationsgesellschaft (Gutachten, hrsg. von der Friedrich-Ebert-Stiftung). Bonn.

Müller, Hans-Peter 1989: Lebensstile. Ein neues Paradigma der Differenzierungs- und Ungleichheitsforschung. In: KZfSS, Jg. 41, S. 53-70.

Müller, Hans-Peter 1992: Sozialstruktur und Lebensstile. Der neuere theoretische Diskurs über soziale Ungleichheit. Frankfurt/M.: Suhrkamp.

Müller, Hans-Peter/Bernd Wegener (Hrsg.) 1995: Soziale Ungleichheit und soziale Gerechtigkeit. Reihe Sozialstrukturanalyse, Bd. 4. Opladen: Leske + Budrich.

Münnich, Margot 2000: Wirtschaftsrechnungen privater Haushalte in Deutschland – eine Datenquelle zur Beurteilung der Ernährungssituation. In: Köhler, Barbara Maria/Ulrich Oltersdorf/Georg Papastefanou (Hrsg.): Ernährungsberichterstattung in der Bundesrepublik Deutschland. Berlin: edition sigma, S. 99-113.

Myers, Greg 1988: Every Picture Tells a Story: Illustrations in E.O. Wilson's Sociobiology. In: Lynch, Michael/Steve Woolgar (Hrsg.): Representation in Scientific Practise. Cambridge/London: MIT Press, S. 231-265.

Nassehi, Armin 2000: „Exklusion" als soziologischer oder sozialpolitischer Begriff? In: Mittelweg 36, H. 5, S. 18-25.

Neidhardt, Friedhelm 2000: Formen und Funktionen gesellschaftlichen Grundkonsenses. In: Schuppert, Gunnar F./Christian Bumke (Hrsg.): Bundesverfassungsgericht und gesellschaftlicher Grundkonsens. Baden-Baden: Nomos, S. 15-30.

Neidhart, Friedhelm 2004: René König: „Gleichzeitig der Sache und der Praxis dienen". Vortrag zur Einweihung des René-König-Hörsaals in der Universität zu Köln am 9. Juli 2004 (Redemanuskript).

Neurath, Otto 1936: International Picture Language. The First Rules of Isotype. London: Kegan Paul.

Neurath, Otto 1991: Gesammelte bildpädagogische Schriften (hrsg. von Rudolf Haller und Robin Konross). Wien: Hölder-Pichler-Tempsky.

Noll, Heinz-Herbert (Hrsg.) 1997: Sozialberichterstattung in Deutschland. Konzepte, Methoden und Ergebnisse für Lebensbereiche und Bevölkerungsgruppen. Weinheim: Juventa.

Nowotny, Helga 2004: Der imaginierte Dialog zwischen Wissenschaft und Öffentlichkeit. Von Imaginierten Laien zur sozialen Robustheit des Wissens. In: Gisler, Priska/Michael Guggenheim/Alessandro Marants/Christian Pohl/Helga Nowotny (Hrsg.): Imaginierte Laien. Die Macht der Vorstellung in wissenschaftlichen Expertisen. Weilerswist: Velbrück, S. 171-195.

Offe, Claus 2001: Wessen Wohl ist das Gemeinwohl. In: Wingert, Lutz/Klaus Günther (Hrsg.): Die Öffentlichkeit der Vernunft und die Vernunft der Öffentlichkeit. Festschrift für Jürgen Habermas. Frankfurt/M.: Suhrkamp, S. 459-488.

Oltmanns, Erich 1998: Erneuerung der statistischen Infrastruktur. Anmerkungen zum Memorandum. In: Allgemeines Statistisches Archiv, Jg. 82, S. 391-392.

Paetzold, Heinz 1993: Ernst Cassirer zur Einführung. Hamburg: Junius.

Paris, Rainer 1993: Dreierlei Schimpfklatsch. In: Leviathan, Jg. 21, S. 584-591.

Patel, Sujata 2000: Modernity: Sociological Categories and Identities. In: The Sociological Conundrum of the Category. Current Sociology, Jg. 48, H. 3, S. 1-5.

Pedersen, B. Martin (Hrsg.) 1988: The Graphic Visualization of Quantitative Information, Procedures, and Data. Zürich: Graphics Press.

Pinto, Louis 1987: Graphique et science d'entreprise. In: Actes de la recherche en sciences sociales, H. 69, S. 93-97.

Plauen, Michael 2001: Grundprobleme der Philosophie des Geistes. Frankfurt/M.: Fischer.

Porter, Theodore 1995: Trust in Numbers. The Pursuit of Objectivity in Science and Public Life. Princeton: University Press.

Prewitt, Kenneth 1983: Public Statistics and Democratic Politics. In: Alonso, William/Paul Starr (Hrsg.): The Politics of Numbers. New York: Russell Sage Foundation.

Rabinow, Paul 1993: Repräsentationen sind soziale Tatsachen. Moderne und Postmoderne in der Anthropologie. In: Berg, Eberhard/Martin Fuchs (Hrsg): Kultur, soziale Praxis, Text. Die Krise der ethnographischen Repräsentation. Frankfurt/M.: Suhrkamp, S. 158-199.

Rath, Ingo W. (Hrsg.) 1998: Aristoteles: Die Kategorien (übersetzt von Ingo W. Rath). Stuttgart: Reclam.

Regnier, Francois 1989: Annoncer la couleur pour une approche nuancée du consensus. Paris: Impr. Chantereine.

Renn, Otwin 1999: Sozialwissenschaftliche Politikberatung. Gesellschaftliche Anforderungen und gelebte Praxis. In: Berliner Journal für Soziologie, Jg. 9, H. 4, S. 531-548.

Rheinberger, Hans-Jörg 2001: Objekt und Repräsentation. In: Heintz, Bettina/Jörg Huber (Hrsg.): Mit dem Auge denken. Strategien der Sichtbarmachung in wissenschaftlichen und virtuellen Welten. Wien/New York: Springer, S. 55-61.

Rheinberger, Hans-Jörg/Michael Hagner/Bettina Wahrig-Schmidt (Hrsg.) 1997: Räume des Wissens. Repräsentation, Codierung, Spur. Berlin: Akademie Verlag.

Rosanvallon, Pierre 1995: La nouvelle question sociale. Repenser l'État-providence, Paris: Seuil.

Roth, Wolff-Michael/Michael G. Bowen/Domenico Masciotra 2002: From Thing to Sign and „Natural Object": Toward a Genetic Phenomenology of Graph Interpretation. In: Science, Technology, & Human Values, Vol. 27, No. 3, S. 327-356.

Schäffer, Wolfgang 1997: Operationale Topographie. Repräsentationsräume in den Niederlanden um 1600. In: Rheinberger, Hans-Jörg/Michael Hagner/Bettina Wahrig-Schmidt (Hrsg.): Räume des Wissens. Repräsentation, Codierung, Spur. Berlin: Akademie Verlag, S. 63-90.

Scheuch, Erwin K. (unter Mitarbeit von Hans Jürgen Daheim) 1961: Sozialprestige und soziale Schichtung. In: Glass, David V./René König (Hrsg.): Soziale Schichtung und soziale Mobilität. KZfSS, Sonderheft 5. Opladen: Westdeutscher Verlag, S. 65-103.

Schindler, Peter 1994: Datenhandbuch zur Geschichte des Deutschen Bundestages: eine Veröffentlichung der Wissenschaftlichen Dienste des Deutschen Bundestages (hrsg. von der Verwaltung des Deutschen Bundestages). Baden-Baden: Nomos.

Schindler, Peter 1999: Datenhandbuch zur Geschichte des Deutschen Bundestages: eine Veröffentlichung der Wissenschaftlichen Dienste des Deutschen Bundestages. Baden-Baden: Nomos.

Schneider, Norbert 1998: Erkenntnistheorie im 20. Jahrhundert. Klassische Positionen. Stuttgart: Reclam.

Schultheis, Franz et al. 1996: Repräsentationen des sozialen Raums im interkulturellen Vergleich. Zur Kritik der soziologischen Urteilskraft. In: Berliner Journal für Soziologie, Jg. 6, S. 43-68.

Schulze, Gerhard 1992: Die Erlebnisgesellschaft. Frankfurt/M.: Campus.

Schupp, Jürgen/Martin Diewald/Roland Habich (Hrsg.) 1998: Arbeitsmarktstatistik zwischen Realität und Fiktion. Berlin: edition sigma.

Schuppert, Gunnar F./Bumke, Christian (Hrsg.) 2000: Bundesverfassungsgericht und gesellschaftlicher Grundkonsens. Studien zu Staat, Recht und Verwaltung, Bd. 1. Baden-Baden: Nomos.

Schütz, Alfred 1932: Strukturen der Lebenswelt. Wien: Springer.

Seca, Jean-Marie 2001: Les répresentations sociales. Cursus: Sociologie. Paris: PUF.

Sen, Amartya 1992: Inequality Reexamined. New York: Clarendon Press.

Sen, Amartya 2000: Ökonomie für den Menschen. Wege zu Gerechtigkeit und Solidarität in der Marktwirtschaft. München: Hanser.

Sennett, Richard 2002: Respekt im Zeitalter der Ungleichheit. Berlin: Berlin-Verlag.

Simmel, Georg 1992: Soziologie. Untersuchungen über die Formen der Vergesellschaftung, Bd. II. Frankfurt/M.: Suhrkamp (Gesamtausgabe).

Social Stratification in the USA 1983: In: Pedersen, B. Martin (Hrsg.) 1988: The Graphic Visualization of Quantitative Information, Procedures, and Data. Zürich: Graphics Press, S. 78.

Statistisches Bundesamt 1968: Internationale Standardklassifikation der Berufe. Deutsche Ausgabe 1968. Stuttgart: Kohlhammer.

Statistisches Bundesamt 1975: Klassifizierung der Berufe. Systematisches und alphabetisches Verzeichnis der Berufsbenennungen. Stuttgart/Mainz: Kohlhammer.

Statistisches Bundesamt 1992: Klassifizierung der Berufe. Systematisches und alphabetisches Verzeichnis der Berufsbenennungen. Stuttgart: Metzler, Poeschel.

Stichweh, Rudolf 1998: Zur Theorie der politischen Inklusion. In: Berliner Journal für Soziologie, Jg. 8, H. 4, S. 539-547.

Streeck, Wolfgang 1998: Wirklichkeitsnah und pragmatisch (Interview). In: Die Mitbestimmung, Jg. 44, H. 6, S. 15-18.

Streeck, Wolfgang 1999: Einige Anmerkungen zu Helmut Martens' „kritischer Würdigung" des Mitbestimmungsberichts von 1998. In: Soziale Welt, Jg. 50, S. 87-92.

Streich, Waldemar 1998: Berichterstattungsroutinen in Deutschland – ein Überblick. In: Streich, Waldemar/Paul Wolters/Helmut Brand (Hrsg.): Berichterstattung im Gesundheitswesen. Analysen zur Entwicklung und Perspektiven für einen Neubeginn. Weinheim: Juventa, S. 73-79.

Teubner, Gunther 1985: Verrechtlichung – Begriffe, Merkmale, Grenzen, Auswege. In: Verrechtlichung von Wirtschaft, Arbeit und sozialer Solidarität. Vergleichende Analysen von Hans F. Zacher, Spiros Simitis, Friedrich Kübler, Klaus Hopt und Gunther Teubner. Frankfurt/M.: Suhrkamp, S. 289-344.

Thévenot, Laurant 1990: La politique des statistiques: les origines sociales des enquêtes de mobilité sociale. In: Annales ESC, H. 6, S. 1275-1300.

Thunert, Martin 1999: Think Tanks als Ressourcen der Politikberatung. In: Forschungsjournal Neue Soziale Bewegungen, Jg. 12, H. 3, S. 10-19.

Topalov, Christian 2001: A Revolution in Representations of Work. In: Revue française sociologie, Vol. 42, S. 79-106.

Tufte, Edward 1983: The Visual Display of Quantitative Information. Cheshire: Graphics Press.

Tufte, Edward 2003: The Cognitive Style of PowerPoint. Cheshire: Graphics Press.

Vos, C. G./A. M. Kennedy 1861: Progress of Statistics (read before the American Geographical & Statistical Society, at the annual meeting in New York, Dec. 1, 1859). New York: J.F. Trow

Vos, H. de 1987: Common Sense and Scientific Thinking. In: Holthoon, Frits van/David R. Olson (Hrsg.): Common Sense. The Foundation for Social Science. Lanham/London: University Press of America, S. 345-357.

Wacquant, Loïc 2000: Elend hinter Gittern. Konstanz: UVK.

Walter, Wolfgang 1994: Strategien der Politikberatung. Die Interpretation der Sachverständigen-Rolle im Lichte von Experteninterviews. In: Hitzler, Ronald/Anne Honer/Christoph Maeder (Hrsg.): Expertenwissen. Die institutionalisierte Kompetenz zur Konstruktion von Wirklichkeit. Opladen: Westdeutscher Verlag, S. 268-284.

Walter, Wolfgang 1995: Familienberichterstattung und familienpolitischer Diskurs. In: Gerhardt, Uta/Stefan Hradil/Doris Lucke/Bernhard Nauck (Hrsg.): Familie der Zukunft. Opladen: Leske + Budrich, S. 81-97.

Weber, Max 1980: Wirtschaft und Gesellschaft. Tübingen: Mohr.

Weber, Max 1988a: Knies und das Irrationalitätsproblem. In: Weber, Max: Gesammelte Aufsätze zur Wissenschaftslehre. Tübingen: Mohr, S. 42-145.

Weber, Max 1988b: Über einige Kategorien der verstehenden Soziologie. In: Weber, Max: Gesammelte Aufsätze zur Wissenschaftslehre. Tübingen: Mohr, S. 427-474.

Weiß, Johannes 1998: Handeln und handeln lassen. Über Stellvertretung. Opladen: Westdeutscher Verlag.

Wimmer, Andreas 2002: Multikulturalität oder Ethnisierung? In: Zeitschrift für Soziologie, Jg. 31, H. 1, S. 4-26.

Wright, Lawrence 1996: One Drop of Blood. In: Hartmann, Chester (Hrsg.): Double Exposure. Poverty and Race in America. New York: Armonk, S. 57-73.

Wynne, Brian 1992: Public Unterstanding of Science Research: New Horizons or Hall Mirrors? In: Public Understanding of Science, Jg. 1, S. 37-43.

Xiberras, Martine 2000: Les théories de l'exclusion. 2ième édition. Paris: Armand Colin.

Zapf, Wolfgang 1999: Gesellschaftliche Wohlfahrt und Sozialberichterstattung: Erfahrungen und Möglichkeiten. In: Gerhards, Jürgen/Ronald Hitzler (Hrsg.): Eigenwilligkeit und Rationalität sozialer Prozesse. Festschrift zum 65. Geburtstag von Friedhelm Neidhardt. Opladen: Westdeutscher Verlag, S. 46-60.

Zapf, Wolfgang 2003: Modernisierung und Wohlfahrtsentwicklung. WZB-Vorlesung vom 17. Dezember 2002. Berlin: WZB.

Zukunftskommission der Friedrich-Ebert-Stiftung 1998: Wirtschaftliche Leistungsfähigkeit, sozialer Zusammenhalt, ökologische Nachhaltigkeit. Drei Ziele – ein Weg. Bonn: Dietz.